米国マリタイム・リーエンの研究

伊藤洋平 著

成 文 堂

はしがき

　本書は私の博士学位論文「アメリカ法におけるマリタイムリーエンの研究」(早稲田大学) をベースに、論文に盛り込むことのできなかったマリタイム・リーエンの概略的説明を加えて、章立ても新たに再構成したものである。第1章から第3章までがアメリカ法におけるマリタイム・リーエンに関する教科書のような体裁をとりながら、第4章から第7章では4本の学術論文を並べた構成となっているのは、そのためである。

　博士論文では、わが国の船舶先取特権に関する様々な問題について示唆を得ることを目的に、マリタイム・リーエンの消滅、順位、準拠法、船舶擬人化理論について研究を行ったが、これによりアメリカ法におけるマリタイム・リーエンの全体像をおぼろげながらも示すことができたのではないかと思う。しかしながら、学術論文の性質上マリタイム・リーエンのすべてを詳らかにしたものではなく、現代のリーエン法において極めて重要な役割を果たしている Federal Maritime Lien Act や Ship Mortgage Act といった連邦議会による制定法についての詳細など、博士論文の構成上割愛せざるを得なかった部分も少なくなかった。そのため本書では、このように博士論文では扱うことのできなかった諸問題について新たに原稿を書き下ろし、マリタイム・リーエンに関する研究の精度をさらに高めることを目指した。その結果本書は、教科書と研究書の二つの側面を併せ持ったような独特な書籍となったが、アメリカのマリタイム・リーエンについて簡単な調べを行うに際しても、あるいは本格的な研究を行うに際しても、はじめに手に取っていただく一冊となることを切に願っている。

　執筆にあたっては、連邦制をとるアメリカにおける海事裁判所／海事法の位置付けを踏まえ、州裁判所／州法との関係性や、連邦議会による制定法との相互作用を常に意識して論ずることを心掛けた。また、判例法主義をとるアメリカ法の研究においては、裁判例の分析の積み重ねこそが研究の解像度を高めるとの考えから、できるだけ多くの裁判例を引用するように努め、本書で引用した裁判例の数は250を超えた。さらに、本書の末尾には、連邦裁

判所の管轄図・略称の一覧（資料1）、CIMLAの条文（資料2）、特定の海事請求のための補足規則（資料3）、執行官マニュアル（資料4）といった資料を付けた。日本語の研究書でこのような資料が添付されたものはこれまでなかったと思われ、アメリカの海事裁判所に関する説明やこれらの豊富な巻末資料により、マリタイム・リーエンに限らず、アメリカ海事法の全体像の理解にも資する有益な情報を読者に提供することができたのではないかと思う。

本書の刊行にあたっては、多くの方にご支援をいただいた。まず、恩師である箱井崇史先生には、修士論文・博士論文の執筆指導にはじまり、出版に向けての様々な貴重なアドバイス、さらには原稿の校正作業に至るまで、本当にきめ細かなご指導を賜った。ここに改めて深謝を申し上げたい。箱井先生が日本の海法研究の発展に果たされた多大な貢献と比較すると、本書の果たす役割はあまりにも小さいが、教え子がこのような研究書の刊行に何とか漕ぎつけたことで、些かでも先生の恩に報いることができたのならば、この上ない喜びである。また、本書の刊行をご快諾いただいた株式会社成文堂にも御礼を申し上げる。特に、同社編集部の篠崎雄彦氏には、出版に関するいろはを一から教えていただいたのみならず、度重なる校正にも辛抱強くお付き合いいただいた。本書が無事に刊行の日を迎えられたのは同氏のご尽力のおかげであり、ここに深く御礼申し上げる。最後に、日々の弁護士業務の傍ら、家庭の時間を削りながら打ち込んだ7年間の研究活動を陰ながら支えてくれた妻と娘に、感謝の意を表したい。

2025年1月

伊 藤 洋 平

目　次

はしがき（i）

第1章　序　論
第1節　マリタイム・リーエンの歴史 1
1　古代・中世 1
2　近世・近代 2
第2節　法　源 4
1　一般海事法 4
2　制定法 5
第3節　アメリカ法におけるマリタイム・リーエンの特徴
6

第2章　総　説
第1節　マリタイム・リーエンの基本的性質 9
1　非公示性（secret lien） 9
2　追及性（indelibility） 11
　（1）Nestor 事件判決におけるマリタイム・リーエン概念の誕生（11）
　（2）Bold Buccleugh 事件判決による追及性の承認（14）
第2節　リーエンの対象物 16
1　船　舶 17
2　貨　物 20
3　運賃・再運賃 21
第3節　被担保債権 22
1　船員給料（crew wages） 22
2　海難救助（salvage）・共同海損（general average） 23
3　海事不法行為（maritime tort） 24

iv　目　次

　　4　契約リーエン（contract lien）　　　　　　　　　25
　　5　裁判所保管下の費用（custodia legis）　　　　　26

第3章　制定法上のマリタイム・リーエン

第1節　FMLA による必要品リーエン　　　　　29
　　1　FMLA の制定　　　　　　　　　　　　29
　　2　「必要品」の意義　　　　　　　　　　31
　　3　「提供」の意義　　　　　　　　　　　35
　　4　債務者の範囲　　　　　　　　　　　　38
　　　　(1)　推定的代理権者（38）　　(2)　代理権限の調査義務（39）
　　　　(3)　下請人による必要品の提供（40）

第2節　優先的船舶抵当権　　　　　　　　　41
　　1　一般海事法における船舶抵当権の地位　　41
　　2　1920年 SMA の制定　　　　　　　　　43
　　3　優先的船舶抵当権の要件　　　　　　　44
　　　　(1)　対象船舶（44）　　(2)　抵当権者（45）
　　　　(3)　優先的船舶抵当権の周知（45）

第4章　マリタイム・リーエンの実行

第1節　対物訴訟手続　　　　　　　　　　　47
　　1　海事裁判管轄　　　　　　　　　　　　47
　　2　補足規則（Supplemental Rules）　　　　48
　　　　(1)　訴訟規則の統一と補足規則の制定（48）
　　　　(2)　アレスト手続（補足規則C）（49）
　　　　(3)　アタッチメント手続（補足規則B）（51）
　　3　補足規則の合憲性　　　　　　　　　　52

第2節　船舶擬人化理論の生成と発展　　　　55
　　1　没収事件における擬人化理論の確立　　55
　　　　(1)　マーシャルによる理論の創出（55）
　　　　(2)　ストウリによる理論の確立（57）
　　2　マリタイム・リーエンへの擬人化理論の適用拡大　　　59

目　次　v

　　　⑴　強制水先人の過失（The China 事件判決）（59）
　　　⑵　裸備船者の過失（The Barnstable 事件判決）（60）
　第3節　船舶擬人化理論の衰退 ………………………………………62
　　1　ホームズによる擬人化否認論 ……………………………………63
　　　⑴　対物責任の起源を贖罪に求める理論（贖罪理論）（63）
　　　⑵　公用船の対物責任における否認論の展開（The Western Maid 事件
　　　　判決）（65）
　　2　裁判所における擬人化理論からの脱却 …………………………67
　　　⑴　res judicata（請求遮断効）と対物訴訟（67）
　　　⑵　対物訴訟の移送（Continental Grain 事件判決）（70）
　　3　擬人化理論の今日的意義 …………………………………………72
　　　⑴　擬人化理論に対する批判（72）
　　　⑵　擬人化理論を支持する見解（75）　　⑶　両説の検討（80）

第5章　マリタイム・リーエンの消滅
　第1節　laches の法理による消滅 ………………………………83
　　1　海事裁判所における laches の法理 ……………………………84
　　　⑴　Key City 事件判決による laches 法理適用の承認（84）
　　　⑵　laches 法理とコモン・ロー上の出訴期限との関係（86）
　　　⑶　遅延と不利益の立証責任（89）
　　2　マリタイム・リーエンの実行における laches の法理の適用
　　　………………………………………………………………………91
　　　⑴　不合理な遅延に関する事情（92）
　　　⑵　被告の不利益に関する事情（93）
　第2節　海事裁判所の競売による消滅 …………………………94
　　1　リーエン消滅の根拠 ………………………………………………95
　　2　リーエン・ホルダーに対する手続保障 ………………………96
　第3節　海事裁判所以外の裁判所における競売の効果……101
　　1　外国裁判所による競売の効果…………………………………101
　　　⑴　Trenton 事件判決（101）　　⑵　対物訴訟としての性質（103）
　　2　倒産裁判所による売却の効果…………………………………105
　　　⑴　連邦倒産法と倒産裁判所（105）

vi　目　次

　　(2) 海事裁判所と倒産裁判所の競合（106）
　　(3) 倒産裁判所による売却の効果（108）

第6章　マリタイム・リーエンの順位

第1節　リーエンの種類による優劣 ……………………112

1　一般海事法における順位付け……………………112
　　(1) 船員給料リーエンと海難救助リーエンの優先的地位（112）
　　(2) 不法行為リーエンと契約リーエンの優劣（115）
　　(3) 小　括（116）

2　SMA による一般海事法の修正 ……………………116
　　(1) 優先的船舶抵当権（preferred ship mortgage）の創設（117）
　　(2) 財政的不堪航（financial unseaworthiness）概念の誕生（119）
　　(3) まとめ（121）

第2節　リーエンの発生時期による優劣……………………121

1　一般海事法における「逆順優先ルール」 ……………………122
　　(1)「逆順優先ルール」の理論的根拠（122）
　　(2) 判例法上の特別ルールによる「逆順優先ルール」の修正（130）
　　(3) 小　括（134）

2　SMA による「逆順優先ルール」の修正 ……………………136
　　(1)「早い者勝ちルール」の実質的導入（136）
　　(2) マリタイム・リーエンの順位における laches の法理の適用（137）
　　(3) 優先的船舶抵当権に対する laches の法理の適用（138）

第3節　種類による優劣と発生時期による優劣の関係……140

第7章　マリタイム・リーエンの準拠法

第1節　アメリカ抵触法の基礎理論 ……………………143

1　伝統的理論における法選択ルール …………………143

2　「最重要関係地」アプローチと当事者自治の承認……………145

3　海事裁判所における抵触法革命の影響 ……………………147
　　(1) Lauritzen 事件判決による最重要関係地テストの確立（147）
　　(2) Bremen 事件判決による当事者自治の積極的承認（149）

第2節　抵触法革命後のマリタイム・リーエンの準拠法…151

1　FMLA の改正による準拠法に関する紛争の増加 ……………152

2　Lauritzen 基準（最重要関係地テスト）の定着………………153

3　必要品供給契約の準拠法によるとする裁判例 ………………156

(1) 権利放棄（waiver）によるマリタイム・リーエンの否定（156）

(2) 定期傭船者が契約当事者である場合の判断基準（160）

第3節　合意によるリーエン準拠法の選択 ………………161

1　当事者の準拠法選択によるアメリカ法の適用範囲の拡大

………………………………………………………………161

(1) Queen of Leman 事件判決による契約準拠法とリーエン準拠法
の峻別（161）

(2) Harmony Container 事件判決によるリーエン準拠法の選択の
承認（163）

2　Harmony Container 事件判決後の裁判例の展開 ……………166

(1) 第4巡回区および第5巡回区の追随（166）

(2) 第11巡回区の独自アプローチ（FNC の法理による対物訴訟の却下）
（169）

(3) 一連の裁判例に対する学説の評価（172）

3　考　察 …………………………………………………………174

(1) 当事者による準拠法選択の有効性（174）

(2) 必要品供給リーエンの基本的性質（stricti juris）の変容の可能性
（178）

資　料

1　連邦裁判所の管轄図・略称 …………………………………183

2　COMMERCIAL INSTRUMENTS AND MARITIME LIENS ACT（46
U.S.C. §31301-31343） …………………………………………188

3　SUPPLEMENTAL RULES FOR ADMIRALTY AND MARITIME
CLAIMS AND ASSET FORFEITURE ACTIONS ………………206

4　United States Marshals Service POLICY DIRECTIVES - Service of
Process "11.3 ADMIRALTY" ……………………………………227

主要文献目録……………………………………………………255
事項索引 ………………………………………………………259

第1章　序　論

第1節　マリタイム・リーエンの歴史

1　古代・中世

　航海の成就を返済条件として船舶を担保に金銭の貸付けを行う冒険貸借 (Bottomry Bond) の制度は、紀元前4世紀頃のギリシア法においても存在していたといわれ[1]、古代ローマ法においても、冒険貸借が利用されていたことはよく知られている。冒険貸借は目的船舶の占有を貸主に移転せずに利用を継続したまま船舶を担保に供するものであり、ここに今日のマリタイム・リーエンの萌芽をみることができる。また、ローマ法においては、すでに航海継続のための必要品の供給債権にリーエンが認められていたといわれている[2]。

　中世に入ると、ヨーロッパで船舶による商取引が活発に行われるようになり、地中海や北海の各都市国家で海事慣習法が形成されていった。12世紀頃の大西洋における海事法および海事判例を記したオレロン海法 (Rôles d'Oléron) では、航海継続のために金銭の借入れを必要とする場合、船長は船舶の設備を担保に供する権限を有するものとされていた[3]。また14世紀頃の地中海貿易に関する海事慣習法を収録したコンソラート・デル・マーレ (Consolato del Mare) では、冒険貸借や必要品供給債権に加え、船員の給料債権についても高順位のリーエンが認められていた[4]。これらの中世の海事慣

1　WILLIAM TETLEY, MARITIME LIEN AND CLAIMS, 9 (2d ed. 1998).

2　小島孝「英国法における海上財産上の Liens について」海法会誌復刊6号 (1958) 44頁。*See, also* Paul Macarius Hebert, *Origin and Nature of Maritime Lines*, 4 Tul. L. Rev. 381, 396 (1929-1930).

3　TETLEY, *supra* note 1, at 17.

4　*Id.* at 21.

2   第1章　序　論

習法は、その後フランスをはじめとするヨーロッパ各国へと伝えられ、大陸
法系の海商法の基礎となった。

2　近世・近代

　ルイ14世の命により編纂された1681年フランス海事王令（Ordonnance touch-
ant la marine du mois d'août 1681）は、フランス内外の海港における海事慣習法
に基づく世界ではじめての海法典であり、その後のヨーロッパ諸国における
法典編纂に大きな影響を及ぼした。同法典はオレロン海法やコンソラート・
デル・マーレといった中世の海法を継受し、これらの海法においてすでに慣
習法として認められていた冒険貸借や必要品供給債権、さらには船員給料に
係る船舶先取特権（privilège maritime）について明文の規定が設けられた（冒
険貸借につき同法典第2編第1章第18条、必要品供給債権につき同19条、船員給料につき
第1編第14章第16条参照[5]）。しかし、同法典では、海難救助料や船舶衝突など
の海事不法行為に係る船舶先取特権は規定されておらず、フランス海事王令
を継受した他の大陸法系諸国でも、これらの債権について船舶先取特権は認
められていなかった。これらの船舶先取特権が認められるようになったのは
近世以降のことであるが、そこで大きな役割を果たしたのは、コモン・ロー
裁判所との間で熾烈な管轄権争いを繰り広げていたイギリスの海事裁判所で
あった。

　元来イギリスの海事法はローマ法に起源を有するオレロン海法を継受した
ものであり、14世紀中頃に海事裁判所（Admiralty Court）が設立された後も、
そこでは civilians と呼ばれる大陸法的法教育を受けた法律家による裁判が
なされていた。海事裁判所はその創設以来商人や船員の支持を受け、着実に
その管轄権を拡大していったが、これに不満を募らせたコモン・ロー裁判所
は、海事裁判所の管轄権を制限しようと議会に働きかけた。まず、1389年お
よび1391年の制定法により、海事裁判所は「海上たると陸上たるとを問わ
ず、州内において発生した一切の契約、請願、争訟その他一切の事件につい
て、いかなる審理、権能または裁判権も有しない」とその管轄権を制限さ

5　ここで引用したフランス海事王令の各条文については、箱井崇史「1681年フランス海事王令試訳
　（1）」早稲田法学81巻4号411頁（2006）を参照。

第1節　マリタイム・リーエンの歴史　3

れ、1400年にはこれを実効あるものとすべく、これらの制定法に反して不法
に海事裁判所に訴えを提起された者は、原告に対して2倍の損害賠償請求権
を有する旨の制定法が発せられた。コモン・ロー裁判所と海事裁判所の対立
はその後さらに激化し、特にコーク裁判官（Sir Edward Coke）が1606年に王
座裁判所の首席裁判官に就任してからは、海事裁判所への提訴を禁ずる禁止
令状（writ of prohibition）が大量に発行された。これらの管轄権争いの結果、
海事裁判所の管轄権は縮小の一途を辿り、17世紀に海事裁判所に残されたの
は、わずかに公海上の不法行為、公海上で締結され、かつ公海上で履行され
るべき契約、外国において履行されるべき冒険貸借、外国における海事裁判
所の判決の執行、船員の給料に関する訴訟などの管轄権のみであった。かか
る状態はその後約200年の間続き、イギリスの海事裁判所が領海の内外を問
わず船舶に関連する幅広い事件の管轄権を回復するには、1840年および1861
年の Admiralty Court Act の制定を待たなければならなかった[6]。

　このようなコモン・ロー裁判所との管轄権争いの中で、コモン・ロー裁判
所による禁止令状の及ばない海事裁判所特有の手続として生み出されたの
が、船舶に対する対物訴訟（action in rem）であった[7]。救助者の被救助船舶
に対するリーエンも、当初はコモン・ロー上のリーエン（留置権）のみが認
められていたとみられるが[8]、コモン・ロー上のリーエンにおいては救助者
は被救助船舶の占有を保持し続けなければならないという不都合を克服する
ため、遅くとも18世紀末頃に海事裁判所は、当事者の合意に基づく冒険貸借
を類推した黙示の非占有担保の設定（tacit hypothecation）なる概念を用いて、
被救助船舶の占有を必要としない海事法上のリーエン（後のマリタイム・リー

6　イギリスの海事裁判所とコモン・ロー裁判所の管轄権争いについては、主に戸田修三「イギリス
　　海法の形成と『海事裁判所』（Admiralty Court）の変遷」法学新報59巻20号232頁（1952）およ
　　び齋藤彰「海事事件の国際裁判管轄」国際私法年報11号2頁（2009）を参照した。なお、イギリ
　　スの海事裁判所は、1840年法によって外国船舶に対する必要品供給債権の管轄権を、1861年法に
　　よって、船主がイングランドおよびウェールズに居住していないとの条件の下で国内船舶に対す
　　る必要品供給債権の管轄権をそれぞれ回復し、対物訴訟の提起が認められたが、いずれもマリタ
　　イム・リーエンは認められないものとされ、現在に至っている。

7　Edward F. Ryan, *Admiralty Jurisdiction and the Maritime Lien ; An Historical Perspective*, 7
　　W. Ontario L. Rev. 173, 193 (1968).

8　Hartford v. Jones, 1 Ld. Raym. 393, 91 E.R. 1161 (1698) ; Hebert, *supra* note 2, at 401.

4 第1章 序 論

エン）を承認するに至ったと考えられている[9]。

また、船舶衝突の加害船に対するマリタイム・リーエンも、19世紀に至っ
て英米法によってはじめて認められた比較的新しいものである。船舶衝突に
ついてはじめてマリタイム・リーエンを認めたのは1851年の Bold Buc-
cleugh 事件判決であるとされるが、このような衝突リーエンは、衝突船舶
自体を加害者（wrongdoer）とみる船舶擬人化理論に由来するものであり[10]、
このような発想は、原則として契約関係から生ずる債権以外にマリタイム・
リーエンを認めなかったフランス法にはなかったものである[11]。なお、ドイ
ツでは、1861年の普通ドイツ商法により船主責任制限の対抗を受ける債権に
法定質権（gesetzliches Pfandrecht）を認めるとの立法がなされ[12]、その実質に
おいて英米法の衝突リーエンと概ね一致する権利が認められているが、かか
るドイツの立法は、船舶所有者の責任を船舶等の海産に制限する執行主義の
下において、責任制限の対抗を受ける債権者に責任海産に対する優先権を認
めるべきであるとする相関原則に基づくものであり[13]、英米法とはその沿革
を異にする。

第2節 法 源

1 一般海事法

前節で述べたとおり、フランスなど大陸法系の国では近世以降法典が整備
され、冒険貸借や船員給料、必要品供給債権に係る船舶先取特権が法律で明

---

[9] Two Friends, 1 C. Rob. 271, 164 E. R. 174 (1799)；EDWARD STANLEY ROSCOE, ADMIRALTY JURISDIC-
TION & PRACTICE OF THE HIGH COURT OF JUSTICE, 213-15 (4th ed. 1920)；KENNETH C. MCGULFFIE,
KENNEDY'S CIVIL SALVAGE, 355 (4th ed. 1958).

[10] 船舶擬人化理論のその後の展開については、本書の第4章を参照。

[11] フランスは1935年に、1926年の海上先取特権及び海上抵当権に関する統一条約（International
Convention for the Unification of Certain Rules relating to maritime Liens and Mortgages,
1926）を批准し、現在では海難救助料や衝突債権に係るマリタイム・リーエンが認められてい
る。

[12] この規定はわが国の旧商法842条9号へと継受され、現在の商法842条1号および船主責任制限
法95条1項が定める船舶先取特権の由来となったものである。

[13] 小島孝「ドイツ法及びフランス法における船舶先取特権制度について」法学論叢63巻5号
（1958）52頁。

記されるようになったが、英米法におけるマリタイム・リーエンはもともと、一般海事法（General Maritime Law）、すなわち、海事裁判所による判例法によって認められてきたものである。英米においてはじめてマリタイム・リーエン（maritime lien）との呼称が用いられたのは1831年の The Nestor 事件判決であるが、それ以前から海事裁判所においては、コモン・ロー上のリーエンとは区別された海事法上のリーエンの存在が認識されており、マリタイム・リーエンとはそれらを一括りにまとめたものということができる（詳細は第2章を参照）。19世紀のアメリカでは、マリタイム・リーエンの範囲、順位、消滅といった基本的事項について連邦最高裁判所や巡回区裁判所の判決が相次いで出され、このような一般海事法によってマリタイム・リーエンの基礎が形成されていった。

2 制定法

19世紀に一般海事法によってその基礎が確立したアメリカのリーエン法は、20世紀に入ると一転して、連邦議会の制定法により度々大きな修正が加えられるようになった。まず、一般海事法においてはマリタイム・リーエンが認められていなかった内国船に対する必要品供給債権について、1910年の連邦マリタイム・リーエン法（Federal Maritime Lien Act、以下「FMLA」という。）によりマリタイム・リーエンが認められるようになった。また、一般海事法において海事裁判所の管轄外（そのため海事裁判所の救済を受けられない）とされていた船舶抵当権についても、1920年の船舶抵当権法（Ship Mortgage Act、以下「SMA」という。）の制定によって、マリタイム・リーエンとしての地位が認められるとともに、一定のマリタイム・リーエン（劣後的マリタイム・リーエン）に優先する効力が認められることとなった。FMLA および SMAはその後何度かの改正を経た後、1988年に Commercial Instruments and Maritime Liens Act（CIMLA）に再編成されたが、これらの制定法は、一般海事法によって確立したリーエン法に大きな修正を加え、現在のアメリカのマリタイム・リーエンに関して極めて重要な法源となっている。

なお、マリタイム・リーエンに関する法の国際的統一を目的として、1926年、1967年および1993年に海上先取特権に関する国際条約がそれぞれ成立し

6　第1章　序　論

たが（ただし、1967年条約は未発効）、アメリカはいずれの条約も批准していない。他方で、1989年の海難救助条約（International Convention on Salvage,1989）は批准しており、同条約第23条の定める2年の出訴期限はマリタイム・リーエンに対しても適用されるため、その限りにおいてアメリカのリーエン法は同条約による修正を受けることとなった（マリタイム・リーエンには制定法上の出訴期限の定めはなく、いずれも衡平法上の laches の法理の適用を受けることにつき、第5章を参照）。

第3節　アメリカ法におけるマリタイム・リーエンの特徴

マリタイム・リーエンは日本やフランスなどの大陸法系の国における船舶先取特権にほぼ相当するものであるが、以下のような特徴を有している。

まず、船舶先取特権は船舶所有者などに対して有する海事債権の物的担保権であり、船舶の差押えはかかる担保権の実行としてなされるのに対し、アメリカにおけるマリタイム・リーエンは、船舶そのものを被告とする対物訴訟の提起によって実行される。アメリカと同じく対物訴訟手続を有するイギリスでも、マリタイム・リーエンは対物訴訟手続によってのみ実行されうるが[14]、マリタイム・リーエンがなければ対物訴訟を提起できないわけではなく、船舶所有者や傭船者に対して一定の海事債権を有する場合には対物訴訟を提起することができる[15]。したがって、イギリス法ではマリタイム・リーエンは対物訴訟の提起が許容される一類型にすぎず、マリタイム・リーエンと対物訴訟の結びつきは必ずしも強くないといえるのに対し、アメリカ法ではごく一部の例外を除いて、対物訴訟はマリタイム・リーエンを有する者のみが提起できるとされており、両者の結びつきはほぼイコールの関係にあるといえるほど強い。アメリカではこのような対物訴訟との結びつきの強さを背景に、船舶を船舶所有者とは区別された独立の法的主体のように擬人化する船舶擬人化理論が発展した（船舶擬人化理論については第4章を参照）。

また、船舶先取特権は登記・登録による公示がなされないにもかかわら

---

[14] Senior Court Act, §21(3).

[15] Id. §21(4).

ず、一般に船舶抵当権に優先する効力が認められているため、抵当権を利用した船舶金融を妨げないよう、船舶先取特権の認められる範囲はできるだけ制限すべきと解するのが世界的趨勢であり、その存続期間についても、短期の消滅期間が定められているのが通常である。しかし、アメリカは船舶抵当権に対して一部のマリタイム・リーエン（主に必要品リーエン）に優先する効力を認めるという独自の立法を行うことにより、船舶金融の促進との調和を図っている。また、このように船舶抵当権の地位が強化されたことにより、マリタイム・リーエンの範囲について他国のように制限的な立法・解釈を行う必要性がなくなり、世界的に見てもおそらくもっとも広く必要品リーエンが認められ（第3章を参照）、今日では当事者の合意による準拠法選択も許容されつつある（第7章を参照）。さらに、リーエンの存続期間についても、公示されないシークレット・リーエンであるためにリーエン・ホルダーは速やかに権利実行すべきであるとの理念を共有しながらも、それを laches の法理によるリーエンの消滅や逆順優先ルールの適用による劣後という形で実現しているという点は、アメリカ法独自のアプローチといえるであろう。

第2章　総　説

第1節　マリタイム・リーエンの基本的性質

　マリタイム・リーエンは大陸法の非占有担保（hypothecation）に由来し[1]、以下のような特徴を有する。①マリタイム・リーエンは、リーエンを生じさせる被担保債権の成立と同時に発生し、目的物の占有を必要とせず、一部の例外（優先的船舶抵当権）を除き、登記・登録を要しない。②マリタイム・リーエンは、目的物がリーエンの存在につき善意の第三者に譲渡されても消滅しない（追及性を有する）。③マリタイム・リーエンは、海事裁判所における対物訴訟によってのみ実行することができ、自力執行は認められない。④海事裁判所の対物訴訟における競売がなされると、実際に手続に参加したか否か、手続について現実の通知を受けたか否かを問わず、すべてのリーエンが消滅し、競落人は当該船舶につき一切の負担のない完全な所有権を取得することができる。⑤マリタイム・リーエン相互の順位・優劣は債権の種類および発生時期によって定まるが、発生時期による順位に関して、より新しいリーエンが古いリーエンに優先するという逆順優先の原則が採用されている。上記の特徴のうち③〜⑤については、それぞれ第4章〜第6章において詳しく検討することとし、ここでは上記①および②の性質について、以下のとおり簡潔に述べる。

1　非公示性（secret lien）

　マリタイム・リーエンの最大の特徴として、一般に船舶抵当権に優先する（その例外については第3章第2節を参照）にもかかわらず、登記・登録が不要で

---

[1] The Young Mechanic, 30 F. Cas. 873（C.C. D. Me. 1855）; Edward F. Ryan, *Admiralty Jurisdiction and the Maritime Lien ; An Historical Perspective*, 7 W. Ontario L. Rev. 173, 186–87 (1968).

あるという点が挙げられる。このような非公示性ゆえに、マリタイム・リーエンはシークレット・リーエン (secret lien) ともいわれる。

　ただし、現在では以下に述べるとおり、任意的ではあるが、マリタイム・リーエンの登録制度が設けられている。登録船舶または登録申請のなされた船舶に対してマリタイム・リーエンを主張する者は、ウェスト・ヴァージニアに所在する国立船舶登録センター (The National Vessel Documentation Center) にリーエン通知を登録することができる[2]。リーエン通知には、リーエンの性質、発生日、金額、申請者の氏名・住所が記載され、申請者によって署名・認証がなされることを要する[3]。

　リーエン通知を申請した者は、弁済等によってリーエンが消滅したときは、リーエンの消滅証明書を提出しなければならず[4]、他方で、リーエンの不存在を主張する船舶所有者は、船舶の所在地、申請者の居所またはリーエン通知のなされた地を管轄する連邦地方裁判所において、リーエン不存在の確認訴訟を提起することができる[5]。

　以上に述べたリーエン通知の登録制度はあくまでも任意的なものであり、リーエン通知の有無はリーエンの発生や効力、laches の法理による消滅に関して何らの影響も及ぼすものではない[6]。したがって、リーエン通知を登録しなかったとしてもリーエンが認められないというわけではなく、リーエン通知を登録することのメリットとしては、マリタイム・リーエン（優先的船舶抵当権を含む）の実行のために船舶に対する対物訴訟が提起されたときに、その旨の通知がなされること[7]（これにより、自らも手続に参加する機会が保障される）、また、他にリーエン通知の登録を申請する者がいた場合に、その通知の写しを受領できること[8]など、一定の手続的保護にとどまるといえる。な

---

[2] 46 U.S.C. § 31343(a). かつては、優先的船舶抵当権の設定された船舶に限ってリーエン通知の登録が可能であったが、2002年の改正により、アメリカの登録船舶については抵当権設定の有無にかかわらず、リーエン通知の登録が可能となった。

[3] Id.

[4] 46 U.S.C. § 31343(c)(1).

[5] Id. § 31343(c)(2).

[6] Id. § 31343(f).

[7] Id. § 31325(d)(1).

[8] Id. § 31343(b)(1)(B)(ii).

お、上記通知を欠いたとしても、競売手続の効力は否定されないが、通知を
受けられなかったことによって生じた損害について損害賠償責任を負う[9]。

2 追及性（indelibility）

マリタイム・リーエンは、対象となる船舶がリーエンの存在につき善意の
第三者に譲渡されても消滅しない。このような追及性はマリタイム・リーエ
ンの基本的かつ重要な性質であり、マリタイム・リーエンがこのような性質
を有することについては全く異論がなく[10]、英米の裁判例においては当然の
前提とされている。

　英米の裁判例においてマリタイム・リーエンの追及性についてはじめて言
及したのは、イギリス枢密院の Bold Buccleugh 事件判決（1851年）[11]とされ
るが、同判決は、英米の裁判例においてはじめて「マリタイム・リーエン」
という表現が用いられた1831年の Nestor 事件判決（アメリカ連邦巡回区裁判
所）の影響を強く受けたものであった。ここでは、この2つの裁判例の検討
を通じて、マリタイム・リーエン概念の誕生から追及性の承認に至る過程を
明らかにしたい。

(1) Nestor 事件判決におけるマリタイム・リーエン概念の誕生

　マリタイム・リーエンがいつ、どのように発生したのか、その起源は必ず
しも明らかではない[12]。むしろ、マリタイム・リーエンには唯一の起源とい
うものはなく[13]、異なる起源を持つ様々なリーエンを包括した概念がマリタ
イム・リーエンであるといった方がより正確と思われる。遅くとも17世紀の
イギリスで、海難救助者には被救助物に対するリーエンが認められると判示

---

[9] 46 U.S.C. § 31325 (d) (3).

[10] The Wm. Kraft, 24 F. 191（W.D. Pa. 1885）は、リーエン・ホルダーからリーエンの問題は解決
済みと言われて船舶を購入した後に、当該リーエン・ホルダーから新所有者に対しリーエンの主
張をすることは許されないと判示したが、これは禁反言の法理の適用によるものであって、マリ
タイム・リーエンの追及性を否定したものではない。

[11] The Bold Buccleugh, 7 Moo PC 267（1851）.

[12] THOMAS A. RUSSELL, 2 BENEDICT ON ADMIRALTY, § 21, 2-4 ; Paul Macarius Hebert, *Origin and Nature of Maritime Lines*, 4 Tul. L. Rev. 381, 382（1929-1930）.

[13] Ryan, *supra* note 1, at 194.

12 　第 2 章　総　説

した裁判例が確認され[14]、18世紀末にはこの救助者のリーエンは目的物の占有を必要としないものと解されていた[15]。また、すでに1704年には、船員給料について、船舶所有者自身の責任とは独立したものとして船舶そのものの責任が認められていた[16]。同様に冒険貸借においても、船舶所有者の責任とは独立した船舶の責任が観念されていた[17]。このように、今日マリタイム・リーエンとして認識されているような海事債権者の船舶に対するリーエンは、アメリカ独立以前のイギリスにおいてすでに認められていたが、これらの海事債権に特有のリーエンは、必ずしも明確にコモン・ロー上のリーエン[18]または衡平法上のリーエン[19]とは区別されたリーエンとして認識されてはいなかった[20]。

　上記のとおり別個独立に認められていた海事債権に特有のリーエンについて、コモン・ロー上のリーエンとは異なる類型のリーエンとして認識し、これにはじめて"maritime lien"（マリタイム・リーエン）という名称を付与したのは、アメリカ連邦最高裁判所の陪席裁判官であったストウリ（Joseph Story）判事であった[21]。1811年にアメリカ史上最も若い32歳で連邦最高裁判所の判事に任命されたストウリは、1845年に没するまでの在職期間中、連邦最高裁判所および巡回区裁判所[22]の判事として数多くの多数意見を書き、またハーバード・ロー・スクールの教授を兼任し、9冊の Commentaries を著するなど、建国初期のアメリカにおける法学の発展に大きな足跡を遺した。中でも初期の海事法分野の発展においてストウリの果たした役割は大き

---

14 *Id.*

15 Two Friend, 1 C. Rob. 271, 164 E.R. 174 (1799).

16 Wells v. Osman, 92 Eng. Rep. 193 (1704).

17 Corset v. Husely, 90 Eng. Rep. 389 (1724).

18 possessory lien ともいい、ほぼわが国の留置権に相当するものである。

19 equitable lien といい、ほぼわが国の先取特権に相当するものである。

20 Ryan, *supra* note 1, at 198.

21 *Id.* at 200.

22 ここでいう巡回区裁判所（Circuit Court）とは、1789年裁判所法で設置された下級裁判所の一つであり、現在の巡回区控訴裁判所（Circuit Court of Appeals）とは異なる。連邦最高裁判所の判事が2名ずつ3つのグループに分かれ、連邦最高裁判所の法廷の開かれない時期に自らが割り当てられた Circuit を巡回し、各地の地裁判事1名と合体して3名で法廷を開くこととなっていたため、このような名称が付いた（田中英夫『アメリカ法の歴史（上）』（東京大学出版会、1968）170頁～171頁、望月礼二郎『英米法（新版）』（青林書院、1997）88頁を参照）。

第 1 節　マリタイム・リーエンの基本的性質　　13

く、マリタイム・リーエンの理論的基礎はストウリによって築かれたといっても過言ではない。

［判例 1］ Nestor 事件判決（アメリカ連邦巡回区裁判所）[23]

　この事件では、船舶の索具の修繕を行った修繕者が90日の支払猶予を与えて船舶の出航を認めたことが、リーエンの放棄となるかが争われた。巡回区裁判所の判事を兼任していたストウリ判事は、船舶修繕者の船舶に対するリーエンなど海事法上のリーエンを「マリタイム・リーエン」と呼称した上で、マリタイム・リーエンはコモン・ロー上のリーエンとは異なり、占有を要件とせず、支払猶予を与えて出航を認めたとしてもマリタイム・リーエンを失わないと判示した。ここでのストウリ判事の説示は、マリタイム・リーエンの基礎を理解する上で特に重要と思われるため、少々長くなるが、以下に引用する。

　「コモン・ロー上のリーエンは、債権の満足を受けるまでその物を占有できるのみであり、現実のまたは推定的占有を失えばリーエンも失う。（中略）しかし、これは占有に基づかない権利には当てはまらない。これらの権利は厳密な意味ではリーエンではない。」[24]

　「マリタイム・リーエンは、物の占有を必要としない。占有とは無関係に存在する。冒険貸借や船員の給料に対するリーエンが現実のまたは推定的占有に関係するとは考えられていない。（中略）需品供給に対する信用を供与するということと、その需品供給の代金のために本船上にリーエンを保持するということは何ら矛盾しない。実際、その物の占有を維持するということの方が矛盾する。必要な修理や需品供給は、航海の遂行のために提供される。もし、供給業者が自らのリーエンを確保するために船舶の占有を維持したら、どうして航海を遂行できようか。実際は、海事法は、支払期限の猶予、つまり、対物訴訟を提起する権利を意図的に遅らせると同時に、リーエンを発生させることを前提としている。」[25]

　「海事法は、船舶所有者の個人的担保を補完するものとして船に対するリーエンを与えている。航海が完了する前にリーエンを実行することは求められていない。なぜなら、それが一般に航海および商取引のために利益となるからである。もちろん、リーエンは消滅しないわけではなく、重大な過失や遅

---

[23]　The Nestor, 18 F. Cas. 9（C.C. D. Me. 1831）.

[24]　*Id.* at 12.

[25]　*Id.* at 13.

14 第2章 総説

延によって消滅することはありうる。しかし、船員の給料や冒険貸借の場合、適切な時期および状況下において、合理的な注意をもって実行することが求められるのみである。」[26]

　ストウリ判事は、これに先立つ1819年の The General Smith 事件判決[27]において、外国船に対する必要品の供給は、船舶に対して大陸法に由来する海事法上のリーエンを取得するが、内国船に対するリーエン[28]は占有を失えば消滅すると判示している。このように、ストウリ判事は、すでにこの頃には、コモン・ロー上の占有に基づくリーエンとは区別された海事法上のリーエンというものを観念していたとみられるが、Nestor 事件判決で遂にこれらの海事法上のリーエンを包括したマリタイム・リーエンなる概念を生み出すに至ったのである。すなわち、マリタイム・リーエンとは、それぞれ異なる沿革から認められていた海事法上のリーエンに共通する特有の性質を抽出し、コモン・ローや衡平法におけるリーエンとは区別された特別なリーエンとしてストウリ判事によって構成されたものであり、Schoenbaum 教授　による「出航によって債務を免れることを防止しつつも船舶を運航させ続けるために19世紀に生み出されたラフな担保制度」との叙述[29]は、マリタイム・リーエンの本質を端的かつ的確に表したものといえよう。

(2)　**Bold Buccleugh 事件判決（英）による追及性の承認**

　ストウリ判事による Nestor 事件判決は、その後イギリスの裁判例にも大きな影響を与えた。1851年の Bold Buccleugh 事件判決は、マリタイム・リーエンの追及性を英米の裁判例においてはじめて承認した事件であると同時に、Nestor 事件判決に倣い、イギリスではじめてマリタイム・リーエンという表現を用いた判決でもあり、追及性の根拠についても Nestor 事件判決

---

26 *Id.*
27 The General Smith, 17 U.S. 438 (1819).
28 当時内国船に対する必要品の供給については海事法上のリーエンが認められておらず、ここでいう内国船に対するリーエンとは、コモン・ロー上のリーエンを意味する。
29 1 Thomas J. Schoenbaum, Admiralty and Maritime Law, 770 (6th ed. 2018).

の影響を強く受けたものであった。

［判例 2 ］ Bold Buccleugh 事件判決[30]（イギリス枢密院）

　スコットランドの汽船 Bold Buccleugh 号がイングランドの帆船 William 号と衝突し、William 号は全損となった。William 号の船舶所有者は、イングランドの海事裁判所から Bold Buccleugh 号に対するアレスト令状の発令を受け、同船をアレストしようとしたが、アレスト令状が届く前に同船はイングランドの港を出港し、スコットランドに向かった。そこで、William 号の船舶所有者は、スコットランドで Bold Buccleugh 号をアレストし、その後同船は担保金の提供と引き換えに解放された。Bold Buccleugh 号はその後、前記衝突による損害賠償金が未払いであることについて善意の第三者に譲渡され、新たな所有者の下で再びイングランドに戻ってきたところで William 号の船舶所有者によりアレストされた。裁判では目的船舶が善意の第三取得者に譲渡された後にもマリタイム・リーエンの効力が及ぶか否かが争われたが、イギリス枢密院の Jervis 判事は、Nestor 事件判決の一節を引用し、マリタイム・リーエンはコモン・ロー上のリーエンとは異なり、大陸法の非占有担保に由来するものであり、誰の占有下に移転しようと随伴すると判示し、善意の第三者へ譲渡してもマリタイム・リーエンが消滅しないこと、すなわち、マリタイム・リーエンの追及性を認めた。

　このように、Bold Buccleugh 事件判決における追及性の承認は Nestor 事件判決に大きく依拠したものであったが、先に述べたとおり、Nestor 事件判決は90日の支払猶予を与えて出航を認めた（船舶の占有を放棄した）ことがリーエンの放棄となるかが争われたものであり、目的船舶が善意の第三者へ譲渡されることによりマリタイム・リーエンが消滅するか否かが問題となった事件ではなかった。マリタイム・リーエンは、船員の給料債権や船舶衝突等の海事不法行為による損害賠償請求権についても成立するが、これらの場合にマリタイム・リーエンの発生と同時に船員や不法行為の被害者が当該船舶の占有を取得するということは通常考えられず、マリタイム・リーエンの発生ないし存続のための要件として占有を必要とするということは、もとよりあり得ないことである。このように、マリタイム・リーエンが占有を要件

30　*The Bold Buccleugh, supra* note 11.

16   第2章 総説

としない、すなわち、占有を失っても権利行使しうるということと、目的物の所有権が善意の第三者へ譲渡された場合に、当該第三者に対してもマリタイム・リーエンの存在を対抗できるということとは、必ずしも同義ではない。マリタイム・リーエンが非占有担保であるとする Nestor 事件判決は、マリタイム・リーエンが追及性を有するということと矛盾するものではないが、必ずしも当然に追及性を導くものとはいえず[31]、この点において、枢密院の判示には若干の論理の飛躍があるように思われる。

　マリタイム・リーエンの追及性の実質的根拠については、むしろ Bold Buccleugh 事件判決の原審判決[32]に見出すことができる。原審判決において Lushington 判事は、売却によって船舶がその責任を免れるとすれば、加害船の船舶所有者が当該船舶を売却することによって被害者にとって最良の担保を剥奪できることになるとして、単なる所有権の移転によって船舶がその責任を免れないことは明らかであると判示している[33]。マリタイム・リーエンは、航海の完遂のために非占有担保とされたのであり、それをいいことに債権者に無断で船舶を売却してマリタイム・リーエンの負担を免れうるとすれば、マリタイム・リーエンという担保そのものが成り立たなくなる。マリタイム・リーエンの追及性の実質的根拠は、結局のところ、そのように解しないと担保としての実効性に著しく欠けるという、極めてシンプルな価値判断にあるというほかないであろう。

第2節　リーエンの対象物

　アメリカ法上、マリタイム・リーエンは船舶のほか、船舶上の貨物、船舶が受け取るべき運賃・傭船料、再運賃・再傭船料といった海上財産に対して成立しうる。もっとも、貨物に対するマリタイム・リーエンは貨物の引渡しによって消滅する点において船舶に対するマリタイム・リーエンとは性質の

---

[31] 日本法を例に挙げれば、動産保存の先取特権（民法320条）や動産売買の先取特権（民法321条）は占有を要件としない非占有担保であるが、追及性を有しない（民法333条）。

[32] The Bold Buccleugh, 166 Eng. Rep. 944 (1850).

[33] *Id*. at 948.

異なるものであり、また運賃・傭船料に対するマリタイム・リーエンは当事者の合意によってはじめて成立する契約上のリーエンである。したがって、一口にマリタイム・リーエンといっても、その性質や効力はそれぞれ異なるが、一般にマリタイム・リーエンという場合、船舶に対するリーエンを意味する。本書においても、特に「貨物に対するリーエン」、「運賃・再運賃に対するリーエン」等のことわりがない限り、マリタイム・リーエンとの用語は船舶に対するマリタイム・リーエンの意味で用いるものとする。

1　船　舶

マリタイム・リーエンの対象となる海上財産の典型は船舶である。船舶とは、あらゆる種類の水上乗り物、または水上における輸送方法として使用され、もしくは使用されうる人工的装置 (every description of water craft or other artificial contrivance used, or capable of being used, as a means of transportation on water) と定義されている[34]。したがって、自航能力のない台船も、水上における輸送方法として使用されうる限り「船舶」に該当するが、大陸棚に係留された浮体式の石油・天然ガスの生産設備は「船舶」には該当しない[35]。

物理的に船舶としての機能・構造を有していたとしても、航海または海上貿易から完全に撤退したいわゆるデッド・シップ (dead ship) は海事法上の船舶には該当せず、マリタイム・リーエンの対象とはならない。ただし、レストラン等として使用するために恒常的に係留されていた船舶であっても、「水上における輸送方法として使用されうる」(capable of being used as a means of transportation on water) ことを理由に、デッド・シップではないとした裁判例もある[36]。また、修繕のため一時的に航海から外れていても、再び航海の用に供するために修繕が施されている場合には、当該船舶はなお「航海中」(in navigation) であり、デッド・シップには当たらないとされる[37]。船舶の修

---

[34] 1 U. S. C. § 3.

[35] Warrior Energy Servs. Corp. v. ATP Titan M/V, 551 Fed. Appx. 749 (5th Cir. 2014).

[36] *In re* The Queen, Ltd., 1973 AMC 646 (Bankr. E.D. Pa. 1973).

[37] First Bank Trust v. B Knachel, 999 F.2d 107 (5th Cir. 1991)；Crimson Yachts v. Betty Lyn II Motor Yacht, 603 F.3d 864 (11th Cir. 2010).

18 第2章 総説

繕は伝統的に海事契約とされているのに対し、船舶の建造は海事契約ではないと解されているため、船殻の進水後、船舶を完成させるためになされた艤装工事や必要品の供給については、マリタイム・リーエンは認められない[38]。

ここでいう「船舶」には船体および機関のほか、船舶上に設置された船舶の航行および運航に不可欠な設備も含まれる。具体的には、冷凍肉の運搬船に設置された冷凍機器[39]や、セメント運搬船に設置されたアンローダー[40]につき、当該船舶の航行および運航に不可欠な設備であるとして、船舶の一部とされた裁判例がある。他方で、船舶上の積載貨物は船舶の一部ではなく、マリタイム・リーエンの対象とはならない（後述のとおり、船舶所有者は運賃請求権の担保として運送貨物に対してリーエンを取得するが、船舶に対するマリタイム・リーエンの効力が積載貨物にまで及ぶとされているわけではない）。

●所有権留保（title retention）の効果●

　船舶上に設置された設備といっても、第三者から賃借してきた物であることや、定期傭船者の費用で設置され、傭船契約の終了に伴い撤去が予定されている物であることもある。また、船舶所有者が設備を購入する際に、代金が完済されるまで当該設備の所有権を売主に留保する旨の合意（いわゆる所有権留保）がなされることもある。このように船舶上に第三者の所有する設備が設置されていた場合、マリタイム・リーエンの対象たる「船舶」に当該設備が含まれるのか否かが問題となるが、一般海事法上のマリタイム・リーエンとの関係においては、前述のとおり、当該設備が船舶の航行および運航に不可欠なものである限り船舶の一部を構成し、マリタイム・リーエンの対象になると解されている[41]。

　これに対し、今日においてはマリタイム・リーエンとしての法的地位が認められるに至った優先的船舶抵当権との関係では扱いが異なり、少なくとも優先的船舶抵当権の設定時において抵当権者に対して通知された、または抵当権者が認識しえた他人所有の設備については、優先的船舶抵当権の対象とはならないと解されている[42]。その根拠は、優先的船舶抵当権は優先的マリタイム・リーエンとは性質が異なり、あくまでも抵当権設定者に対する債権の引当てとして、同人の所有権を担保に

38　Thames Towboat Co. v. The Francis McDonald, 254 U. S. 242 (1920).

39　Turner v. United States, 27 F. 2 d 134 (2 d Cir. 1928).

40　The SS Tropic Breeze, 456 F. 2 d 137 (1 st Cir. 1972).

41　The Hope, 191 F. 243 (D. Mass. 1911)；*Turner v. United States, supra* note 39；*The SS Tropic Breeze, supra* note 40.

とるものであり、抵当権設定者の所有に属さない物についてまで効力の及ぶものではないためとされる[43]。

●主権免責との関係●

　主権免責の原則により、合衆国に対する訴えは、合衆国の同意またはこれを許容する制定法がない限り認められないが、Suit in Admiralty Act(SAA)[44]および Public Vessel Act（PVA)[45]という２つの制定法が、合衆国に対する海事法上の請求について主権免責の排除を規定している。SAA は、当該船舶が私人の所有に属するならば海事法上の訴えを提起することが可能な場合に合衆国の主権免責を排除するが[46]、合衆国または合衆国が所有する法人（federally-owned corporation）の所有・占有・運航する船舶をアレスト手続の対象外とし[47]、かかる場合には合衆国に対する訴えは、対物訴訟の原則に則って(according to the principles of an action in rem）追行することができる[48]。他方、PVA は合衆国所有の船舶によって被った損害に対する損害賠償請求または曳航料もしくは海難救助料の請求に限り、合衆国に対する対人訴訟の提起を認めている[49]。

　外国政府の主権免責については、Foreign Sovereign Immunities Act (FSIA)[50]が規律している。FSIA の1605節(b)は、外国政府の商業活動に基づいて発生したマリタイム・リーエンを実行するために海事法上の訴えが提起された場合に外国政府の主権免責を排除するが、その場合も当該船舶のアレストは許されず、訴訟は対物訴訟の実務規則に従って対人訴訟の形式で行われ[51]、原告の請求が認められる場合は、当該船舶の船価を限度とする勝訴判決が言い渡される[52]。第４章において後述する The Western Maid 事件判決では、国家の所有に属する船舶に対してマリタイム・リーエンは成立しないと判示されたが、FSIA はこれを立法的に修正したものと解されている[53]。なお、必要品供給債権に係るリーエンについては、公用船（public

---

42　United States v. F/V Golden Dawn, 222 F. Supp. 186（E.D.N.Y. 1963）; Merrill-stevens Dry Dock Company v. M/V "Laissez Faire", 421 F.2d 430 (5th Cir. 1970）; C. I. T. Corporation v. Oil Screw Peggy, 424 F.2d 767（5th Cir. 1970).

43　*F/V Golden Dawn, supra* note 42, at 188.

44　46 U.S.C. § 30901-18.

45　*Id.* § 31101-03.

46　*Id.* § 30903.

47　*Id.* § 30908.

48　*Id.* § 30907.

49　*Id.* § 31102(a). このように SAA と PVA が一部において重複している経緯については、Blanco v. United States, 775 F.2d 53 (2d Cir. 1985）を参照。

50　28 U.S.C. § 1602-11.

51　*Id.* § 1605(c).

52　*Id.*

53　2 Thomas J. Schoenbaum, Admiralty and Maritime Law, 564 n.44 (6th ed. 2018).

20　第2章　総説

vessel[54]) に対しては成立しないことが制定法上明文で定められている[55]。

・・

2　貨　物

　運送契約または傭船契約に基づく運賃・傭船料が未払いの場合、または運送貨物により船舶が損傷を受けた場合、運送人または船舶所有者は当該貨物に対してマリタイム・リーエンを有し、当該貨物に対して対物訴訟を提起することができる。ただし、貨物に対するマリタイム・リーエンは、日本法における留置権（民法295条）と同様に目的物の占有を基礎とするものであり、荷主への無条件の引渡しによって消滅する[56]。したがって、対象船舶が第三者に譲渡されても追及性が認められる船舶に対するマリタイム・リーエンとは、まったく性質の異なるものである。貨物に対するマリタイム・リーエンの被担保債権には、運送の対価である運賃・傭船料だけでなく、当該（航海）傭船契約によって生じたデマレージ（滞船料請求権）も含まれる。

　傭船契約に基づく傭船料が支払われないとき、または傭船契約違反によって船主が損害を被ったときは、船主は傭船料請求権または傭船契約違反に基づく損害賠償請求権を被担保債権として、傭船者の所有に属するすべての貨物に対してリーエンを取得するが、第三者の所有する貨物については、リーエンは当然には成立しない。第三者の所有する貨物に対してもリーエンを主張するためには、貨物所有者である当該第三者（荷受人や船荷証券所持人）に対してリーエンの現実の通知（actual notice）が必要とされる[57]。なお、傭船契約に基づいて傭船者が船舶上に設置した設備については、船主のリーエンは成立しない[58]（前述のとおり、船舶に対するリーエンの場合は、傭船者の設備もそれが船舶の不可欠な一部を構成する限りリーエンの対象となるが、これとは区別される）。

---

[54] public vessel の意義については、46 U.S.C. § 2101(33) により、合衆国政府または外国政府が所有、裸傭船または運航する船舶で、かつ営利的事業に従事していない船舶と定義されている。

[55] 46 U.S.C. § 31342.

[56] Beverly Hills National Bank & Trust Co. v. Compania De Navegacione Almirante S.A., 437 F. 2d 301 (9th Cir. 1971).

[57] Lykes Lines Ltd. v. M/V BBC SEALAND, 398 F.3d 319 (5th Cir. 2005).

[58] Racal Survey U. S. A., Inc. v. M/V Count Fleet, 231 F.3d 183 (5th Cir. 2000).

3　運賃・再運賃

前述のとおり、貨物に対するリーエンは、傭船者以外の第三者の所有する貨物に対しては、リーエンの現実の通知がない限り成立しないため、傭船者が自らの貨物の運送を目的とせず、第三者の貨物の運送を目的として傭船契約を締結した場合（最も典型的には定期傭船契約の場合）には、貨物に対するリーエンは必ずしも意味をなさない。このような場合には、傭船契約において、船主は傭船者が荷主または再傭船者に対して有する再運賃請求権（sub-freight）または再傭船料請求権（sub-hire）に対してリーエンを有する旨の合意がなされることが一般的である（例えば、NYPE 1993のCl.23参照）。このようなリーエンは一般海事法上当然に認められるものではないが、①傭船契約において、船主は傭船者の有する再運賃請求権または再傭船料請求権に対してリーエンを有する旨の明確な合意が存在すること、②当該第三者が傭船者に対して再運賃または再傭船料を支払う前に、当該リーエンの存在および行使について現実の通知を行うこと、の2つの要件を満たしたときは有効であり、再運賃請求権または再傭船料請求権に対して対物訴訟を提起することができる[59]。その法的性質は、傭船者が有する債権（再運賃請求権または再傭船料請求権）のいわば条件付譲渡（conditional assignment）であり[60]、リーエンの対象は傭船者（債務者）に対する第三債務者の債務（debt）であって、当該債務の支払いに充てることが予定された特定の金銭（fund）に対してリーエンが成立するものではない[61]。したがって、船主から第三債務者に対して有効なリーエンの通知がなされた後に第三債務者が債務者へ再運賃の支払いを行った場合、第三債務者は船主との関係において再運賃の支払義務を免れないが、その代わり船主のリーエンが債務者に支払われた当該金銭（fund）に及ぶということもない[62]。

---

[59] United States v. Freights of S. S. Shasta, 247 U.S. 466 (1927).
[60] Saint John Marine Co. v. United States, 92 F.3d 39 (2d Cir. 1996).
[61] Cornish Shipping Ltd. v. International Nederlanden Bank N.V., 53 F.3d 499 (2d Cir. 1995).
[62] *Id.*

22   第2章 総 説

第3節　被担保債権

　マリタイム・リーエンが認められる債権（被担保債権）の多くは、一般海事法によって認められてきたものであり、船員の給料債権、海難救助料債権、共同海損分担金請求権、海事不法行為に基づく損害賠償請求権、運送契約や傭船契約等の船舶との契約によって生じた債権、冒険貸借などがこれに該当する。また、これらのほかに、一定の要件を満たした船舶抵当権（優先的船舶抵当権）や航海継続のために提供された物品またはサービス（必要品）に係る債権については、制定法によってマリタイム・リーエンが認められているが、これらの制定法上のリーエンについては第3章で詳述する。なお、冒険貸借にマリタイム・リーエンが認められることは一般海事法上確立しているが、冒険貸借は船舶抵当権制度や海上保険制度の普及、国際的通信技術の発達などを背景に衰退し、現在では全く利用されていないため、冒険貸借についての説明は割愛する。

1　船員給料 (crew wages)

　船員給料のリーエンは、sacred lien（神聖なるリーエン）とも呼ばれ、一般に最優先のリーエンとされる。ここでいう船員給料には、乗船勤務の対価としての通常の給料だけでなく、乗船勤務中に負傷または疾病に罹患したときに船主の過失の有無にかかわらず認められる扶養・治療費（maintenance and cure）の請求権[63]、給料の支払いが遅滞したときの違約賃金[64]（penalty wage）も含まれる。また、遠洋漁船の乗組員のように、航海における水揚高に応じて金額が定まる報酬（生産奨励金）についても、船員給料としての優先的地位

---

[63] Fredelos v. Merritt-Chapman & Scott Corp., 447 F.2d 435 (5th Cir. 1971).

[64] Gerber v. Spencer, 278 F. 886 (9th Cir. 1922)；Peterson v. S. S. Wahcondah, 235 F. Supp. 698 (E.D. La. 1964)；Governor & Co. of the Bank of Scot. v. Maria S. J. M/V, 1999 AMC 774 (E.D. La. 1999)；TCW Special Credits, v. F/V Chloe Z, 1997 AMC 1377 (D. Guam 1997). ただし、Governor & Co. of the Bank of Scot. v. Sabay, 211 F.3d 261 (5th Cir. 2000) は、違約賃金は船舶所有者または船長に対する請求であって売却代金に正当な利益を有しないとして、通常の船員給料リーエンと同じ優先的地位は認められないとする。

が認められる[65]。かつて船長にはリーエンは認められておらず[66]、その後1968年の合衆国法典第46編（船舶）の改正により他の船員と同様のマリタイム・リーエンが認められたが、1983年に同規定は削除された[67]。したがって、船長については他の船員と同様の船員給料リーエンは認められておらず、これに劣後する必要品供給の契約リーエンが認められるにとどまる[68]。

2　海難救助（salvage）・共同海損（general average）

海難救助には契約に基づかない救助（任意救助）と契約に基づく救助（契約救助）があるが、いずれの場合も救助料債権には被救助船舶に対するマリタイム・リーエンが認められる[69]。ただし、海難救助としての要件を満たすことはもちろん必要であり、救助の成功の有無にかかわらず1時間当たり25ドルの約定で曳船を提供した者については、海難救助は成立せず、契約リーエン（必要品リーエン）が成立するにとどまるとした裁判例がある[70]。

アメリカは1989年海難救助条約を批准しているため、海難救助料債権は2年の時効に服し、2年経過後は船舶所有者に対する対人訴訟のみならず、被救助船舶に対する対物訴訟の提起も妨げられる。ただし、2年以内に被救助船舶をアレストする合理的な機会がなかったときは、2年経過後も対物訴訟の提起が許される[71]。

なお、救助契約がLOF（Lloyd's Open Form）書式で締結された場合、標準の管轄条項はロンドン仲裁となっていても、船舶所有者および救助者双方が米国市民である場合に仲裁条項の有効性を否定した裁判例がある[72]。

共同海損は多くの場合、犠牲損害を被った、または共同海損費用を支出した船舶所有者によって宣言されるが、貨物所有者が船舶所有者に対して共同

---

[65] Helen M, 1932 AMC 587 (D. Mass. 1932).

[66] The S. B. Orleans v. Phoebus, 36 U.S. 175 (1837).

[67] WILLIAM TETLEY, MARITIME LIEN AND CLAIMS, 319 (2d ed. 1998)

[68] Medina v. Marvirazon Compania Naviera, S. A., 533 F. Supp. 1279 (D. Mass. 1982).

[69] Sabine, 101 U.S. 384 (1880).

[70] Munson Inland Water Lines, Inc. v. Seidl, 71 F.2d 791 (7th Cir. 1934).

[71] 46 U.S.C. § 80107 (c). この規定はアメリカ法においてマリタイム・リーエンに時効期間が法定された珍しい例である。

[72] Jones v. Sea Tow Servs., 30 F.3d 360 (2d Cir. 1994).

24　第2章　総　説

海損分担金請求権を有するときは、船舶に対してマリタイム・リーエンを取
得する[73]。

3　海事不法行為（maritime tort）

　海事不法行為リーエンとは、船舶による海事不法行為に基づいて発生した
損害賠償請求権に認められるリーエンである。船舶衝突がその典型例である
が、これに限らず、海事裁判管轄の及ぶ海事不法行為であれば、当該船舶に
対する不法行為リーエンが認められる。

●海事不法行為の成立要件●

　海事不法行為の成立要件については、かつては当該不法行為が可航水域（naviga-
ble waters）において発生したか否かを基準とする「発生地テスト」（locality
test）によって判断がなされていた[74]。しかし、この基準によれば、船舶が可航水
域を航行中に橋や港湾施設など陸上の施設と衝突し、損傷させた場合には、その損
害が可航水域に「おいて」発生していないため、海事不法行為の要件を満たさない
という不都合があった。そこで、連邦議会は1948年に海事裁判管轄拡張法（Admiralty
Extension Act, 現46 U.S.C. § 30101）を制定し、可航水域における船舶「によっ
て」発生した（caused by a vessel on navigable waters）死傷および損害につ
いては、陸上において発生した場合でも海事裁判管轄が認められることとなった。
他方で、「発生地テスト」によれば、可航水域において発生した不法行為でありさえ
すれば、すべて海事不法行為たりうることとなり、海事的要素の乏しい事故がたま
たま可航水域において発生した場合にまで、海事裁判管轄が及ぶこととなる。そこ
で、1972年の Executive Jet Aviation 事件判決[75]において連邦最高裁判所は、海事
不法行為の成立要件として、不法行為が可航水域において発生したこと（発生地テ
スト）に加え、当該不法行為が伝統的な海事行為（traditional maritime activ-
ity）に関連していることが必要であると判示した。

　海事不法行為の被害者にマリタイム・リーエンが認められる基礎には、船
舶擬人化理論がある。船舶擬人化理論においては、事故を起こした船長やそ
の雇用者である船舶所有者の対人責任とは別に、加害船舶そのものが「加害

---

[73] Emilia S. De Perez, 22 F.2d 585 (D. Md. 1927) ; The Andree, 47 F.2d 874 (2d Cir. 1931).

[74] Plymouth, 70 U.S. 20 (1866).

者」(wrongdoer) として被害者に対して対物責任を負う、すなわち、被害者は加害船舶に対するマリタイム・リーエンを取得することとなる。不法行為リーエンの順位が問題となる局面においては、この船舶擬人化理論が裁判所の判断に少なからぬ影響を及ぼしている。

4 契約リーエン (contract lien)

契約リーエンとは、船舶との契約 (通常は船舶所有者・船長との契約であるが、契約の相手方は必ずしもこれらの者とは限らない) によって生じた債権に認められるマリタイム・リーエンである。ここでいう契約によって生じた債権には、燃料油や食料、修繕などの必要品を供給した者の代金債権のほか、運送契約・傭船契約の不履行に基づく損害賠償請求権も含まれる。なお、船員給料リーエンや海難救助リーエン (契約に基づく救助の場合) も広義においては契約リーエンであるが、これらについては特別に優先的地位が認められていることは前述のとおりである。そのため、一般に「契約リーエン」という場合、それは主として必要品供給債権に認められるマリタイム・リーエンを意味する (必要品供給債権のマリタイム・リーエンについては、第3章を参照)。

●未履行契約理論 (executory contract doctrine)●

一般に未履行契約 (executory contract) に関してマリタイム・リーエンは成立しないと解されている。このような理論は未履行契約理論 (executory contract doctrine) と呼ばれ、アメリカ海事法においては古くから認められている。そのため、海上運送途中に貨物が損傷し、運送人が責任を負う場合、貨物所有者は船舶に対してマリタイム・リーエンを取得する一方、運送契約に違反して一部の貨物につき船積みがなされなかった場合、当該運送契約の不履行に基づく損害賠償請求権にはマリタイム・リーエンは成立しない[76]。同様に、旅客船に積み込まれる前の旅客手荷物の紛失による損害[77]や、船舶が船積港に到着できなかったがゆえに当該船舶に船積みする予定であったバナナが腐敗した損害[78]についても、マリタイム・リーエンは成立しない。

---

[75] Executive Jet Aviation v. City of Cleveland, 409 U.S. 249 (1972).

[76] Osaka Shosen Kaisha v. Pacific Export Lumber Co., 260 U.S. 490 (1923).

[77] The Priscilla, 114 F. 836 (2d Cir. 1902).

[78] Belvedere v. Compania Plomari De Vapores, S.A. the Helen, 189 F.2d 148 (5th Cir. 1951).

26 第2章 総説

　未履行契約理論は、運送契約だけでなく必要品供給契約にも等しく妥当するが、現在は必要品リーエンについては必要品の「提供」が法の明文において要求されており、これは未履行契約理論を立法によって具現化したものと理解されている。したがって、未履行契約理論は、必要品リーエンに関しては「提供」要件の解釈に帰着することとなり、同理論は現在では、主として運送契約または傭船契約との関係において問題となるといって差し支えない。

　未履行契約理論の根拠については、運送契約における船舶と貨物の義務は互恵的なものであり、両者が一体となる必要があるとの説明がなされることもあるが、貨物所有者の船舶に対するマリタイム・リーエンは、貨物が荷揚げされ、荷受人に引き渡された後も消滅するものではないから、このような説明は必ずしも正確ではない。実質的な根拠としては、マリタイム・リーエンは公示のされないシークレット・リーエンであるところ、契約が未履行である間は、外部からリーエンの発生を認識することが不可能であるということにあると考えられている[79]。また、未履行契約の違反の場合は、債権者は損害軽減の機会があり、契約相手方の対人責任（in personam liability）が認められれば救済として十分であるとも指摘されている[80]。

　このように未履行契約理論は必ずしも船舶と貨物の物理的な意味での一体化を厳格に要求するものではなく、貨物が実際に船積みされなくても、船舶の関係者の管理下に入ったときは、当該契約は未履行契約ではなくなるとされる[81]。また、貨物の引渡しの際に運賃の過払いがあった場合、荷主の運送人に対する運賃返還請求権について船舶に対するマリタイム・リーエンが認められる[82]。

5　裁判所保管下の費用（custodia legis）

　船舶に対する対物訴訟のために執行官によって船舶がアレストされた後は、当該船舶はもっぱら執行官の保全・管理に服し、一切のリーエンの発生が妨げられる。したがって、アレストの後に船舶の維持管理のために本船に留まった船員の給料や、本船の保管のために要した岸壁使用料等については、マリタイム・リーエンが認められることはないが、裁判所保管下において発生した費用（expenses of justice during custodia legis）として、競落代金の

---

79 *Osaka Shosen Kaisha, supra* note 76, at 500.

80 SCHOENBAUM, *supra* note 29, at 786.

81 Bulkely v. Naumkeag Steam Cotton Co., 65 U.S. 386 (1860). ただし、Continental Grain Co. v. Toko Lines, 333 F. Supp. 1349 (E.D. La. 1976) では貨物は運送人の保管下には置かれなかったと認定された。

82 Krauss Bros. Lumber Co. v. Dimon Steamship Corp., 290 U.S. 117 (1933).

配当において最優先で弁済を受けることができる。

　裁判所保管下の費用として認められるためには、船舶に対する物品または
サービスの提供前に裁判所の許可を得ておくことが必要となるが、Poznan
事件判決[83]において連邦最高裁判所は、予め裁判所の許可を得ていなかった
貨物の荷揚げのための岸壁使用料について、対物訴訟手続の参加者にとって
共通の利益のために提供されたサービスは、「衡平および良心」の観点から
(in equity and good conscience)、すべてのマリタイム・リーエンに優先して弁
済を受けると判示した。その後の下級審判決では、上記判決に従い、船舶の
アレスト後の費用についてはマリタイム・リーエンの成立を否定した上で、
「衡平および良心」の観点から、マリタイム・リーエンに優先して弁済を受
けるべき費用か否かの検討がなされている[84]。

　このように、アレスト後に船舶に提供された物品・サービスに関する請求
権については、裁判所保管下の費用と認められれば最優先で配当を受けるこ
とができるが[85]、裁判所保管下の費用と認められなければ、必要品供給債権
としてのリーエンの地位すら認められず、マリタイム・リーエンのない一般
債権者の地位にとどまることになる。

---

[83] New York Dock Co. v. S. S. Poznan, 274 U.S. 117 (1927).

[84] 執行官保管中の船体・P&I 保険料（Morgan Guaranty Trust Co. v. Hellenic Lines, Ltd., 593 F. Supp. 1004(S.D.N.Y. 1984)）、貨物の荷揚費用（Ost-West-Handel Bruno Bischoff GmbH v. Project Asia Line, Inc., 1997 AMC 652 (E.D. Va. 1996), Associated Metals & Minerals Corp. v. Alexander's Unity MV, 41 F.3d 1007 (5th Cir. 1995)）について裁判所保管下の費用として認められた一方、アレスト後も本船に留まった船員について、本国への強制送還を避けるため（Nikolaos Scoulikarakis, et al. v. M/T Olibird, 1978 AMC 706 (S.D.N.Y. 1977)）、あるいは他に行くべきところがなくて留まったにすぎないとして（Medina v. Marvirazon Compania Naviera, S.A., 533 F. Supp. 1279 (D. Mass. 1982)）、裁判所保管下の費用として認めないとの判断がなされた。

[85] Roy v. M/V Kateri Tek, 238 F. Supp. 813 (E.D. La. 1965).

第3章　制定法上のマリタイム・リーエン

　マリタイム・リーエンには、一般海事法により認められるものだけではな
く、連邦議会の制定法により認められているリーエンも存在する。その1つ
は、航海の継続のために船舶に提供された必要品に係るマリタイム・リーエ
ンについて規定した連邦マリタイム・リーエン法（Federal Maritime Lien Act、
以下「FMLA」という。）であり、もう1つは、一定の要件を満たした船舶抵当
権にマリタイム・リーエンの地位を与えた船舶抵当権法（Ship Mortgage Act、
以下「SMA」という。）である。なお、FMLA と SMA は1988年に合衆国法典
46編313章（46 U.S.C. § 31301～31343）に再編成され、現在は Commercial Instru-
ments and Maritime Liens Act（以下、「CIMLA」という。）と通称されている
が、本書では、特に現行法を示す必要があるときに CIMLA と表記するほか
は、FMLA、SMA の表記を用いることとする。本章では、これら2つの制
定法が制定された経緯や、その後の改正による適用範囲の拡大、要件の緩和
などについて述べることとする。

第1節　FMLA による必要品リーエン

1　FMLA の制定

　燃料油や食料、船舶の修繕など、航海の継続を目的として船舶に提供され
る必要品（necessaries）のリーエンについては、イギリス、ドイツのようにこ
れを認めない国と、アメリカやわが国（商法842条4号参照）のようにこれを認
める国とに分かれる[1]。現在のアメリカ法は、その中でも特に必要品供給者

---

[1]　フランスは航海継続費用に係る債権に船舶先取特権を認めているが、船長がその法定の権限によ
り船籍港外において締結した契約またはなした行為に基づく債権に限定しているため、船舶所有
者や定期傭船者が契約を締結した場合には船舶先取特権は認められておらず、また他の船舶先取
特権より短い6か月の短期消滅時効が設けられている。

30　第3章　制定法上のマリタイム・リーエン

に対して寛容な法体系であるといえるが、歴史的にみると、アメリカでもはじめから必要品供給債権に広くマリタイム・リーエンが認められていたわけではない。

　1819年の前掲 The General Smith 事件判決においてストウリ判事が、コモン・ロー上のリーエンとは区別された海事法上のリーエンというものをすでに観念していたことは前述したが、この判決でストウリ判事は、後にマリタイム・リーエンと呼称される海事法上のリーエンは外国船（foreign vessel）に対してのみ成立し、必要品が供給された港を母港（home port）とする内国船（domestic vessel）に対しては成立せず、州法上のリーエンが成立しうるにすぎないとする母港理論（home port doctrine）を提示した。これは、一般に船長は航海継続のために必要な契約を締結する権限を有するが、母港や船舶所有者が予め代理人を選任した港においては、船舶所有者やその代理人が自ら契約に関与することが可能であるから、船長は特別な授権または慣習のない限り、船舶の信用において（船舶を担保として）必要品の供給契約を締結することはできないとの考え方に基づく[2]。この The General Smith 事件判決により、内国船に対する必要品リーエンが一律に否定されたため、多くの州が独自に内国船に対する必要品供給債権にリーエンを認める州法を相次いで制定したが、その適用範囲や文言が一致せず、また「母港」の意義が不明確であったり[3]、母港において船舶所有者からの委託を受けて必要品を供給した場合に「船舶の信用において」供給を行う旨の明示・黙示の合意を要するかなど[4]、多くの解釈上の問題が生ずることとなった。

　そこで、連邦議会は1910年、必要品供給債権にマリタイム・リーエンを認めるための要件の統一を目的として、FMLA を制定した。FMLA の第1節（46 U.S.C. § 971）は以下のとおり規定している。

　　"... [A]ny person furnishing repairs, supplies, or other necessaries, includ-

---

[2] The Underwriter, 119 F. 713（D. Mass. 1902）.

[3] Fitz-Henry Jr. Smith, *New Federal Statute Relating to Liens on Vessels*, 24 Harv. L. Rev. 182, 184（1910-1911）.

[4] *Id.* at 186.

ing the use of dry dock or marine railway, to a vessel, whether foreign or domestic, upon the order of the owner or owners of such vessel or of a person by him or them authorized, shall have a maritime lien on the vessel which may be enforced by a proceeding in rem, and it shall not be necessary to allege or prove that credit was given to the vessel."

このように、FMLA の対象船舶は "whether foreign or domestic"（外国船であると内国船であるとを問わず）と明記され、また、"it shall not be necessary to allege or prove that credit was given to the vessel."（船舶の信用においてということを主張または立証することを要しない）ということが明確に定められたことにより、どの港において供給されたか（外国船か内国船か）、船舶所有者、船長のいずれの委託により供給がなされたかを問わず、必要品供給債権にマリタイム・リーエンが認められることとなった。

ただし、FMLA によって必要品の供給者は船舶の信用において供給したことを主張・立証する必要はなくなったが、リーエンを放棄（waive）することは妨げられない[5]。したがって、必要品の供給契約において船舶以外の特別な担保を船舶所有者から取り付けていたような場合には、マリタイム・リーエンは放棄されたものと認められうる[6]。

2 「必要品」の意義

マリタイム・リーエンの保護の対象となる「必要品」について現行の CIMLA は、「『必要品』とは修繕、供給品、曳船料および乾ドックまたは引上げ船台の使用を含む」（"necessaries" includes repairs, supplies, towage, and the use of a dry dock or marine railway.）と定義している[7]。ここで列挙されている事項は、「含む」との文言からも明らかなように例示列挙であり、現在では、「必要品」とは船舶にとって必要または有益な物品またはサービスを意味するものと広く解釈されている[8]。もっとも、1910年に FMLA が制定された当時はこのような文言ではなく、その意義も限定的に解釈されていたが、その後の

---

[5] 46 U.S.C. § 975, 現46 U.S.C. § 31305.

[6] Marshall & Co. v. S. S. "President Aurther", 279 U.S. 564 (1929).

[7] 46 U.S.C. § 31301(4).

法改正や裁判例の変遷により、上記のような解釈が定着するに至った。

FMLA 制定当時の該当条文は、前記1に記載したとおり、「船舶に "repairs, supplies, or other necessaries, including the use of dry dock or marine railway" を供給した者は … マリタイム・リーエンを有する」とするものであった。FMLA の制定以前は母港理論が適用されていたが、それでも、船員給料や水先料、曳船料、海難救助料など一定のカテゴリーに属するサービスについては、それが母港において供給されたものであってもマリタイム・リーエンが認められていた[9]。他方で、母港で供給されたか否かにかかわらず、船舶の運航に必要または有益ではあるものの、マリタイム・リーエンは認められないカテゴリーのサービスもあった[10]。これらに対し、母港理論の適用により、外国港において供給された場合にはマリタイム・リーエンが認められるが、母港において供給された場合にはマリタイム・リーエンが認められないとされていたのが、船舶の修繕と燃料・食料等の供給であった。FMLA は母港理論の廃止を目的とするものであったため、その対象は "repairs, supplies, or other necessaries" と定められたが、「必要品」(necessaries) という文言は、「修繕」(repairs)、「供給品」(supplies) に続いて「その他必要品」と定められていたことから、ここにいう「必要品」とは同類解釈則 (ejusdem generis) により「修繕および供給品と同種のもの」と理解するのが極めて自然であった。また、"other necessaries" に続いて "including the use of dry dock or marine railway" が規定されている理由については、乾ドックまたは引上げ船台の使用は陸上でなされるものではあるが、船舶の修繕に関連して使用される限りマリタイム・リーエンが認められることを注意的に規定したものであるとされる[11]。このように、1910年の FMLA においては、マリタイム・リーエンが認められる対象は、修繕、供給品その他これに類す

---

8 ここでいう必要性とは供給された物品・サービスの一般的性質ではなく、個々の具体的事例において当該物品・サービスが船舶にとって必要であったか否かによって判断される。The Huron, 278 F. 383 (3d Cir. 1922) は、傭船開始時と同様の状態で返船するという傭船契約上の義務の履行のために浚渫船に浚渫機およびブームが設置されたという事案につき、当該浚渫機等の設置はその時の浚渫船としての必要性によるものではないとして、「必要品」には当たらないとした。

9 Brian Mattis, *Maritime Liens for Necessaries ; A Tale of Statutory Misinterpretation - Part I*, 21 J. Mar. L. & Com. 213, 249 (1990).

10 *Id.*

るもの（乾ドックまたは引上げ船台の使用を含む）と厳格に解釈されていたのである。

　ところが、FMLA が制定されてから10年後の1920年、FMLA の該当条文は以下のとおり改正されることとなった（変更箇所はイタリックで表記している。）。

　　"Any person furnishing repairs, supplies, *towage, use of dry dock or marine railway*, or other necessaries"

　1910年法との相違点は、①towage（曳船料）が追加されたこと、②"use of dry dock or marine railway" の位置が "other necessaries" の前に移動したこと（"other necessaries" が後ろに移動したともいえる）の２点である。①の曳船料については、もともと1910年の FMLA 制定時にもリーエンの対象として明記すべきとの意見があったが[12]、一般海事法では曳船料は供給された港にかかわらずマリタイム・リーエンが認められていたため、不要とされたものであった[13]。しかし、その後 FMLA の "other necessaries" に曳船料は含まれないとした裁判例[14]（ただし、いずれも一般海事法上曳船料にマリタイム・リーエンが認められうることを否定したものではない）の影響もあり、再び業界団体の強い要望を受け、曳船料がマリタイム・リーエンの被担保債権として明示されることとなった。②の "other necessaries" の位置が変更された趣旨や経緯については不明な点が多いが、少なくとも連邦議会の記録からは、これにより FMLA の適用範囲に重大な変更を来すことを意図していたことはうかがえない[15]。

　しかし、1920年の上記改正はその後の裁判例に大きな影響を及ぼすこととなった。1922年の Henry S. Grove 事件判決[16]では、ステベドアサービスが FMLA の「必要品」に含まれるか否かが問題となったが、西部ワシントン

---

[11] Brian Mattis, *Maritime Liens for Necessaries ; A Tale of Statutory Misinterpretation - Part II,* 21 J. Mar. L. & Com. 331, 342 (1990).

[12] *Id.* at 350-51.

[13] The Alligator, 161 F. 37 (3d Cir. 1908).

[14] The J. Doherty, 207 F. 997 (S.D.N.Y. 1913) ; The Hatteras, 255 F. 518 (2d Cir. 1918).

[15] Mattis, *supra* note 11, at 359.

[16] The Henry S. Grove, 285 F. 60 (W.D. Wash. 1922).

連邦地裁の Cushman 判事は、1920年の改正 FMLA が曳船料を追加したこと、および "use of dry dock or marine railway" を "other necessaries" の前に移動させたことを理由に、「必要品」の範囲は拡大されたとの理解を示し[17]、ステベドアサービスについてマリタイム・リーエンを認めた。翌年の The Susquehanna 事件判決[18]では、傭船契約におけるリーエン禁止条項についての調査義務 (後記4(2)において詳述する) の違反を理由に結論としてはマリタイム・リーエンが否定されたが、同様に1920年の FMLA は「必要品」の定義を拡大させたとの理由から、乗客の手荷物の燻蒸作業も「必要品」に該当しうるとの判断が示された。さらに1925年の In re Burton S.S. 事件判決[19]では、上記裁判例を引用の上、1920年の FMLA は1910年の FMLA よりも適用範囲を拡大したものであるとの理解に基づき、ケープコッド運河の通航料につきマリタイム・リーエンが認められた。同判決において Lowell 判事は、ケープコッド運河を通航しなくても目的地には到達できるため、厳密な意味での必要性はないとしながらも、マリタイム・リーエンを認めており、その意味では FMLA の対象となるサービスの範囲を拡大するとともに、「必要品」に要求される物品・サービスの必要性の程度についても、相当に緩和したということができよう。

このような「必要品」の意義の拡大傾向はその後も続き、1986年の Equilease v. Sampson 事件判決[20]では、それまで100年以上にわたりマリタイム・リーエンの対象外とされてきた船舶保険の未払保険料[21]までもが、FMLA の「必要品」に該当しうると判示された (ただし、当該事件では保険代理店が未払保険料の立替払いをするに際し、船舶の信用の下において立替金を支払ったとは認められないとして、結論としてはマリタイム・リーエンの成立は否定された。)。そもそも未払保険料にマリタイム・リーエンが認められないとされてきたのは、船舶保険は船舶に利益をもたらすものではなく、もっぱら船舶所有者の利益のために締結される契約であると考えられたためであったが、第5巡回

---

[17] *Id.* at 61.
[18] The Susquehanna, 3 F.2d 1014 (D. Mass. 1923).
[19] *In re* Burton SS Co., 3 F.2d 1015 (D. Mass. 1925).
[20] Equilease Corp. v. M/V Sampson, 793 F.2d 598 (5th Cir. 1986).
[21] *In re* Insurance Co. of State of Pennsylvania, 22 F. 109 (N.D.N.Y. 1884).

区控訴裁判所の Jolly 判事は、FMLA における「必要品」とは、船舶の運航に有益 (useful) な物品またはサービスを含むとの考えを示した上で、現在では海上保険は通常のビジネスを営む上ですべての船舶が必要とするものであるから、「必要品」に該当すると判断したのである[22]。

　現在では、1920年の FMLA の改正は「必要品」の範囲を拡大させることを目的とするものであったと解するのが裁判例の趨勢であり、これまでに船員の上下船のために手配した航空券代[23]、旅客船における乗車券の回収・入国手続の代行サービス[24]、漁船の漁業許可[25]、船体保険・P&I 保険の保険料[26]、P&I 保険の追加保険料[27]、保険料支払いに充てるための貸付金[28]、プレジャーヨットに提供された酒類[29]などが「必要品」に該当するとされている。ただし、FD&D 保険の保険料については、同保険は弁護士費用をてん補するものであり、船舶の通常の運航には必要でないため「必要品」には該当しないとする裁判例[30]もあり、「必要品」の意義の拡大にも一定の歯止めが掛けられている。

　Equilease v Sampson 事件判決の 2 年後の1988年に FMLA は CIMLA に再編成されたが、これに際して46 U.S.C. § 31342は、"a person providing necessaries to a vessel" というように、マリタイム・リーエンの認められる物品・サービスについては端的に "necessaries" とだけ規定した上で、46 U.S.C. § 31301(4)に前記の必要品の定義規定が設けられることとなった。

3　「提供」の意義

FMLA によるマリタイム・リーエンが成立するためには、必要品が船舶

---

[22] *Equilease Corp., supra* note 20, at 604.

[23] Carl Enterprises v. Barge Hudson Handler, 475 F. Supp. 42 (S.D. Ala. 1979).

[24] Kaleidoscope Tours v. M/V "Tropicana", 755 F. Supp. 382 (S.D. Fla. 1990).

[25] Gowen, Inc. v. F/V Quality One, 244 F.3d 64 (1st Cir. 2001).

[26] Flagship Group, Ltd. v. Peninsula Cruise, Inc., 771 F. Supp. 756 (E.D. Va. 1991).

[27] West One Bank v. Continuity, 1994 AMC 2059 (W.D. Wash. 1994).

[28] Zitano v. F/V Diamond Girl, 963 F. Supp. 109 (D.R.I. 1997).

[29] Walker-Skageth Food Stores v. Bavois, 43 F. Supp. 109 (S.D.N.Y. 1942).

[30] Liverpool & London S.S. Prot. & Indem. Ass'n v. M/V Abra, 295 F. Supp. 2d 674 (M.D. La. 2003).

に「提供」(provide) されることが必要である[31]。1910年に FMLA が制定された当時は、この要件について "furnish" という文言が用いられていたが、1988年の CIMLA への編成の際に他の法令の用語との統一を目的として "provide" という語に変更されたものであり、これにより既存の判例法に対して何らかの変更を来すことは意図されていない。第2章でも述べたとおり、この「提供」要件は、必要品リーエンに関して未履行契約理論 (executory contract doctrine) を法文化したものである。

FMLA における必要品の船舶への「提供」についてのリーディング・ケースとされているのは、1920年の Piedmont 事件連邦最高裁判決[32]である。

[判例3] Piedmont 事件判決 (連邦最高裁判所)

この事件では、19隻の漁船を所有する船舶所有者との間で石炭の売買契約が締結されたが、石炭は直接に各船舶に引き渡されるのではなく、石炭供給業者の岸壁において船舶所有者手配のバージに積み込むことにより引き渡された (FOB 条件)。引き渡された石炭は、その後船舶所有者が所有する石炭工場へと運ばれ、その多く (5回の取引中4回) は、他の業者から購入しすでに工場内に貯蔵されていた石炭と混合された上で、船舶所有者の所有する各漁船に必要に応じて補給された。また、購入した石炭の多くは最終的にはいずれかの漁船に供給されたが、一部の石炭は船舶所有者の工場において使用された。裁判では、かかる事実関係の下において、必要品たる石炭が船舶に「提供」されたといえるか否かが問題となった。石炭供給業者は、FMLA はマリタイム・リーエンの成立範囲を拡大させることを目的として制定されたものであり、船舶への「提供」を厳格に求めるような解釈は FMLA の趣旨を損ねると主張したが、連邦最高裁判所は、FMLA は船舶所有者の委託を受けて必要品を船舶に提供した場合に、船舶の信用においてなされたことの立証責任を免除したにすぎず、必要品が船舶に提供されたこと自体の立証責任を軽減するものではないとして、石炭供給業者の主張を排斥し、石炭の船舶への「提供」を欠くことを理由にマリタイム・リーエンの成立を否定した。

このように必要品が船舶に直接に引き渡されない場合には「提供」の有無が問題となるが、今日において特に問題となるのはコンテナ・リースであ

---

[31] 46 U.S.C. § 31342.

[32] Piedmont & Georges Creek Coal Co. v. Seaboard Fisheries Co., 254 U.S. 1 (1920).

る。今やコンテナの利用は船舶による海上輸送において不可欠であるが、コンテナは海運会社が所有するのではなく、リース契約によって調達することが一般的である。この場合、コンテナはリース契約の相手方である海運会社に引き渡された後、特定の船舶において永続的に積載されることはないばかりか、船舶上に積載されずにコンテナ・ヤードで保管されたり、陸上での鉄道・トラックによる輸送に供される期間もある（このように複数の船舶または輸送モードに用いられる点にこそコンテナの優位性があるともいえる）。前記のとおり「必要品」の意義を広く捉える今日の理解においては、リースされたコンテナも「必要品」に該当しうると解されるが、船舶への「提供」の要件を満たすか否かについては争いがあった。1987年の Foss Launch 事件判決[33]で第9巡回区控訴裁判所は、使用船舶を特定せずに借主（船舶所有者や定期傭船者等）が自らのフリート内で使用船舶を自由に決定できるとのリース契約の下では、コンテナが船舶に「提供」されたとはいえないとの判断を示した。その後、第2巡回区控訴裁判所[34]、第4巡回区控訴裁判所[35]、第5巡回区控訴裁判所[36]もそれぞれ同様の判断を示している。

　なお、必要品の「提供」はリーエンを主張する者、すなわち、船舶所有者や船長、傭船者等との間で契約を締結した者が直接に行うことは必要でなく、下請業者を用いてこれを行ったとしても「提供」の要件を欠くものではない[37]。この点は当時世界最大のバンカー供給業者であった OW Bunker 社の倒産を契機とした多くの訴訟でも争われ、「提供」の要件を欠くとした地裁判決が一件あったものの、同判決は控訴審で覆された[38]。第9巡回区控訴裁判所においても、下請業者（いわゆる physical supplier）を用いて燃料油を供給したとしても、FMLA における「提供」を欠くものではないと判断されている[39]。

---

33 Foss Launch & Tug Co. v. Char Ching Shipping U.S.A., Ltd., 808 F.2d 697 (9th Cir. 1987).

34 Itel Containers Int'l Corp. v. Atlanttrafik Express Service, Ltd., 982 F.2d 765 (2d Cir. 1992).

35 Redcliff Ams. v. M/V Tyson Lykes, 996 F.2d 47 (4th Cir. 1993).

36 Silver Star Enters. V. Saramacca MV, 82 F.3d 666 (5th Cir. 1996).

37 燃料油の供給につき、Exxon Corp. v. Central Gulf Lines, 780 F. Supp. 191 (S.D.N.Y. 1991)、ステベドアサービスにつき、Lake Charles Stevedores, Inc. v. Professor Vladimir Popov MV, 199 F.3d 220 (5th Cir. 1999).

38 ING Bank N. V. v. M/V Temara, 892 F.3d 511 (2d Cir. 2018).

38　第3章　制定法上のマリタイム・リーエン

4　債務者の範囲

「必要品」に該当する物品またはサービスが船舶に提供されたとしても、それだけで常にマリタイム・リーエンが成立するわけではない。FMLA によるマリタイム・リーエンが成立するためには、当該物品またはサービスが「船舶所有者またはその授権を受けた者からの依頼によって」船舶に提供されたことが必要となる[40]。つまり、必要品の供給契約の当事者（債務者）は、船舶を拘束（bind）する権限を有する者でなければならない。

(1)　推定的代理権者

船舶所有者、船長、供給港において船舶の管理を委託された者（a person entrusted with the management of the vessel at the port of supply）、これらの者により選任された士官（officer）または代理人（agent）については、必要品の発注につき代理権を授与されたものと推定される（推定的代理権）[41]。上記「船舶の管理を委託された者」には、例えば荷役作業の責任者である一等航海士などが含まれるが[42]、同文言との関係で特に問題となったのは傭船者であった。裸傭船者（船舶賃借人）がこれに該当することについては異論がなかったが[43]、定期傭船者については、これを肯定する裁判例[44]と、これを否定する裁判例[45]に分かれた。連邦最高裁判所は1940年の Signal Oil 事件判決において、「船舶の管理」は航海についてのみ言及しているのではなく、船舶の商業的利用をも含む広い文言であるとして、定期傭船者は推定的代理権を有するとの解釈を示した[46]。

---

[39] O. W. Bunker Malta Ltd. v. MV Trogir, 602 Fed. Appx. 673 (9th Cir. 2015).

[40] 46 U.S.C. § 31342.

[41] 46 U.S.C. § 31341(a).

[42] Atlantic & Gulf Stevedores, Inc. v. M/V Grand Loyalty, 608 F.2d 197 (5th Cir. 1979).

[43] The George Farwell, 103 F. 882 (2d Cir. 1900) ; The Thomas W. Rogers, 207 F. 69 (2d Cir. 1913) ; The Yankee, 233 F. 919 (3d Cir. 1916) ; The A. S. Sherman, 51 F.2d 782 (N.D.N.Y. 1930).

[44] The India, 14 F. 476 (S.D.N.Y. 1882) ; The Bombay, 38 F. 512 (E.D. La. 1888) ; The Golden Gate, 52 F.2d 397 (9th Cir. 1931) ; The Everosa, 93 F.2d 732 (1st Cir. 1937).

[45] Curacao Trading Co. v. Bjorge, 263 F. 693 (5th Cir. 1920) ; The Thordis, 290 F. 255 (E.D.N.Y. 1923) ; The Ville De Djibouti, 295 F. 869 (E.D. Pa. 1924) ; The Pajala, 7 F. Supp. 618 (E.D.N.Y. 1934).

(2) 代理権限の調査義務

1910年の FMLA 制定時、(1)で述べた代理権限の推定規定（46 U.S.C. § 972）がおかれると同時に、以下の規定も併せて設けられた（46 U.S.C. § 973）。

> "... nothing in this Act shall be construed to confer a lien when the furnisher knew, or by the exercise of reasonable diligence could have ascertained, that because of the terms of a charter party, agreement for sale of the vessel, or for any other reason, the person ordering the repairs, supplies, or other necessaries was without authority to bind the vessel therefor."
>
> （本法のいかなる規定も、傭船契約、売買契約の条件またはその他の理由により、修繕、供給品またはその他必要品を注文した者が船舶を拘束する権限を有しないことを供給者が知っていた、または合理的な注意を尽くすことにより知りえた場合に、リーエンを付与するものと解釈されてはならない。）

この規定は、必要品（石炭）を注文した傭船者が傭船契約上燃料代の支払義務を負っていたことを供給者が知っていた、または合理的に知りえた場合に、一般海事法上のマリタイム・リーエンは認められないとした1896年のThe Kate 事件連邦最高裁判決[47]を反映したものであるが[48]、この規定により、傭船者は代理権を有するものと推定される一方で、供給者は傭船契約中にマリタイム・リーエンの発生を禁止するリーエン禁止条項（no lien clause）がないか調査義務を負うと解されることとなった[49]。そのため、必要品供給者は常に注文者が代理権を有するか否か、傭船契約の内容も含めて調査する義務を課され、船舶所有者は傭船契約中にリーエン禁止条項を挿入しておけば、傭船者の注文により供給された必要品について、事実上常にマリタイム・リーエンの発生を阻止することが可能となった[50]。

そこで、連邦議会は1971年に FMLA を改正し、上記調査義務に関する規定を削除したため、必要品供給者は積極的に注文者の代理権限の有無を調査

---

[46] Dampskibsselskabet Dannebrog v. Signal Oil & Gas Co., 310 U.S. 268 (1940).

[47] The Kate, 164 U.S. 458 (1896).

[48] Smith, *supra* note 3, at 193.

[49] United States v. Carver, 260 U.S. 482 (1923) ; *Signal Oil, supra* note 46.

[50] GRANT GILMORE & CHARLES L. BLACK, THE LAW OF ADMIRALTY, 679 (2d ed. 1975).

40   第3章　制定法上のマリタイム・リーエン

する必要はなくなった。もっとも、代理権の推定は確定的なものではな
く[51]、注文者に代理権限がないことについて現実の認識があるときは、リー
エンは成立しない[52]。ただし、燃料油の供給を受けた際に機関長が Bunker
Receipts に"no lien"というスタンプを押しただけでは、傭船者に代理権がな
いことの通知としては不十分とされる[53]。

(3)　下請人による必要品の提供

　船舶所有者や推定的代理権を有する者（傭船者等）からの委託を受けた者
が下請人を使用して必要品を提供した場合であっても、前記のとおり元請人
は「提供」の要件を満たし、マリタイム・リーエンを取得すると解されてい
る。他方で、下請人も必要品を船舶に直接に提供したといえるが、あくまで
も元請人から委託を受けたにすぎず、船舶所有者や傭船者からの委託を受け
たわけではない。このような場合、裁判所は一般に下請人にマリタイム・リ
ーエンを認めていない。Port of Portland 事件判決[54]で第9巡回区控訴裁判
所は、船舶所有者が特定の下請人を使用するように指示または要求した場合
（そのような場合には、もはや船舶所有者と "下請人" との間に直接の契約関係が認めら
れよう）でない限り、下請人は船舶に対してマリタイム・リーエンを取得し
ないとした。その理由について裁判所は、下請人は船舶ではなく元請人の信
用においてサービスを提供したのであり、船舶所有者との契約関係を避けつ
つも、同時に船舶に対するリーエンを主張することはできないと述べてい
る[55]。また、第5巡回区控訴裁判所の Lake Charles Stevedores 事件判決[56]で
は、下請人が必要品たるサービス（当該事案ではステベドアサービス）を船舶に
提供する際に船長がこれを異議なく受け入れたことによって"ratification"
（追認）が生じたとの主張もなされたが、船長は元請人によるサービスの提供
としてこれを受け入れたにすぎないとして、この主張を一蹴している。

---

[51] Gulf Oil Trading Co., Div. of Gulf Oil Co. v. M/V Carib Mar, 757 F.2d 743, 749 (5th Cir. 1985).

[52] *Lake Charles Stevedores, supra* note 37, at 225.

[53] *M/V Trogir, supra* note 39, at 676.

[54] Port of Portland v. M/V Paralla, 892 F.2d 825 (9th Cir. 1989).

[55] *Id.* at 829.

[56] *Lake Charles Stevedores, supra* note 37, at 232.

他方で、第11巡回区控訴裁判所の Stevens Technical Services v. United States 事件判決[57]では、修繕工事のうち金額にして15％以上を占める工事を実施した下請人について、裸備船者（当該事案では合衆国）が予めこれを承認していたことを理由に、下請人にマリタイム・リーエンが認められた[58]。同巡回区ではその後、船舶所有者・下請人間に「重大かつ継続的な」(significant and ongoing) 関与が認められる場合には、下請人にマリタイム・リーエンが認められるとする解釈が確立しているが[59]、結論としてはそのような関係性は容易には認められていない[60]。なお、OW Bunker 社の倒産に関連する訴訟では、Bravante 事件判決[61]が唯一、下請人（physical supplier）にマリタイム・リーエンを認めたが、同判決もこの「重大かつ継続的な」関与の基準に基づいてマリタイム・リーエンの成否を判断している。それ以外の裁判例は、いずれも下請人のマリタイム・リーエンを認めていない。

第2節　優先的船舶抵当権

1　一般海事法における船舶抵当権の地位

マリタイム・リーエンと非海事（ノン・マリタイム）リーエンとの間では、マリタイム・リーエンが優先することは古くから確立している。非海事リーエンには、船舶建造者のリーエン[62]などの州法上のリーエンや租税債権のリーエン[63]などが含まれるが、これらのリーエン・ホルダーは、船舶の競落代金からすべてのマリタイム・リーエンが満足を受けた後、なお残余がある場合にはじめて配当に与かることができるにすぎない。その根拠は、マリタイム・リーエンの場合、船舶そのものが「債務者」であるのに対し、非海事リーエンはあくまでも債務者の対人責任（in personam liability）の担保にすぎな

---

57 Stevens Technical Services, Inc. v. United States, 913 F.2d 1521（11th Cir. 1990）.

58 厳密には、当該事案は Public Vessel Act が適用される事案であったため、訴えは対物訴訟の原則に則って合衆国に対する対人訴訟の形態で行われた。

59 Galehead, Inc. v. M/V Anglia, 183 F.3d 1242（11th Cir. 1999）.

60 Id.; Barcliff, LLC v. M/V Deep Blue, 876 F.3d 1063（11th Cir. 2017）.

61 Martin Energy Servs., LLC v. M/V Bravante IX, 233 F. Supp. 3d 1269（N.D. Fla. 2017）.

62 Thames Towboat Co. v. The Schooner "Francis McDonald", 254 U.S. 242（1920）.

63 Gulf Coast Marine Ways, Inc. v. The J. R. Hardee, 107 F. Supp. 379（S.D. Tex. 1952）.

42 第3章 制定法上のマリタイム・リーエン

いからとされる。

1855年の Bogart v. The John Jay 事件判決[64]において連邦最高裁判所は、船舶抵当は冒険貸借と異なり、航海または海上危険とは無関係に締結される契約であり、海事契約ではないから、船舶抵当権の実行について海事裁判所は裁判管轄を有しないと判示した。すなわち、船舶抵当権は非海事リーエンであると明示したのである。これにより、船舶抵当権者は、海事裁判所において船舶に対する対物訴訟を提起することも、船主に対する対人訴訟を提起することもできなかった。また、マリタイム・リーエンは、船主だけでなく抵当権者にとっても有益であることなどから、マリタイム・リーエンは常に船舶抵当権に優先するものとされ[65]、船舶抵当権者には残余金に対する配当の申立てが認められるにすぎなかった[66]。このように、一般海事法における船舶抵当権の地位は極めて低いものであった。当時の船舶抵当権に対する海事裁判所の評価は、以下に引用する1877年の Alice Getty 事件判決[67]の判示によく表されている。

　　「抵当権はリーエン、そして負担を与えることができるが、現地法または海事法が優越的地位のリーエンを付与した海事債権を奪うことはできず、これは航海を継続するために必要品を供給した者のための公序に基づく。なぜなら、それなしでは海事取引は維持できず、また必要品の供給は船主および船舶債権者のいずれにとっても有益と考えられるからである[68]」。
　　「抵当権者が抵当権の設定された船舶に対する債権の発生を阻止したいのであれば、彼は占有を取り上げて債務を阻止すべきであり、もし航海を許すのであれば、彼は船舶の信用の下に必要品の供給や修理の必要性が生じうることを理解し、船舶の譲受人がそうであるように、彼の抵当権を主張してそれらの債務を打ち消すことはできない[69]」。

このように、船舶抵当権者は目的船舶の競売手続において最低順位におか

---

[64] Bogart v. S. B. John Jay, 58 U.S. 399 (1855).
[65] The St. Joseph, 21 F. Cas. 174, 175 (W.D. Mich. 1869).
[66] Lottawanna, 88 U.S. 558 (1875) ; The J. E. Rumbell, 148 U.S. 1 (1893).
[67] The Alice Getty, 1 F. Cas. 402 (W.D. Mich. 1877).
[68] Id. at 403.
[69] Id. at 404.

れ、ほとんどの事案で全く配当を受けられないか、僅かの配当を受けるのみ
であった。また、船舶抵当権が海事法上の救済を受けられない、すなわち、
海事裁判所における対物訴訟を提起できないということは、船舶抵当権に基
づくいかなる換価手続によってもマリタイム・リーエンを消滅させることが
できない（第5章を参照）ということでもあり、この点からも船舶抵当権の担
保価値は極めて低いものであった。

2 1920年 SMA の制定

1919年、第一次世界大戦の終結により、アメリカ政府は自らが所有する戦
時艦隊を解体し、民間に売却する必要に迫られた。そのためには、アメリカ
政府や民間からの資金提供が不可欠であったが、当時の船舶抵当権の海事法
における地位は極めて低く、アメリカ政府または民間による船舶への投資を
促進するため、船舶抵当権の地位を強化することが喫緊の課題となった。そ
こで、アメリカ連邦議会は、1920年に SMA を制定し、一定の要件を満たし
た優先的船舶抵当権（preferred ship mortgage）に対してマリタイム・リーエ
ンの地位を付与し、海事裁判所の対物訴訟による実行を認めた上で、一部の
マリタイム・リーエンにも優先する効力を認めることとした[70]。なお、優先
的船舶抵当権の実行方法は対物訴訟に限られるか否かについて争いがあった
が、現在では、対物訴訟だけではなく、各州法上認められている自力救済手
段の行使も許容されることが明文化されている[71]。

SMA は、その制定後間もなく合憲性に疑義が生じた。アメリカ合衆国憲
法はすべての海事事件が連邦の裁判管轄に服することを定め、ここにいう
「海事事件」の範囲は連邦裁判所の解釈に委ねられるものと解されていたた
め、非海事契約とされていた船舶抵当権（前掲 Bogart v. The John Jay 事件判決
参照）に対して、連邦議会の立法によって海事裁判管轄を付与することは憲
法に反するのではないかとの疑問が生じたのである[72]。この点につき、The

---

[70] GILMORE & BLACK, *supra* note 50, at 691 ; J. Bond Jr. Smith, *Ship Mortgages*, 47 Tul. L. Rev. 608
    (1972-1973) at 608-09.
[71] 46. U.S.C. § 31325(b)(3).
[72] GILMORE & BLACK, *supra* note 50, at 692.

44　第3章　制定法上のマリタイム・リーエン

Thomas Barlum 事件判決[73]で連邦最高裁判所は、SMA における優先的船舶抵当権には海事的目的は必要でなく、また議会の立法によって船舶抵当権に海事裁判管轄を付与する SMA は合憲であるとして、その合憲性に関する疑念を払拭したが、その後も船舶抵当権はあまり積極的には利用されなかった。1920年の SMA では、優先的船舶抵当権の対象となる船舶はアメリカの船舶（vessel of the United States）に限られており、また優先的船舶抵当権の保護を受ける抵当権者についても、アメリカ市民（citizen of the United States）でなければならないという制限が加えられていたことが船舶抵当権の利用を妨げる一因であった。このように、SMA は制定当初においては広く船舶融資一般の促進を目的としたものではなく、あくまでも自国ないし自国民の保護を目的としたものであり、船舶抵当権の地位の強化も限定的なものであった。しかし、その後 SMA は何度かの改正を経て要件が緩和され、今日では自国民に限らず、広く船舶金融一般を促進するものへと変容している。

3　優先的船舶抵当権の要件

(1)　対象船舶

1920年の SMA 制定当時は、優先的船舶抵当権の対象船舶は200トン以上の米国船舶に限定されていた。1935年には towboat、barge、scow、lighter、carfloat、canal boat、tank vessel を除く200トン未満の米国船舶も対象に加えられたが、これは要するに、200トン未満の米国漁船を優先的船舶抵当権の対象とすることを目的とした法改正であった。なお、現在の CIMLA では上記 towboat 等に対する制限も撤廃されている[74]。

第一次世界大戦の終結を契機に制定された SMA 法は、その後またしても戦争をきっかけに改正されることとなった。第二次世界大戦の終結後、アメリカでは再び戦時中の商船艦隊を解体する必要に迫られたが、この当時すでにアメリカの多くの船主は、リベリア、ホンジュラス、パナマなどのいわゆる便宜置籍を選択していた。前述のとおり、1920年の SMA は米国船舶のみを対象としていたため、同法の下ではこれらの便宜置籍船に対する船舶抵当

---

[73] Detroit Trust Co. v. The Thomas Barlum, 293 U.S. 21 (1934).

[74] 46 U.S.C. § 31322.

権はその保護を受けることができなかった[75]。そこで、1954年に SMA が再び改正され、優先的船舶抵当権の対象となる船舶は、すべての登録された外国船舶にまで拡大されることとなった。ただし、アメリカ国内の必要品供給者の保護の観点から、外国籍船の優先的船舶抵当権は、アメリカ国内で供給された必要品のリーエンに劣後するものとされた[76]。

(2) 抵当権者

1920年の SMA 制定時には、優先的船舶抵当権の抵当権者はアメリカ市民に限定されていた。しかし、1988年の CIMLA への編成に伴い、かかる市民要件は一部緩和され、さらにアメリカの船舶所有者が世界中の金融機関からより有利な融資を受けられるようにするため、1996年の改正により市民要件は撤廃された。現在では長さ100フィート以上の漁船についてのみ、一定の市民要件が課されている[77]。

なお、上記は米国船舶に対する優先的船舶抵当権の主体に関する要件であり、(1)で述べた外国船舶に対する優先的抵当権の主体については、特に規定は設けられていない。この点、連邦議会はアメリカ市民またはアメリカ政府を抵当権者とする船舶抵当権に限定することを意図していたとの見方もあったが、The Aruba 事件判決[78]は、外国籍船の船舶抵当権が優先的船舶抵当権として認められるためには、抵当権者はアメリカ市民またはアメリカ政府であることを要しないとの解釈を示し、パナマ籍船に対するスイス銀行の船舶抵当権について、1954年の改正 SMA における優先的船舶抵当権としての地位を認めた。外国船舶に対する優先的船舶抵当権の要件については、SMA ではなく、当該船舶の登録国の法によって規律される。

(3) 優先的船舶抵当権の周知

優先的船舶抵当権は、劣後的マリタイム・リーエンに優先する効力が認め

---

[75] GILMORE & BLACK, *supra* note 50, at 698.
[76] 46 U.S.C. § 951（現46 U.S.C. § 31326(b)(2)）.
[77] 46 U.S.C. § 31322(a)(4).
[78] Rederiaktierbolaget v. Compania de Navegacion Anne, S. A., 139 F. Supp. 327（D.C.Z. 1955）.

られているため、劣後的マリタイム・リーエン、すなわち、優先的船舶抵当権設定後の契約リーエンに対して、抵当権の存在を周知することが必要となる。この点、1920年の SMA では、優先的船舶抵当権は船舶国籍証書への in-dorsement（裏書）がなされることが必要とされていたが、現在の CIMLA では、優先的船舶抵当権に関する情報は、国土安全保障法長官(The Secretary of the Department of Homeland Security）が公衆の閲覧に供するものとされている[79]。

　また、船舶所有者または船長は、本船に対してマリタイム・リーエンを取得する可能性のある取引相手に対して抵当権の有無等の調査を許可しなければならないとされ、自航能力のある船舶の場合、抵当権設定者は抵当権証書の謄本が本船上で保持されるように注意を尽くさなければならない[80]。ただし、これらの義務違反があったとしても優先的船舶抵当権の優先的地位には影響を及ぼさない[81]。

---

[79] 46 U.S.C. § 31321(e).

[80] *Id.* § 31324.

[81] The Oconee, 280 F. 927 (E.D. Va. 1922) ; Coastal Dry Dock and Repair Corp. v. The S.S. Bay-belle, 1975 AMC 1736 (S.D.N.Y. 1975) ; Pascagoula Dock Station v. Merchants & Marine Bank, 271 F.2d 53 (5th Cir. 1959) ; Brandon v. S. S. Denton, 302 F.2d 404 (5th Cir. 1962).

第4章　マリタイム・リーエンの実行

　マリタイム・リーエンの実行は、海事裁判所における対物訴訟（action in rem）によって行われる。対物訴訟とはその字の如く「物」に「対する」訴訟であり、被告は船舶所有者ではなく、船舶そのものである。かかる対物訴訟は英米法系の国において認められているが、わが国のような大陸法系には馴染みのない制度であるため、マリタイム・リーエンを正しく理解するためには、対物訴訟手続の概略を理解することが不可欠である。また、対物訴訟手続では、船舶所有者と船舶とが別の法的主体として取り扱われることの帰結として、実体法上船舶が負うべき対物責任は船舶所有者の対人責任からは独立して発生する（対物責任の前提として船舶所有者の対人責任が認められることは必要ではない）ものとされ、船舶をあたかも一人の個人（英語では船舶は慣用的に "she" と呼称される）のように擬人化する理論（"personification theory"、以下「船舶擬人化理論」という。）が発展し、その後衰退した。本章では第1節において対物訴訟手続を概観した後、第2節では船舶擬人化理論の生成と発展について、第3節では同理論の衰退と今日的意義について検討する。

第1節　対物訴訟手続

1　海事裁判管轄

　植民地時代のアメリカでは、本国イギリスにより各植民地に設置された海事裁判所の支所（Vice-Admiralty Court）が海事事件に関する裁判を行っていたが、イギリスからの独立に伴い、海事裁判所支所は廃止され、すべての海事事件に関する裁判管轄は、各州ではなく、連邦政府に付与された（合衆国憲法第3条第2節）。憲法による裁判管轄の授権を受けて1789年に連邦議会により制定された裁判所法（Judiciary Act 1789）は、州裁判所ではなく、連邦地方裁判所がすべての海事事件の第一審裁判管轄権を専属的に有することを定め

48 第4章 マリタイム・リーエンの実行

た（§9、現28 U.S.C. §1333）。

合衆国憲法も裁判所法も連邦の裁判管轄に服すべき「海事事件」の定義を明らかにしておらず、ここでいう「海事事件」の範囲は、立法により連邦裁判所の裁判管轄が特別に規定される場合を除いて、連邦裁判所の解釈に委ねられている。対物訴訟によるマリタイム・リーエンの実行については、これが純然たる海事事件に該当し、連邦裁判所の専属的裁判管轄に服することに異論はない[1]。マリタイム・リーエンは対物訴訟によってのみ実行可能であり、また、対物訴訟を提起するためにはマリタイム・リーエンの存在が必要であり、両者は相関的関係にあるとされる[2]。

2 補足規則 (Supplemental Rules)

(1) 訴訟規則の統一と補足規則の制定

1792年の Permanent Process Act により、連邦最高裁判所はコモン・ロー裁判所、衡平法裁判所、海事裁判所における各訴訟手続について訴訟規則を定める権限を付与されたが、連邦最高裁判所がはじめて海事訴訟規則を定めたのは、それから約50年後の1844年であった[3]。海事訴訟規則はその後何度かの小改正を経た後、1920年に改正されたが、1938年にコモン・ロー裁判所と衡平法裁判所の訴訟規則が連邦民事訴訟規則 (Federal Rules of Civil Procedure) により統一された後も、海事訴訟規則はこれとは異なる独自の訴訟規則として存続していた。その後、民事訴訟規則と海事訴訟規則の統一を求める声が強くなり、1966年の訴訟規則の統一 (unification) によって海事訴訟規則は廃止され、連邦民事訴訟規則がコモン・ロー、衡平法、海事法のすべての事件に共通の訴訟規則として適用されることとなった（連邦民事訴訟規則1条）。しかしながら、海事事件には一般の民事訴訟規則では対応できない独特の手続が少なからず存在していたため、これら海事法に特有の手続について連邦民事訴訟規則を補足する規則として、「特定の海事請求のための補足

---

1 Moses Taylor, 71 U.S. 411 (1867)；Hine v. Trevor, 71 U.S. 555 (1867)；American Dredging Co. v. Miller, 510 U.S. 443 (1994).

2 Rock Island Bridge, 73 U.S. 213 (1867). ただし、後述のとおり、現在では補足規則Gが加えられたことにより、必ずしもこの関係は維持されていない。

3 29 James Wm Moore et al, Moore's Federal Practice - Civil § 701.04

規則」（Supplemental Rules for Certain Admiralty and Maritime Claims、以下「補足規則」）が制定された。補足規則は規則AからGまであり、規則Aが補足規則の適用範囲、規則Bがアタッチメント・ガーニッシュメント、規則Cが船舶のアレスト（対物訴訟）、規則Dが占有権訴訟、本権訴訟、共有物分割訴訟、規則Eが規則BおよびCに関する総則的規定（担保金提供による解放手続や売却手続等）、規則Fが船主責任制限手続、規則Gが連邦法に基づく民事上の没収手続について定めている[4]。補足規則の定める要件・手続はさらに各裁判所のローカル・ルールによって補完されている。

(2) アレスト手続（補足規則C）

　船舶のアレスト、すなわち、対物訴訟手続は、宣誓供述書付きの訴状の提出に始まる。訴状には債権の発生原因および対象となる船舶が当該対物訴訟の対象となることを合理的な詳細をもって特定するとともに、当該船舶が当該地区の管轄内に存在するか、または手続係属中において管轄内に存在する見込みであることを記載しなければならない（補足規則C(2)）。裁判所は原告の訴状を審査し、一見して対物訴訟の要件を満たすと認めたときは、裁判所書記官に対し、船舶のアレスト令状の発行を命ずる（補足規則C(3)(a)(i)）[5]。発行されたアレスト令状は執行官に交付され（補足規則C(3)(b)）、執行官は現地に赴き、対象船舶を差し押さえるとともにアレスト令状を当該船舶に対して送達する[6]。アレストから14日以内に船舶の解放がなされないときは、原告は直ちに（または裁判所の指定する期間内に）当該地区内において公刊され

4　規則Gの定める没収手続は、本来は海事事件ではなく、制定当初は存在していなかったが、2006年の改正によって補足規則に加えられた。

5　原告または原告代理人から急迫の事情により裁判所の事前審査が実行に適さない旨の認証がなされたときは、急迫の事情をアレスト後の審問において立証することを条件として、直ちにアレスト令状が発行される（補足規則C(3)(a)(i)）。

6　有体物については物理的に執行官の占有下に移すのが原則であるが、対象物の性質または状況により現実の占有移転が実行に適さないときは、アレスト令状のコピーを船内の人目につく場所（マストや船橋の窓など）に貼り付けるとともに、訴状等の写しを船長その他当該船舶の占有者に対して交付する（補足規則E(4)(b)）。沈没船に対して付近へのフローティング・ブイの設置によりアレスト令状を執行した例につき、Maritime Underwater Surveys, Inc. v. Unidentified, Wrecked & Abandoned Sailing Vessel, 717 F.2d 6 (1st Cir. 1983) を参照。

50　　第4章　マリタイム・リーエンの実行

ている裁判所指定の新聞にアレストの公告を行わなければならない（補足規則C(4)）。なお、船舶に対するアレストがなされたときは、登録されたリーエン・ホルダー等への現実の通知が必要とされているが[7]、この現実の通知を欠いたとしても対物訴訟の裁判管轄には影響を及ぼさず、通知を受けずに当該手続により失権した利害関係人は、通知を怠った当事者に対して損害賠償を請求しうるにとどまる[8]。

　船舶について占有権または所有権を主張する者（通常は船舶所有者）は、アレストから14日以内（または裁判所の定めた期間内）に陳述書（Statement of right or interest）を提出し、それから21日以内に答弁書（answer）を提出しなければならない（補足規則C(6)(a)）。船舶所有者はさらに解放担保金（Bond）を積んで船舶の解放を申し立てることができる（補足規則E(5)）[9]。これにより船舶が解放されたときは、解放担保金が船舶の代替物となり、当該対物訴訟において実行されたマリタイム・リーエンは、以後解放担保金の上に存することとなる[10]。解放担保金による解放がなされない場合は、対物訴訟において

---

[7]　46 U.S.C. § 31325(d)(1).

[8]　*Id.* § 31325(d)(3).

[9]　補足規則の定める解放担保金には、特定担保金（special bond）と一般担保金（general bond）の二種類がある。特定担保金は、当該対物訴訟手続の対象となっているマリタイム・リーエンのみを対象とするものであり、その金額および形式について当事者間で合意に至らないときは、請求額の2倍または当該船舶の評価額のいずれか低い額を超えない範囲内で裁判所が決定する（補足規則E(5)(a)）。特定担保金により船舶が解放されたときは、当該手続の対象となっているリーエンは特定担保金に移転し、同一の海事請求権に基づいて同じ船舶を再びアレストすることはできなくなるが、当該手続の対象となっていないリーエンは影響を受けず、解放後の船舶をアレストすることは妨げられない。一般担保金は、当該対物訴訟手続の対象となっているマリタイム・リーエンだけではなく、後にその船舶に対して対物訴訟を提起し得るすべてのマリタイム・リーエンの担保として提供されるものであり、その額は裁判所によって決定され、また裁判所はいつでも担保金の増額を命ずることができる（補足規則E(5)(b)）。一般担保金は、特定担保金と異なり、当該船舶に対するすべてのマリタイム・リーエンの担保として提供されるものであるから、すべてのリーエンが担保金の上に移転することになると解されるが、一般担保金の制度はほとんど利用されていないために、その効果については必ずしも明らかでない。Grant Gilmore & Charles L. Black, The Law of Admiralty, 798 n. 461 a (2d ed. 1975).

[10]　Gray v. Hopkins-Carter Hardware Co., 32 F.2d 876 (5th Cir. 1929) ; The Morning Star, 5 F. Supp. 502 (E.D.N.Y. 1933) ; Southern Oregon Production Credit Association v. O/S Sweet Pea, 1977 AMC 638 (D. Or. 1977) ; Collins Machine Works, Inc., F/V Ocean Mist, 1977 AMC 1139 (E.D. Va. 1977). P&I 保険者の発行した保証状につき、Globe Barge, Inc. and Continental Insurance Company v. M/V Dick Bollinger, 1986 AMC 1989 (E.D. La. 1986) を参照。

原告の請求が認められた後、裁判所の命令に基づき船舶の競売がなされ[11]、売却代金から当該手続において認められたマリタイム・リーエンの順位に従って、配当（弁済）がなされる。もっとも、船舶の競売が対物訴訟の本案についての判断の後になされる例は多くなく、当該船舶の劣化のおそれがあること、または保管費用が嵩むことを理由として、当事者の申立てに基づき裁判所が暫定的売却（interlocutory sale、補足規則E(9)(a)(i)）を命ずることが通例である[12]。暫定的売却がなされた場合も、その効果は通常の競売の場合と異なるところはなく[13]、売却代金は裁判所の保管口座に入金され、将来の配当に充てられることとなる。

(3) アタッチメント手続（補足規則B）

補足規則Cによるアレストに類似の手続として、補足規則Bによるアタッチメント（attachment）・ガーニッシュメント（garnishment）の手続がある（ガーニッシュメントは債務者が第三債務者に対して有する債権の仮差押を意味し、債務者の所有する財産に対する仮差押を意味するアタッチメントとは区別されるが、以下では便宜上両者を総称して「アタッチメント」という。）。補足規則Bによるアタッチメントは、対人訴訟の被告が当該裁判所の「管轄内において見つからない」(cannot be found within the district)[14]ときに、被告に対して有する海事債権の実現のために、被告の所有する財産（必ずしも船舶に限られず、有形・無形を問わない。）に対する仮差押を認めたものであり、被告が30日以内に答弁書を提出しなければ、原告は被告に対する欠席判決を得た上で、仮差押した目的物の売却代金から債権の満足を受ける。他方で、被告が期限内に答弁書を提出したときは、これにより「管轄内に見つからない」被告に対する対人訴訟の裁判管轄が確立され、当該訴訟において原告の請求が認められれば、目的物の売却代

---

11 海事裁判所による売却には、執行官が執り行う競売のほか、稀に裁判所の監督下での私的売却もあるが、法的効果は変わらない。

12 *See, e.g.* Ferrous Financial Services Co. v. O/S Arctic Producer, 567 F. Supp. 400 (W.D. Wash. 1983); Colonna's Shipyard, Inc. v. U.S.A.F. Gen. Hoyt S. Vandenberg, 584 F. Supp. 2d 862 (E. D. Va. 2008).

13 Triton Container Int'l v. Baltic Shipping Co., 1995 AMC 2963 (E.D. La. 1995).

14 補足規則B(1)(b)。"can be found within the district" の意義につき、La Banca v. Ostermunchner, 664 F.2d 65 (5th Cir. 1981) を参照。

金から債権の満足を得ることができる。

　補足規則Bによるアタッチメントは、本質的には対人訴訟手続であるが、目的物の売却代金から債権の満足を受けることができるという点において対物訴訟的な性質を併せ持った訴訟形態であり、一般に準対物訴訟(quasi in rem action) ともいわれる。その目的は、被告の財産を仮差押することにより、対人訴訟の裁判管轄の及ばない被告に出廷を促して裁判管轄を確立すること、および将来の勝訴判決の担保を得ることにある。

　補足規則Bによるアタッチメントの場合も、その後の解放手続や売却手続は補足規則Cによるアレストの場合と同様であるが、補足規則Bによるアタッチメントは、これを申し立てた原告の被告に対する海事債権についてのみ効果を生じ、目的船舶に対して存在する他のリーエンには一切影響を及ぼさない[15]。すなわち、目的船舶上のマリタイム・リーエンは、補足規則Bのアタッチメントによる競売によっては消滅しない（ただし、権利行使の遅滞によりlaches法理の適用を受ける余地があることはいうまでもない）。

3　補足規則の合憲性

　補足規則は1966年に制定されたが、間もなく、補足規則BおよびCの定めるアタッチメント・アレストの手続（以下、両者を合わせて便宜上「差押手続」という。）は合衆国憲法修正5条が保障する適正手続に反し違憲ではないかとの疑義が生じた。その主たる理由は、目的船舶の所有者に事前の審尋の機会を与えることなく差押手続が可能であること[16]、アレスト令状の発行に先だって裁判所による審査が必要でないこと、差押に先だって、不当差押によって目的船舶の所有者が被るべき損害のための担保の提供が必要でないこと、船舶所有者には、差押手続後の迅速な審尋の機会が当然には保障されていないことであった。

　折しも1966年、被告に事前の審尋の機会を与えることなく賃金債権の仮差押（ガーニッシュメント）を認めるウィスコンシン州法の合憲性に関する判断

15　The Gazelle, 10 F. Cas. 127 (D. Mass. 1858).
16　事前の審尋の機会なしに差押が認められるのは、1844年および1920年の海事訴訟規則から一貫している。

がなされた。Sniadach 事件判決[17]において連邦最高裁判所は、事前の審尋の
機会を欠く差押手続も特別な状況（extraordinary situations）の下では許容され
うることを認めながらも、上記ウィスコンシン州法を許容すべき特別な状況
は認められないとし、同法は合衆国憲法修正14条の保障する適正手続に反し
違憲であると判示した。この Sniadach 事件判決以後、州法上の差押手続の
合憲性に関する連邦最高裁判所の判決が相次いだ。1972年の Fuentes 事件
判決[18]では、事前の審尋の機会なしに動産占有回復（replevin）を認めるフロ
リダ州法およびペンシルバニア州法の合憲性が問題となったが、連邦最高裁
判所は、Sniadach 事件判決で言及した「特別な状況」が認められるために
は、重要な政府または公共の利益のために必要であること、また迅速な手続
が特に必要とされることを要するとした上で、私人による動産回復はこのい
ずれの要件も満たさないとし、上記各州法は合衆国憲法修正14条に反し、違
憲であると判示した。

　その後、連邦最高裁判所は1974年の Mitchell 事件判決[19]で、Fuentes 事件
判決で述べた基準を若干緩和した。裁判所は、問題となったルイジアナ州法
に基づく差押手続は、請求の根拠が宣誓供述書により明確に示されているこ
と、裁判官による審査の上で令状が発出されること、債権者による担保提供
がなされていること、目的物の所有者に事後の迅速な審尋の機会が保障され
ていることを指摘し、このような不当差押に対する予防措置が十分にとられ
ている場合には、事前の審尋の機会がなかったとしても適正手続に反するも
のではないと判示した。さらに、1975年の North Georgia Fishing 事件判決[20]
では、Mitchell 事件判決で指摘したような不当差押に対する予防措置が一切
ないことを理由として、ジョージア州法上の銀行口座預金に対するガーニッ
シュメント手続は違憲であるとの判断がなされた。これら一連の最高裁判例
により、民事上の仮差押手続は、「特別な状況」が認められる場合を除き、
事前の審尋の機会または不当差押に対する適切な予防措置（裁判所による事前

17　Sniadach v. Family Fin. Corp., 395 U.S. 337 (1969).
18　Fuentes v. Shevin, 407 U.S. 67 (1972).
19　Mitchell v. W. T. Grant Co., 416 U.S. 600 (1974).
20　N. Ga. Finishing v. Di-Chem, Inc., 419 U.S. 601 (1975).

54　第4章　マリタイム・リーエンの実行

審査、担保提供義務、事後の迅速な審尋の機会の保障等）がとられていなければ、適正手続に反するとの基準が確立された。

　補足規則の合憲性は連邦法の問題であるため、上記一連の判例とは異なり、合衆国憲法修正5条の定める適正手続との関係で問題となった[21]。地方裁判所レベルにおいては、Sniadach 事件判決、Fuentes 事件判決で示された「特別な状況」による例外を理由として合憲と判断するものがある一方[22]、補足規則の定める手続は Mitchell 事件判決で示された予防措置が講じられておらず、適正手続の最低限の要件も満たしていないとして、違憲とする判決もあった[23]。

　これらに対し、巡回区控訴裁判所レベルでは、主に海事法における対物訴訟の特殊性を根拠として、補足規則の合憲性が確認された[24]。この中で特に注目されるのは、Merchants Nat'l Bank 事件における第5巡回区控訴裁判所の判決[25]である。同判決で Brown 判事は、海事法といえども修正5条の適正手続の要請からは免れないとしつつ、海事法における対物訴訟の特殊性ゆえに、Sniadach 事件判決、Fuentes 事件判決の示した「特別な状況」の基準を満たす必要はないと判示した。その上で、対物訴訟においては船舶そのものが被告であり、訴状およびアレスト令状そのものが船舶に対する「通知」であるとするアメリカ海事法協会（Maritime Law Association of United States、以下、「MLA」という。）のアミカス・ブリーフ[26]に依拠して、補足規則Cの合憲性を導き出した。

　このように、控訴裁判所レベルでは補足規則の合憲性が一貫して支持されたが、MLA は憲法上の疑義を払拭するため、補足規則に事後の迅速な審尋

---

[21]　対物訴訟は「物」に対する訴訟手続であるから合衆国憲法修正5条の適正手続はそもそも適用がないとする判例（Bethlehem Steel Corporation v. S/T Valiant King, 1977 AMC 1719（E.D. Pa. 1974））もあったが、他の裁判例ではいずれも修正5条の適用があることを前提として判断がなされている。

[22]　Central Soya Co. v. Cox Towing Corp., 417 F. Supp. 658（N.D. Miss. 1976）; A/S Hjalmar Bjorges Rederi v. The tugboat "CONDOR", 1979 AMC 1696（S.D. Cal. 1979）.

[23]　Karl Senner, Inc. v. M/V Acadian Valor, 485 F. Supp. 287（E.D. La. 1980）; Alyeska Pipeline Service Co. v. The Bay Ridge, 509 F. Supp. 1115（D. Alaska 1981）.

[24]　Amstar Corp. v. S/S Alexandros T., 664 F.2d 904（4th Cir. 1981）; Merchants Nat'l Bank v. Dredge General G. L. Gillespie, 663 F.2d 1338（5th Cir. 1981）.

[25]　*Merchants Nat'l Bank, supra* note 24.

の機会に関する規定を盛り込むことを提案した[27]。これを受け、民事規則諮問委員会（Advisory Committee on Civil Rules）で補足規則の改正に向けた検討が開始され[28]、1985年、裁判官による訴状の事前審査（補足規則C(3)）および差押後の迅速な審尋の機会の保障に関する規定（補足規則E(4)(f)）が補足規則に加えられた。諮問委員会の審議の過程では、差押手続を申し立てる原告に担保提供を義務づけることも検討されたが、人身損害請求における船員・港湾労働者またはその配偶者（遺族）の権利行使の機会を制約するとの理由により、採用は見送られた[29]。以上の一連の裁判例および1985年の補足規則の改定により、現在では、補足規則の差押手続の合憲性に関する問題は解決されたものと考えられている。

第2節　船舶擬人化理論の生成と発展

1　没収事件における擬人化理論の確立

　船舶擬人化理論はアメリカの一般海事法において重要な役割を果たしてきたが、同理論は当初、マリタイム・リーエンに関する事件において発展したものではなく、同じく対物訴訟の手続によって実行される海賊等の違法行為を理由とする船舶の没収事件（forfeiture case）において、マーシャル、ストウリという2人の連邦最高裁判事によって確立されたものであった。

(1)　マーシャルによる理論の創出

　1818年の The Little Charles 事件判決[30]では、1807年の通商禁止法（Em-

26　アミカス・キュリエ（Amicus Curiae、ラテン語の直訳で「裁判所の友」）とは、裁判所を助ける助言者として、裁判所に係属する具体的事件について意見を述べ、または情報を与える者をいい、一般に「法廷助言者」などと訳される。このような法廷助言者による意見書をアミカス・ブリーフといい、広く訴訟当事者以外の第三者（弁護士や学者、行政機関、業界団体など）からの意見や情報を判決に反映させることを目的として、当事者の同意や裁判所の許可に基づき提出される。

27　Advisory Committee's Notes to 1985 Amendment Adding New Rule E(4)(f).

28　Diana G. Culp, *Charting a New Course : Proposed Amendments to the Supplemental Rules for Admiralty Arrest and Attachment*, 15 J. Mar. L. & Com. 353, 366 (1984)

29　*Id*, at 371.

bargo Act 1807）に違反して、米国内から外国の港へ向けて航行したとの疑い
で拘留された船舶の没収の可否が争われた。本船の船長は自らの陳述書にお
いて、米国から外国へ向けて航行したことを自認していたが、本船の没収手
続においても、かかる船長の陳述書を証拠とすることが許されるか否かが問
題となった。連邦最高裁判所の首席裁判官であったマーシャル判事は（ただ
し、本件においてはバージニア地区の巡回区裁判官の立場において）、仮に本件が船舶
所有者個人に対する訴追事件であり、船舶所有者の権限のもとで船長が行動
したことを立証するために同陳述書が提出されたのであれば、船長の陳述を
証拠とすべきではないとの主張は十分に考慮に値するだろうと述べた[31]。し
かし、同判事は以下に引用するとおり、本件は船舶に対する手続であるか
ら、船長の陳述書を証拠として用いることは問題ではないとし、本船船長の
陳述書を証拠として通商禁止法の違反を認め、本船の没収を容認した。

> 「本件は船舶所有者に対する手続ではない。本件は、船舶が犯した違反を理
> 由とする船舶に対する手続であり、船舶所有者の授権なしに、船舶所有者の
> 意思に反してなされた違反であるとしても、違反でなくなったり、没収の対
> 象外となるものではない。無生物が何らの違反も犯すことができないのは確
> かである。単なる木や鉄、船の帆は、それ自体が法令違反を犯すことはでき
> ない。しかし、この船体は、船長によって導かれた船員によって命を吹き込
> まれ、行動を起こすことができる。船舶は船長によって行動し、また言葉を
> 発する。船舶は船長によって報告を行う。したがって、船舶が船長の行った
> 報告によって影響を受けることは、不合理なことではない。」

この The Little Charles 事件判決は、船舶擬人化理論の基礎、すなわち、
対物訴訟は船舶所有者に対する手続ではなく、船舶そのものに対する手続で
あるから、法令違反行為に対する船舶所有者の関与や認識は問われないとの
考えを示したはじめての裁判例とされている。もっとも、マーシャルは最初
からこのような立場をとっていたわけではなく、以下のとおり、同じく連邦
最高裁判所の裁判官であったストゥリの影響により、本判旨のような立場へ

---

30 United States v. The Little Charles, 26 F. Cas. 979 (C.C. D. Va. 1818).
31 *Id.* at 982.

と考えを改めたのではないかと推察される。

　The Little Charles 事件判決の 3 年前の1815年、The Brig Short Staple 事件判決[32]では同じく通商禁止法違反を理由とする船舶の没収が争われた。本件では、船舶所有者から、本船が外国へ向けて航行したのは、イギリス軍の艦船に捕獲され、外国の港へ向かうよう強制されたためであり、通商禁止法違反には該当しないとの主張がなされた。通商禁止法違反を理由とする船舶の没収手続が船舶そのものに対する手続であることを重視すれば、本船が外国へ向けて航行した経緯（船主・船長が無責であること）は問われないと考えられるが、本判決においてマーシャルは、船舶所有者の主張を認め、没収の決定を取り消した。この判決において唯一反対意見を述べていたのが、後述する The Palmyra 事件判決、The Brig Malek Adhel 事件判決において船舶擬人化理論を確固たるものとしたストウリであった。ストウリは連邦最高裁判所の首席裁判官を務めたマーシャルの右腕として知られ[33]、マーシャルはその在任中、自身に馴染みのない海事事件や没収事件等について頻繁にストウリの意見を求めていたといわれている[34]。The Brig Short Staple 事件では船舶所有者に責任がないだけでなく、船長自身もイギリス軍による捕獲下にあったため、同事件で没収処分を取り消したことが、The Little Charles 事件判決の上記結論と矛盾するとまでは必ずしもいえないかもしれない。しかし、対物訴訟においては船舶と船舶所有者とを切り離し、完全に異なる当事者として取り扱うとした前記 The Little Charles 事件判決は、少なからずストウリの影響を受けたものであった可能性は否定できないであろう。

⑵　ストウリによる理論の確立

　The Little Charles 事件判決で萌芽した船舶擬人化理論はその後、ストウリによる 2 つの連邦最高裁判決により確立された。1827年の The Palmyra 事件判決[35]では、1819年の海賊法（Piracy Act 1819）違反を理由として船舶を

---

32 The Brig Short Staple v. United States, 13 U.S. 55 (1815).

33 丸山英二『入門アメリカ法〔第 2 版〕』（弘文堂、2009）36頁。

34 David Lynch, The Role of Circuit Courts in the Federation of United States Law in the Early Republic, 138-39 (2018).

35 The Palmyra, 25 U.S. 1 (1827).

58　第4章　マリタイム・リーエンの実行

没収するためには、海賊行為に従事したとされる個人の有罪が確定すること
が必要であるとの主張が船舶所有者からなされた。これに対しストウリは、
コモン・ローにおける物の没収は、対物訴訟ではなく、被告人に対する有罪
判決の一部、または少なくともその結果であるから、被告人に対する有罪判
決なしに同人の所有物が没収されることはない[36]としつつ、本件のような対
物訴訟によって実行される没収事件については、「ここでは、法定犯であろ
うと自然犯であろうと、物そのものが違反者である、または、むしろ違反は
主として物に帰属する[37]。」、「対物訴訟は個人に対する刑事手続からは完全
に独立して存在する[38]。」と述べ、船舶所有者の主張を退けた。ストウリは
また、違反者個人の有罪が必要とされない理由として、海賊法には違反者個
人に対する刑罰は定められていないため、個人の刑事責任を没収の前提とす
ると、法の趣旨が完全に損なわれることを指摘している。

　1844年の The Brig Malek Adhel 事件判決[39]も同じく海賊法違反を理由と
する没収事件であり、本件では、海賊行為に船舶所有者自身の関与がなかっ
た場合にまで本船の没収が認められるか否かが問題となった。ストウリは、
ここでもまた「侵略行為をした船舶が違反者として取り扱われ、所有者の性
質や行為とは無関係に、没収の対象となる犯罪道具として扱われる[40]。」と
述べ、海賊行為に対する船舶所有者の関与や認識は問われないとの解釈を示
した。ストウリは上記判示に続けて、「所有者の個人的な行為や責任とは無
関係に、船長や船員によって不法行為や違法行為がなされた船舶を違反者と
して扱うということは、海事法においては珍しいことではない。これは、違
反行為を抑制したり、被害者への賠償を確保するための唯一の方法であると
いう必要性から認められているものである。」と述べ、船舶の擬人化は没収
事件に限らず、海事法上の対物訴訟においても広く妥当するとの考えを示唆
している。

　以上のとおり、船舶擬人化理論は当初、法令違反を理由とする船舶の没収

36　*Id.* at 14.

37　*Id.* at 15.

38　*Id.*

39　Harmony v. United States, 43 U.S. 210（1844）.

40　*Id.* at 233.

事件において確立されたものであった。船舶の没収は、船舶に対する対物訴訟手続によってなされるという点ではマリタイム・リーエンと共通するが、この時点ではいまだ一般海事法上の原則として船舶擬人化理論が展開されていたわけではなかった。

2　マリタイム・リーエンへの擬人化理論の適用拡大

⑴　強制水先人の過失（The China 事件判決）

　1844年の前掲 The Brig Malek Adhel 事件判決においてストウリは、船舶の擬人化は海事法における対物訴訟にも等しく妥当する旨述べ、船舶擬人化理論をマリタイム・リーエンにも適用する可能性について示唆していたが、これはあくまでも傍論にすぎなかった。連邦最高裁判所が船舶擬人化理論をマリタイム・リーエンの実行による対物訴訟にまではじめて拡大したのは、1869年の The China 事件判決[41]であった。

> ［判例4］The China 事件判決（連邦最高裁判所）
> 　強制水先人による操船の下ニューヨーク港を出港しようとした本船は、強制水先人の一方過失により他船と衝突し、他船は沈没した。沈没した被害船の船舶所有者は、本船に対して対物訴訟を提起したが、ニューヨーク港では州法により強制水先人制度が定められており[42]、出入港船舶には水先人を自由に選任することも許されなかったため、船舶所有者は、自らが選任すらしていない水先人の過失について本船が責任を負わされるべきではないと主張し、本船の対物責任について争った。
> 　連邦最高裁判所の Swayne 判事は、船長の地位・権限および船舶の責任は、大陸法上の使用者責任に由来するものでも、コモン・ローに由来するものでもなく、商業上の慣習と中世の判例法に由来するものであるとした上で、「元来、一次的な責任は船舶に課せられており、船舶所有者の責任は対人的な責任ではなく、単にその所有権に付随して生ずるものであり、船舶の喪失や債権者の委付によって免責されるものであった[43]。」と述べた。続けて同判事は、

---

[41] The China, 74 U.S. 53 (1869).

[42] 州法により強制水先人制度を定めることの合憲性は、Cooley v. Board of Wardens of Port of Philadelphia 53 US (12 How) 294 (1851) で承認されている。

[43] *The China, supra* note 41, at 68.

60 第4章 マリタイム・リーエンの実行

多くの場合において過失ある水先人は資力が十分でないため、水先人への請求に限定されるとすれば、被害船の救済に欠けることになると指摘し[44]、本船は自発的にその運航領域に置かれた以上、無実の船舶（筆者注：衝突相手船）の所有者ではなく、本船の所有者に損失が押し付けられたとしても文句はいえないであろうと述べ、本船の対物責任を認めた。

　本判決において連邦最高裁判所は、船舶そのものが「加害者」として船舶所有者の対人責任とは独立して対物責任を負うとする船舶擬人化理論の考え方を承認したが、強制水先人の過失による海事不法行為についてもマリタイム・リーエンが成立するとの結論は、必ずしも船舶擬人化理論のみによって導き出されたものではなかった。むしろ Swayne 判事は、多くの場合水先人の資力は十分でなく、水先人に対する請求が実質的に無意味であるという状況下において、完全なる被害者である相手船の所有者と、自らの意思により本船を運航下に置いた（水先人をとることを強制されたとはいえ、少なくともニューヨーク港に入港すること自体は、法により強制されたものではなかった）本船の所有者とを比較し、後者に損失を負担させることが相当であることを主たる理由として上記判断に至ったものと解される。したがって、The China 事件判決は、船舶擬人化理論を援用しつつも、強制水先人制度の下で生じた損失を誰に負担させるのが適切かという政策判断をより重視した判決であったといえよう。いずれにせよ、本判決の上記判示は広く承認されたものと考えられており、強制水先人の過失による海事不法行為のため、船舶所有者の対人責任が認められない[45]場合であっても、本船に対してマリタイム・リーエンが成立することについて、その後裁判所で争われた例はない[46]。

(2) 裸傭船者の過失（The Barnstable 事件判決）

　連邦最高裁判所は1901年の The Barnstable 事件判決[47]において、船舶擬人化理論をより一般的な法理へと昇華させた。

---

[44] *Id.*

[45] Homer Ramsdell Transp. Co. v. La Compagnie Generale Transatlantique, 182 U.S. 406 (1901).

[46] GILMORE & BLACK, *supra* note 9, at 600 n. 28.

[判例 5] The Barnstable 事件判決 （連邦最高裁判所）

裸傭船（船舶賃貸借）に出された船舶（本船）が操船上の過失により他船（相手船）と衝突し、相手船が沈没したため、相手船の船舶所有者が本船に対する対物訴訟および裸傭船者に対する対人訴訟を提起した。船長その他乗組員が裸傭船者により選任・雇用されていたこと、また本件事故が本船の船長・乗組員の過失によって生じたことは本船の船舶所有者、裸傭船者ともに認めており、本船の対物責任が認められることについても当事者間に争いはなかった。その上で本件では、本船が対物責任を負わされたことを理由として船舶所有者から裸傭船者への求償が認められるか否かが問題となったが、第一審判決[48]および控訴審判決[49]はいずれも、傭船契約中の「船舶の保険料は船舶所有者が負担する」との条項は、保険によっててん補されるすべてのリスクについて傭船者を免責する趣旨であるとして、裸傭船者への求償は認められないとの判断を示した。これに対し、連邦最高裁判所の Brown 判事は、当該条項のみでは裸傭船者を免責するとの明確な意図は認められないとして、船舶所有者から裸傭船者への求償が認められるとしたが、その判決理由中において、「傭船者の過失によって生じた損害に対する本船の責任についてイギリスのルールがいかなるものであろうと、船舶そのものがある意味で本人（principal）として取り扱われ、船舶所有者であろうと傭船者であろうと、本船を適法に占有している者の過失について個人的に責任を負うとの法解釈は、この国では完全に確立されている[50]」と述べ、さらに The Little Charles 事件判決、The Palmyra 事件判決、The Brig Malek Adhel 事件判決、The China 事件判決を引用した。このように、The Barnstable 事件では船舶の対物責任の有無はまったく争点となっておらず、船舶擬人化理論に関する判示は完全な傍論であったが、同判決は、適法な占有者の過失によって与えた損害に対して船舶が対物責任を負うということについて、最も権威ある先例とされている[51]。

---

[47] The Barnstable, 181 U.S. 464 (1901).

[48] The Barnstable, 84 F. 895 (D. Mass. 1898).

[49] The Barnstable, 94 F. 213 (1st Cir. 1899).

[50] *The Barnstable, supra* note 47, at 467.

[51] Gilmore & Black, *supra* note 9, at 601. なお、Reed v. S.S. Yaka, 373 U.S. 410 (1963) では、船舶所有者にも裸傭船者にも対人責任が認められない場合に本船の対物責任を認めることができるか否かが問われたが、連邦最高裁判所は当該事案においては裸傭船者に対人責任が認められるとしたため、この争点に関する連邦最高裁判所の判断は示されなかった。David Brice Toy, *Introduction to the Law of Maritime Liens*, 47 Tul. L. Rev. 559, 564 (1972-1973) は、本判決により船舶擬人化理論は今でも存続しているとみる余地があると指摘する。

Brown 判事は、翌年の1902年にも、Tucker v. Alexandroff 事件判決[52]で船舶擬人化理論を展開しているが、以下に引用するとおり、過剰なまでに船舶を情緒的に人になぞらえており、ここにおいて船舶擬人化理論はその最盛期を迎えたといえる。

　　「船は進水の時に誕生し、その同一性が維持される限り生き続ける。進水の前においては、彼女（著者注：船）は単なる木と鉄（通常の個人の財物）の集まりであり、家屋と同様に陸上の構造物にすぎず、州法によって与えられ、州裁判所において執行される職工リーエン（mechanics' lien）の対象となりうるにすぎない。進水式において彼女は名前を与えられ、キールが水面に触れた瞬間に彼女は形を変え、海事裁判所の管轄に服するようになる。彼女は自身の法人格を与えられる。すなわち、契約の締結が可能となり、個人的に義務を負い、所有者の名前において訴えを提起することも、自身の名前において訴えられることも可能となる。所有者の代理人は彼女の代理人とは限らず、また彼女の代理人も所有者の代理人になるとは限らない。彼女はまた、不法行為を犯すことも可能であり、それによって生じた損害に対する責任を負う[53]。」

第3節　船舶擬人化理論の衰退

　19世紀から20世紀の初めにかけて発展し、隆盛を極めた船舶擬人化理論であったが、20世紀に入ると間もなく、同理論に対して否定的な見方が示されるようになった。なかでも、船舶擬人化理論はフィクションにすぎないとして、事あるごとに同理論を否定したのは、連邦最高裁判所の陪席裁判官であったホームズ（Oliver Wendell Holmes）判事であった。ホームズの船舶擬人化否認論は、後に述べるとおり理論的な難点がなかったわけではないが、その後の判例・学説に大きな影響を及ぼし、20世紀の半ばから後半にかけて船舶擬人化理論は急速に支持を失っていった。本節では、ホームズが提示した船舶擬人否認論およびこれに基づく裁判例を確認した上で、主に手続法の問題に関して船舶擬人化理論を否認した重要な裁判例について検討する。

52　Tucker v. Alexandroff, 183 U.S. 424（1902）.

53　*Id.* at 438.

1 ホームズによる擬人化否認論

(1) 対物責任の起源を贖罪に求める理論（贖罪理論）

ホームズは1881年に著した有名な『コモン・ロー』において、船舶の不法行為に対する責任は、無生物が物理的損害の道具として用いられた場合に王に没収されるとする中世の贖罪（deodand）に起源を有するとの考え（以下、本書では「贖罪理論」という。）を提示した[54]。1904年の The Blackheath 事件判決[55]では、海底で地面と連結され、水面に浮いている航路標識に衝突して、これを損傷させた船舶に対する対物訴訟について、海事裁判所の裁判管轄が認められるか否かが問題となった。ホームズは、本件航路標識が船舶の航行の安全に資するものであること、可航水域における本船の継続的な動きによって損傷を受けたこと、陸との接点は海底において連結されていることのみであることを根拠に海事裁判管轄を認めたが[56]、その判決理由において、海事法において可動の物体が損害を与えた場合の責任は贖罪の形式をとっていたと述べ、この原則は今日でも維持されているとして、The Brig Malek Adhel 事件判決および The China 事件判決を引用している[57]。この一節が海事裁判管轄を肯定するという結論といかに関係するのかは必ずしも判然としないが、対物責任の起源が贖罪にあるとの贖罪理論について、ホームズが強いこだわりを持っていたことがうかがわれる。

上記 The Blackheath 事件判決では必ずしも船舶擬人化理論を積極的に否認していたわけではなかったが、1909年の The Eugene F. Moran 事件判決[58]でホームズは、船舶擬人化理論をフィクションであると述べた上で、船舶擬人化否認論をさらに発展させた。同事件は、曳船に曳航されていた車両はしけが、他の曳船に曳航されていた2隻の無灯火の平底船（同じ所有者に帰属）のうち1隻と衝突し、車両はしけの所有者が、それぞれの曳船および曳航されていた無灯火の平底船に対して対物訴訟を提起したという事案であり、連邦最高裁判所における唯一の争点は、これら関連する船舶間の責任負担割合

---

[54] Oliver Wendell Holmes, The Common Law, 24–25 (1881).

[55] Blackheath, 195 U.S. 361 (1904).

[56] *Id.* at 367.

[57] *Id.*

[58] The Eugene F. Moran, 212 U.S. 466 (1909).

64 第4章 マリタイム・リーエンの実行

の認定であった。第一審裁判所である南部ニューヨーク連邦地方裁判所は、関連する4隻の船舶間で平等に（1/4ずつ）負担すべきであるとしたが[59]、控訴審裁判所である第2巡回区控訴裁判所は、この点に関する判例法は確立していないとして、①原審のとおり4船間で平等に負担させるべきか、②同じ所有者に属する平底船2隻を1つの船舶とみなして各所有者に1/3ずつ負担させるべきか、③それぞれの曳船列を一体のものとみなして1/2ずつ負担させるべきか、について連邦最高裁判所の意見を求めた[60]。ホームズは、曳船列を構成していたからといって各曳船列を一括りにする理由とはならないとして③の考え方を否定するとともに、2隻の平底船の所有者が同一であるからといって、この2隻を1つの船舶とみなすことは対物訴訟の理論に反するとして②の考え方も否定し[61]、結論として、被害船以外の4船間で平等に負担すべきとした第一審裁判所の判断（①の考え方）を支持した。このように、本件は2つの曳船列間の衝突における責任負担割合が問題となった事件であり、船舶擬人化理論はまったく関係がないと思われるが、ホームズは判決理由中おいて、「船舶所有者は代理の法理その他によって対人責任を負わないにもかかわらず、船舶が加害者とみなされるとのフィクションは、わが国ではイングランドよりもさらに広く用いられている。おそらくこのフィクションが残存しているのは、使用者責任が支払能力のある誰かに負担させるべきとの価値判断に支えられているのと同様に、擬人化のフィクションは便利な支払担保を提供してきたためであろう。しかし、結局のところ、フィクションは他人の不法行為を満足させるために人の財産を取り上げる十分な理由とはなりえない[62]。」と述べ、船舶擬人化理論に対して否定的な見方を示している。

　またしても、この一節が4船間の責任負担割合に関する前記判断にどのように関係するのかは明らかでなく、むしろ船舶擬人化理論は、たまたま2隻の平底船の所有者が同一であったとしても、各船舶が等しく責任を負担すべ

59　The Eugene F. Moran, 143 F. 187 (S.D.N.Y. 1906).
60　The Eugene F. Moran, 154 F. 41 (2d Cir. 1906).
61　*The Eugene F. Moran, supra* note 58, at 475.
62　*Id.* at 474.

きという前記判断により親和性があるようにも思われる。いずれにせよホームズは、この頃には、船舶擬人化理論は中世の贖罪を起源とするフィクションであり、現代においては否認されるべきとの考えをより強くしていたものと考えられる。

(2) 公用船の対物責任における否認論の展開（The Western Maid 事件判決）

ホームズの船舶擬人化否認論は、1922年の The Western Maid 事件判決[63]でようやく日の目を見ることとなった。

［判例6］The Western Maid 事件判決（連邦最高裁判所）

アメリカ政府（United States Shipping Board）が所有する商船で、戦時（第一次世界大戦）中に徴用され、食糧運搬に従事していた本船が起こした衝突事故につき、本船が徴用を解かれて商船の運航に復帰した後に、被害船の所有者が本船に対して対物訴訟を提起した（本判決では、類似の別訴2件も併合審理されていたが、ここでは割愛する）。衝突事故当時の本船の使用者であるアメリカ政府に対しては、主権免責により損害賠償を請求することはできないが、船舶の対物責任はその所有者の対人責任とは無関係に成立するとの船舶擬人化理論が妥当するとすれば、船舶は対物責任を免れないと考えられる。この点に関しては、本判決以前にすでに2件の連邦最高裁判例が存在していた。

1869年の The Siren 事件判決で連邦最高裁判所は、主権免責により船舶所有者に対して対人責任を追及できないときは、公益上の理由により本船に対する責任追及も妨げられるが、リーエンの実行が可能であるか否かと、リーエンの有無とは必ずしも一致するわけではなく、当該目的物が裁判所の管轄および支配に服するようになった後は、リーエンの実行が可能になると判示していた[64]。すなわち、衝突事故時において所有者が主権免責を受ける場合には、当該所有者の所有に属する限り本船に対するマリタイム・リーエンの実行は禁止されるが、本船が海事裁判所において拿捕（prize）を理由として競売されるなどして当該所有者の手を離れた後は、マリタイム・リーエンの実行は可能になるとの解釈が示されていたのである。また、1900年の Workman 事件判決[65]は、ニューヨーク市の所有する消火艇が消火作業中にドックに係留中の船舶と衝突したという事案であったが、連邦最高裁判所は、「海事法にお

---

63 *Ex parte* United States, 257 U.S. 419 (1922).
64 The Siren, 74 U.S. 152, 158 (1869).
65 Workman v. New York City, 179 U.S. 552 (1900).

いては、本船が海事不法行為を犯した際に従事していたサービスの公的性質
は、海事裁判所が管轄を有する限り、（船舶所有者に対して）何らの免責をも与
えるものではない[66]。」と述べ、衝突事故当時に従事していた公的サービス
（消火活動）ゆえに本船の対物責任を追及できないとしても、本船の所有者で
あり、国家主権免責の及ばないニューヨーク市に対して対人責任を追及する
ことは妨げられないとの判断を示していた。

　以上の先例からすれば、本件では本船が徴用を解かれて商船の運航に復帰
した後に対物訴訟が提起されているため、対物訴訟の提起は認められると考
えられたが、ホームズは以下に引用するとおり、船舶擬人化理論はフィク
ションにすぎず、船舶所有者であるアメリカ政府が主権免責により不法行為
責任を負わないにもかかわらず、本船が対物責任を負うということはないと
の判断を示した。

　「合衆国は不法行為で訴えられることについて同意しておらず、したがっ
て、法的な意味において合衆国が不法行為について有責ということはできな
い。不法行為は、法がそれを不法行為であると定めるからこそ、法的な意味
で不法行為になる。（中略）実際に訴えられる行為をした者を訴えることは可
能であり、この点において、船舶は個人とみなされるとの主張もあるかもし
れない。しかし、それは法の創造物たるフィクションであって、事実ではな
い。（中略）公用船の人的属性（personality）は、国家主権の中に組み込まれて
いる[67]。」

　ホームズの意見に対しては、３名の裁判官が反対の意思を示している。こ
のうち反対意見を書いたMckenna判事は、本件はThe Siren事件判決の先
例に従う限り、本船に対する対物訴訟を認めるという結論以外はあり得ない
との意見を述べ、「それ（先例）に対して虚飾を施す試みがなされているが、
裁判所の意見を書いた者（著者注：ホームズ）が彼の用いた言葉の意味を知ら
ず、また彼の意見に同意した他の裁判官も等しく理解力に欠けていたという
のでない限り、それは不公正で不正確なものである[68]。」と極めて厳しい言
葉で多数意見を批判している。Mckenna判事は反対意見の最後を「本件は、
先例拘束性の法理を適用することにより、技巧的な理由付けや理論的な功績

---

[66] *Id.* at 570.

[67] *Ex parte United States, supra* note 63, at 433.

[68] *Id.* at 437.

のための判例変更に十分に耐えうる事案であったように思う[69]。」と締めく
くっており、同判事は、ホームズが自らの理論を判決に取り込むために、過
去の連邦最高裁判例に明らかに反する判決を下したと考えていたことがうか
がわれる。

　このように、ホームズが船舶擬人化否認論を展開した裁判例は、そもそも
船舶擬人化理論に言及する必要のない事案（The Eugene F. Moran 事件）や、
過去の連邦最高裁判例により法解釈が確立されていた事案（The Western Maid
事件）であり、ホームズが自らの理論の追求のために、いささか強引に否認
論を展開したことは否定しがたい。しかし、船舶をその所有者とは異なる法
的主体として扱う（擬人化する）のはフィクションにすぎないと連邦最高裁判
決で繰り返し宣言したことは、その後の裁判例や学説に大きな影響を与える
こととなった。

2　裁判所における擬人化理論からの脱却

　ホームズの船舶擬人化否認論の影響は、主に手続法上の問題に関する裁判
例において現れた。船舶擬人化理論を厳格に適用すると、実体法上、船舶所
有者の対人責任から完全に独立した船舶自体の対物責任が認められるだけで
なく、手続法上も、船舶に対する対物訴訟と船舶所有者に対する対人訴訟は
完全に別個独立のものとして取り扱われるというのが、論理的帰結である。
しかし、裁判所は常にそのような結論を採用しているわけではなく、手続法
上の必要性が優越する場合には、その限度において、船舶自体が被告である
という海事法上の原則はフィクションにすぎないとして、船舶擬人化理論が
否認されている。以下では、res judicata（請求排除効）の適用および対物訴
訟の移送の局面において、船舶擬人化理論を否認した重要な裁判例について
検討する。

⑴　res judicata（請求遮断効）と対物訴訟

　ラテン語で「既判事項」を意味する res judicata は、管轄を有する裁判所

---

[69] *Id.* at 441.

の本案判決は、以後同一当事者間で当該請求について最終的な拘束力をもつとする法理[70]であり、「既判力」などと訳されることが多いが、わが国の既判力概念よりも広い概念である。アメリカ法における res judicata は、前訴と同一の請求について再び争うことを禁止する請求排除効（claim preclusion）と、前訴と同一の争点について再び争うことを禁止するコラテラル・エストッペル（collateral estoppel）ないし争点排除効（issue preclusion）を中心に構成される[71]。請求排除効はさらに、前訴において勝訴した場合の混同効（merger）と、敗訴した場合の遮断効（bar）に分類される。前者は、判決が原告勝訴の判決であるときは、原告の請求は当該判決に混同し（merged in the judgment）、勝訴原告は前訴と同一の請求についてより有利な判決を求めて再び訴えを提起することが禁止されるとするものであり、後者は、前訴判決が原告敗訴の判決であるときは、原告の請求は当該訴訟によって遮断され（barred by the judgment）、前訴原告は前訴と同一の請求について勝訴判決を求めて再び訴えを提起することが禁止されるとするものである[72]。

　船舶に対する対物訴訟と船舶所有者に対する対人訴訟との間で res judicata が適用されるか否かについては、前訴が勝訴・敗訴のいずれであったかによって状況が異なるため、混同効と遮断効に分けて検討しなければならない。まず、混同効については、対人訴訟で勝訴後に対物訴訟を提起した場合[73]、対物訴訟で勝訴後に対人訴訟を提起した場合[74]のいずれについても、res judicata の適用を認めないのが裁判例である。その根拠としては、対物責任は船舶所有者の対人責任を補完する追加的・選択的な担保を提供するものであり[75]、原告がいずれか一方を選択したとしても、他方の救済を放棄（waive）したことにはならない[76]ことが指摘されている。このように、対物

---

[70] 田中英夫『英米法辞典』（東京大学出版会、1991）726頁。

[71] 川嶋隆憲『民事訴訟における後訴遮断理論の再構成』（慶應義塾大学出版会、2022）48頁。

[72] 川嶋・前掲注（71）55頁。

[73] The Eastern Shore, 24 F.2d 443 (D. Md. 1928) ; Baun v. The Ethel G, 125 F. Supp. 835 (D. Alaska 1954) ; Pratt v. United States, 340 F.2d 174 (1st Cir. 1964).

[74] Everett v. United States, 284 F. 203 (9th Cir. 1922) ; Central Hudson Gas & Elec. Corp. v. Empresa Naviera Santa S. A., 56 F.3d 359 (2d Cir. 1995).

[75] *Everett, supra* note 74, at 207.

[76] *The Ethel G, supra* note 73, at 836.

訴訟・対人訴訟間に混同効を認めないとの判断は船舶擬人化理論と矛盾する
ものではないが、決して船舶擬人化論が積極的に根拠とされているわけでは
ない。対物訴訟・対人訴訟のいずれか一方のみでは債権の満足を受けられる
とは限らないのであるから、両者間において混同効を認めないのは当然の判
断といえるであろう。

　他方で、遮断効については、船舶擬人化理論との抵触がより顕著に現れ
る。船舶擬人化理論を厳格に適用すれば、対物訴訟と対人訴訟とでは当事者
の同一性がない以上、常に後訴の提起が許される（res judicata は適用されな
い）ことになるが[77]、前訴で攻撃防御を尽くした上で敗訴したにもかかわら
ず、後訴の提起が許されるとすれば、実質的に原告に2度目のチャンスを与
え、紛争の蒸し返しを許すことになると考えられるためである。この点、1892
年の Bailey v. Sundberg 事件判決[78]、1919年の Sullivan v. Nitrate Producers
事件判決[79]はいずれも、対物訴訟で敗訴した後に提起された対人訴訟につ
き、前訴と後訴の争点が実質的に同一であることを根拠として前訴の遮断効
を認めたが、これらの判決では、船舶擬人化理論との関係について特に言及
されることはなかった。

　船舶擬人化理論と遮断効の関係についてはじめて判断を示したのは、1953
年の Burns Bros. v. Central Railroad 事件判決[80]であった。本件は、バージ
に車両はしけが衝突した事故につき、バージ所有者がはしけの所有者に対す
る対人訴訟に敗訴した後、車両はしけに対して対物訴訟を提起したという事
案であった。本件の担当裁判官であり、ホームズの船舶擬人化否認論の熱烈
な支持者であった Learned Hand 判事[81]は、対物責任の起源は贖罪であると

---

[77] Bradley J. Schwab, *Equitable Personification : A Review of Res Judicata's Historical Applica-
tion to Successive in Personam and in Rem Admiralty Actions in the United States*, 37 Tul. Mar.
L. J. 253, 277 (2012).

[78] Bailey v. Sundberg, 49 F. 583 (2d Cir. 1892).

[79] Sullivan v. Nitrate Producers' S.S. Co., 262 F. 371 (2d Cir. 1919).

[80] Burns Bros. v. Central R. Co., 202 F.2d 910 (2d Cir. 1953).

[81] 1931年の The R. Lenahan, Jr., 48 F.2d 110, 112 (2d Cir. 1931) で Learned Hand 判事は、物自体
が責任を負うとの船舶擬人化理論の考え方について、「廃れた」（archaic）、「大昔からの物活論
的遺物」（animistic survival from remote times）で、「不合理なフィクション」（irrational fic-
tion）と痛烈に批判している。

するホームズの『コモン・ロー』の一節を引用して[82]、船舶擬人化理論を明確に否認し、「敗訴当事者に別のチャンスを与えるのは、2回目の裁判で当該紛争における利害の大きさを測る船舶の所有者として出廷するのであるから、ばかげたことであろう[83]。」と述べ、船舶擬人化理論によって遮断効が否定されることはないと判示した（ただし、結論としては、前訴の対人訴訟を提起した時点で本船をアレストすることは不可能であったことを理由に遮断効を否定したため、上記判示は傍論といえる[84]）。

　このように裁判所は、混同効、遮断効いずれについても、船舶擬人化理論に従って演繹的に結論を導くことをせずに、訴訟法上の観点から適切な結論を導き出していると評価することができるであろう。

(2) 対物訴訟の移送 (Continental Grain 事件判決)

　対物訴訟においては船舶自体が被告であり、その管轄原因は、当該船舶が裁判所の管轄内に所在するか、または手続係属中の所在が見込まれることである（補足規則 C (2)(c)）。このように対物訴訟においては、被告たる船舶が裁判所の管轄内に物理的に所在し、裁判所の支配が及ぶということが必要不可欠であり、船舶の現実の差押えを伴わずになされた競売手続によってはマリタイム・リーエンは消滅しないとされている（第5章第3節を参照）。したがって、上記補足規則の要件からすれば、対物訴訟を被告たる船舶が所在しない地区の裁判所へ移送することは許されないとも考えられるが、そうすると、証拠の所在地その他の事情を斟酌して、より適切な法廷地での審理を実現するために認められた移送制度の趣旨が損なわれることになる。

　1960年の Continental Grain 事件判決[85]では、まさにこの対物訴訟の管轄要件と移送制度との抵触が問題となった。

---

[82] *Burns Bros., supra* note 80, at 912.

[83] *Id.* at 913.

[84] 本判決は、1961年の Larsen v. The M/V Teal, 193 F. Supp. 508（D. Alaska, 1961）が res judicata の適用により対人訴訟敗訴後の対物訴訟を却下する際にも引用されており、対物訴訟・対人訴訟間で遮断効が生じうるとの傍論は、一般に支持されていると考えられる。

[85] Continental Grain Co. v. Barge FBL-585, 364 U.S. 19（1960）.

［判例7］ Continental Grain 事件判決（連邦最高裁判所）

メンフィスで貨物運搬用バージに貨物（大豆）を積載していたところ、バージが沈没し、バージとともに貨物に損傷が生じた。バージの所有者は船積みにおける貨物所有者の過失を主張し、貨物所有者に対する対人訴訟を提起したところ（当初はテネシーの州裁判所に提訴したが、後にメンフィス連邦地方裁判所に移送された）、貨物所有者は本件バージの不堪航を主張し、ニューオーリンズ連邦地方裁判所で、バージに対する対物訴訟およびバージ所有者に対する対人訴訟を提起した（この対物訴訟および対人訴訟は1本の訴状により併合して提起された）。バージ所有者は、本件事故の発生地はメンフィスであり、想定される証人もメンフィスに近いところに所在していることを理由として、貨物所有者が提起した上記対物訴訟および対人訴訟を、民事訴訟規則1404条(a)に基づき、メンフィス連邦地方裁判所へ移送するよう求めた。これに対し、貨物所有者は、訴訟手続の移送を認めるためには、訴え提起時において移送先の裁判所で訴えを提起することが可能であったことが必要であるところ[86]、上記訴えの提起時に本件バージはニューオーリンズに所在しており、メンフィス連邦地方裁判所では訴えを提起できなかった（対物訴訟の管轄原因を欠いていた）のであるから、移送は認められないと反論した。

連邦最高裁判所の Black 判事は、貨物所有者の主張は、訴え提起または判決の執行との関係では船舶自体が一人の個人とみなされうるという長年にわたる海事法上のフィクションに基づくものであるとし[87]、このフィクションの目的は、とりわけ、船舶所有者に裁判管轄が及ばない場合に船舶に対する訴えを可能とすることにあり、船舶擬人化理論は今でもこの目的のために非常に有益であると述べた[88]。しかし、同判事は続けて、「我々がここで問われているのは、この古い海事法上のフィクションを、フォーラム・ノン・コンビニエンスの文脈に移植することであり、ここではその有用性について疑問の余地がある。実際に、このフィクションは、事件を審理するにはどの裁判所が最も適しているかについての連邦地方裁判所の判断とは、何の関係もないように思われる。便利な法廷地を提供するために生み出されたフィクションが、まさにその目的を阻害する道具へと転化させられるべきではない[89]。」と述べ、メンフィス連邦地方裁判所への移送を認めた。

---

[86] Hoffman v. Blaski, 363 U.S. 335 (1960).

[87] *Continental Grain, supra* note 85, at 22–23.

[88] *Id.* at 23.

[89] *Id.*

72　第4章　マリタイム・リーエンの実行

　連邦最高裁判所は、船舶擬人化理論という海事法上のフィクションの意義
について完全には否定しなかったものの、対物訴訟の移送の可否に関しても、請求排除効の問題と同様に、上記フィクションにとらわれることなく、訴訟法上の考慮に基づき適切と考えられる結論を導き出した。これら一連の裁判例が示すとおり、ホームズによる否認論の影響を受け、アメリカの裁判所は20世紀半ば以降、船舶擬人化理論というドグマから次第に脱却していったといえる。

3　擬人化理論の今日的意義

　ここまで、船舶擬人化理論が誕生、発展し、その後強い批判を受けて衰退していった経緯をみてきたが、同理論が完全に過去の遺物になったかというと、必ずしもそうではなく、学説上根強い支持者もいる。ここでは、船舶擬人化理論に否定的な見解および肯定的な見解についてそれぞれ検討し、船舶擬人化理論の今日的意義について考察する。

(1)　擬人化理論に対する批判
①　ホームズの贖罪理論に対する学説の評価

　20世紀はじめにかけて隆盛を極めた船舶擬人化理論に対し、ホームズが一貫して否認論を唱え続けたことが、その後の裁判例および学説に大きな影響を与えたことは疑いの余地がない。しかし、ホームズの船舶擬人化否認論は、対物責任は中世の贖罪を起源とするものであり、船舶の擬人化はその名残であるとするものであったが、かかる贖罪理論に対しては、船舶擬人化否認論を支持する学者からも疑問が呈されている。

　前記のとおり、船舶擬人化理論は当初船舶の没収事件において確立されたが、The Little Charles 事件判決でマーシャルは、通商禁止法に関する事件において本船船長の陳述書を証拠とすることが許される理由として、船舶擬人化理論のみに依拠したわけではなく、船舶所有者に選任された船長が作成したレポートをもって、船舶の航行履歴の推定的証拠 (prima facie evidence) とすることは許されると述べている[90]。また、The Palmyra 事件判決でストウリは、船長らの個人に対する刑罰は定められていない以上、海賊法の解釈

として違反者個人の刑事責任を没収の前提とすることはできないと判示している[91]。その後の The Brig Malek Adhel 事件判決では、上記2判決と比較すると船舶擬人化理論がより大々的に展開されており、またストウリからは、船舶の擬人化は海事法上の対物訴訟にも妥当しうることが示唆されている。しかし、より直接的には、海賊法は船舶所有者が無実である場合に没収を免除すると定めていないことを理由として、船舶所有者の関与や認識を問わないと判示されており、ここでも、あくまでも海賊法という連邦議会による制定法に関する法解釈が示されているにすぎない。

このように、船舶擬人化理論を確立した没収事件における3つの判決は、いずれも通商禁止法や海賊法といった特定の制定法の解釈を示したものであり、今日でいうところの適正手続 (due process) の問題に関する判決であった[92]。マリタイム・リーエンは、それまで別個独立に認められていた海事債権に特有のリーエンを包括した概念として、ストウリによって生み出されたものである（第2章第1節2を参照）。確かに、The China 事件判決では、船舶の責任は商業上の慣習と中世の判例法に由来するとして、対物責任と中世法の近似性も指摘されているが、そもそも船舶の没収事件において擬人化理論を提示したマーシャルやストウリは、船舶の擬人化と中世法とを結び付けていたわけでもない[93]。したがって、船舶擬人化理論を中世法に関連付けようとするホームズの贖罪理論は、多くの学説が指摘するように論理の飛躍があるといえよう[94]。

②　船舶擬人化否認論の論拠

上記のとおり、船舶擬人化の否認論者は必ずしもホームズの贖罪理論に同調しているわけではなく、むしろ、船舶擬人化理論のリーディングケースとされる The China 事件判決や The Barnstable 事件判決は、慎重な政策判断に基づく判決であって、船舶擬人化理論がそれぞれの判決の結論を導いたの

---

90 *The Little Charles, supra* note 30, at 982.

91 *The Palmyra, supra* note 35, at 15.

92 GILMORE & BLACK, *supra* note 9, at 593.

93 Douglas Lind, *Pragmatism and Anthropomorphism : Reconceiving the Doctrine of the Personality of the Ship*, 22 University of San Francisco Maritime Law Journal 39, 118 (2009).

94 GILMORE & BLACK, *supra* note 9, at 590.

ではなく、ただそのような結論を述べるのに都合のよい論理として用いられたにすぎないと主張する。

まず、The China 事件判決に関しては、コモン・ローによれば、強制水先人の過失によって発生した事故について船舶所有者は対人責任を負わないが、他方で、本来責任を負うべき水先人は資力が十分でなく、水先人のみに責任を負わせることは被害者の救済に欠けると考えられた。確かに船舶所有者は自らの意思で水先人を選任したわけではないが、入港する様々な港で水先人をとることを承知の上で船を送り出し、航海から生ずる経済的利益を享受している[95]。そこで、The China 事件判決は、船舶の対物責任を認める、すなわち、船舶所有者にその船舶に対する投資の限度で、一種の有限責任を負わせることにより[96]、理論と現実の調和を図ったものと考えられる[97]。船舶が所有者の対人責任とは無関係に「加害者」として対物責任を負うというのは、このようにコモン・ロー上の代理法理に反して船舶所有者に一種の有限責任を負わせるという政策判断を正当化する上で、都合のよい理論であったといえる[98]。

The Barnstable 事件判決については、前記のとおり同判決における船舶擬人化理論は完全な傍論であり（船舶の対物責任については争いがなかった）、そもそも判決の結論を導くための理由として述べられているわけではない。また、船舶所有者が自ら運航するのではなく、裸傭船に出して運航を裸傭船者に委ねたとしても、船舶所有者は船舶の所有から生ずる利益を傭船料の形で享受し続けている以上、船舶所有者に実質的に課される負担（対物責任）は、そのビジネス・リスクの一部として甘受すべきと考えられる[99]。したがって、船舶が裸傭船に出された場合に対物責任が生ずるという結論も、船舶所有者は自らの意思に基づき裸傭船者の使用に供した以上、船舶の価値の限度

---

[95] Note, *Personification of Vessels*, 77 Harv. L. Rev. 1122, 1128 (1964).

[96] GILMORE & BLACK, *supra* note 9, at 599.

[97] *Id.* at 621 ; Dennis M. Robb, *The Compulsory Pilot Defense : A Reexamination of Personification and Agency*, 42 University of Chicago Law Review 199, 205 (1974).

[98] GILMORE & BLACK, *supra* note 9, at 594 ; Paul Macarius Hebert, *Origin and Nature of Maritime Liens*, 4 Tul. L. Rev. 381, 392 (1929–1930).

[99] *Personification of Vessels, supra* note 95, at 1127.

で有限責任を負うべきとの政策判断から導き出すことが可能である。

さらに、res judicata の適用や対物訴訟の移送の可否との関係においては、裁判所は船舶擬人化理論に拘泥することなく、訴訟法上の考慮に基づく個別の判断を行い、適切な結論を導いている。このことからも、船舶擬人化理論は単なるフィクションであり、一度たりとも裁判所の判断原則とされたことはなく[100]、むしろ裁判所は結論として対物責任を認めるのが望ましい場合に、船舶擬人化理論のタグ付けをしているにすぎないとの指摘[101]は当を得たものといえよう。

以上の理由により、船舶擬人化否認論者は、擬人化理論は既に役割を終えたフィクションであるから、破棄されるべきであると主張している[102]。

(2) 擬人化理論を支持する見解

① 船舶擬人化の「フィクション」性

船舶擬人化の否認論者は、異口同音に、船舶擬人化理論は単なるフィクションであると主張するが、今日における船舶擬人化理論の支持者は、これがフィクションであることを否定はしない。そもそも、船舶所有者自身も自然人であることはほとんどなく、通常は法人である。しかも現代では、建造される船舶ごとに、パナマやリベリア、マーシャル諸島などのいわゆる便宜置籍国に所有者となるべき SPC（特別目的会社）が設立されるという実務が定着しているが、この「会社」または「法人」という概念自体が、ある意味ではフィクションの極みであろう。

Martin Davies 教授は、船舶擬人化理論は、ほとんど誰も否定しない会社の法人格と同様のフィクションであると指摘した上で、問題はそれがフィクションであるか否かではなく、「有用な」(useful) フィクションであるか否かであると主張する[103]。前掲 Continental Grain 事件判決は船舶擬人化理論を

---

[100] GILMORE & BLACK, *supra* note 9, at 616.

[101] *Personification of Vessels, supra* note 95, at 1125.

[102] GILMORE & BLACK, *supra* note 9, at 616 ; David M. Collins, *Comments on the American Rule of In Rem Liability*, 10 Maritime Lawyer 71, 90 (1985) ; 1 THOMAS J. SCHOENBAUM, ADMIRALTY AND MARITIME LAW, 769 (6th ed. 2018).

否認して対物訴訟の移送を認めたが、この事件のように船舶擬人化理論というフィクションが有用でない場合には放棄すべきであるが、だからといって、いかなる場合にも同理論を放棄すべきということにはならないというのが同教授の言い分である[104]。

また、補足規則Cの合憲性を確認した Merchants Nat'l Bank 事件判決でBrown 判事は、「船舶自体が責任を負うとの理論は、時にフィクションと表現されることもあるが、船舶のアレストに関して基礎となるものである。法がマリタイム・リーエンを有する者に船舶に対する権利を認めているのは、フィクションではない。それは法的事実（legal fact）である[105]。」と判示していたが、4年後の M/V Montmartre 事件判決[106]では、船舶擬人化理論はフィクションであるとの主張に対して、「フィクションであろうとなかろうと、海事法上の確立された原則が対人責任の違い（時には欠如）を認めるような状況においては、今なお有用である[107]。」と述べている。これは、船舶擬人化理論がフィクションであることを同判事が認めるに至ったといえなくもないが、むしろ船舶擬人化理論がフィクションであるか否かは重要な問題ではなく、同理論が妥当すべき局面であるか否かを検討することこそが重要であることを指摘したものと解される。

② 擬人化理論の有用性

船舶擬人化理論の有用性の一つとして、同理論は対物訴訟における船舶所有者およびリーエン・ホルダーへの擬制通知を提供する点において重要であるとの指摘がある[108]。1815年の Mary 事件判決でマーシャル判事は、対物訴訟においては、物そのものに対する通知が、当該物に利益を有するすべての者に対する通知になると判示したが、同判決は船舶に対する（差押による）擬

---

103 Martin Davies, *In Defense of Unpopular Virtues : Personification and Ratification*, 75 Tul. L. Rev. 337, 340 (2000).

104 *Id.* at 373.

105 *Merchants Nat'l Bank, supra* note 24, at 1345.

106 Cactus Pipe & Supply Co. v. M/V Montmartre, 756 F.2d 1103 (5th Cir. 1985).

107 *Id.* at 1113 n. 15.

108 James R. Ward, *Thorsteinsson v. The Drangur : The Eleventh Circuit's Unnecessary Scuttling of a Foreign Admiralty In Rem Judgment*, 27 Texas International Law Journal 507, 520 (1992).

制通知は積荷所有者には及ばないとしたものであり、船舶と船舶所有者の峻別に重きを置いたものではなかった（Mary事件判決の詳細については、後記第5章第2節を参照）。そのためか、Mary事件判決は船舶擬人化理論のリーディング・ケースであるとは必ずしも評価されていないが、対物訴訟と対人訴訟とを峻別し、それぞれの手続の特性に応じた手続保障を承認したものであり、1819年の The Little Charles 事件判決で提示された擬人化理論の原点となる判決であるともいえよう（いずれもマーシャル判事による判決である点で、両判決には連続性が認められる）。実際に、前掲 Merchant Nat'l Bank 事件判決や DiGiovanni v. Kjessler 事件判決[109]は、Mary事件判決を引用した上で、船舶擬人化理論の下では、船舶の差押自体がすべての利害関係人に対する擬制通知になると判示している。このように、対物訴訟において船舶所有者やリーエン・ホルダーなどの利害関係人に対する現実の通知を欠いても、船舶擬人化理論に基づく擬制通知によって正当化されるとの考え方は、裁判所においても一定の支持を得ているといえる。

　もっとも、船舶所有者等に対して現実の通知がなされないことについて、船舶擬人化理論による正当化に終始するのは妥当でないように思われる。対物訴訟が「物」に「対する」訴訟であるとはいっても、当該訴訟で敗訴し、海事裁判所による競売がなされた場合に実際に不利益を被るのは、所有権を喪失する船舶所有者や、競売によってマリタイム・リーエンを消滅させられてしまうリーエン・ホルダーである。この点、船舶所有者については、通常は船長を通じて即時にアレストの事実を了知しうるため、現実の通知は必要でないと考えることができる[110]。また、リーエン・ホルダーとの関係においては、Steel Tank Barge 事件判決が指摘するように、「現実的な代替方法がない、すなわち、世界中の未知のリーエン・ホルダーに対して現実の通知を行うことができない[111]」からこそ、現実の通知を行わないことが許容されているといえる。

　対物訴訟において未登記のリーエン・ホルダーに対する現実の通知は義務

---

[109] DiGiovanni v. Kjessler, 101 F.3d 76 (9th Cir. 1996).

[110] *Amstar Corp, supra* note 24, at 911.

[111] United States v. Steel Tank Barge H 1651, 272 F. Supp. 658, 662 (E.D. La. 1967).

78　第4章　マリタイム・リーエンの実行

付けられていないが、このことの合憲性は、船舶擬人化理論という「フィクション」ではなく、現実的な必要性および許容性にこそ裏付けられているというべきであろう。すなわち、船舶擬人化理論は、船舶の利害関係人への現実の通知がなされないことの実質的根拠であるというよりは、そのような結論を説明するのに都合のよい理論にすぎないと考えられる。よって、対物訴訟における擬制通知を許容する点に船舶擬人化理論の有用性が認められるとの主張については、必ずしも十分な説得力があるとはいえないように思われる。

　船舶擬人化理論が今なお支持されるもう一つの理由として、責任主体の特定の困難性も指摘される。船舶擬人化理論の下では、船舶それ自体が加害者とみなされるため、船舶さえ特定されれば対物責任を追及することが可能となるのに対し、イギリスで支持されている手続理論によれば、対物訴訟を提起するには、当該船舶の運航に関与する者のうち、誰が対人責任を負うべき当事者であるかを特定することが必要となる[112]。しかし、現代では、パナマ、リベリア、マーシャル諸島といったいわゆる便宜置籍国に設立された、船舶の所有だけを目的とした実態のない SPC が船舶所有者となり、さらにいくつもの裸傭船契約や定期傭船契約が締結され、登録上の船舶所有者（登録船主）と実質的な運航主体とがかけ離れていることも珍しくない。このような場合、登録船主に関しては、いかに実態がなかろうと Lloyd's Register 等の情報により一応その名称程度は調べられるが、傭船契約の有無および内容が公開されることは通常なく、当該船舶に関して誰が真の責任主体であるかは、公開された情報からは判然としない[113]。船舶擬人化理論の下では、リーエンの対象となる船舶が IMO 番号等により特定されれば、対人責任の責任主体を特定せずとも対物責任の追及が可能であるが、手続理論の下では、訴訟提起後にはじめて利用可能となるディスカバリ等の証拠調べ手続を経ることなく、対物訴訟を提起する時点で責任主体を特定する必要があるため、上記のような複雑な契約チェーンを組むことにより、対物責任の追及を著し

---

112 Davies, *supra* note 103, at 349.

113 Alex T. Howard Jr., *Personification of the Vessel : Fact or Fiction*, 21 J. Mar. L. & Com. 319, 328（1990）.

第3節　船舶擬人化理論の衰退　79

く困難にすることも可能となる。

　Martin Davies 教授は、船舶擬人化理論によって、このような責任主体の特定の困難性を克服することができると主張する。一つの船舶には、所有者、共有者、抵当権者、傭船者など多くの利害関係人が存在するが、彼らは船舶から生ずる利益を得ることを目的として、それぞれに資本や航海上の専門技術、営業上のネットワークなどを提供し合い、いわば一つの共同事業体を形成している[114]。かかる場合、各利害関係人はその共同事業体に投資した資産とその他の資産を分離するため、各利害関係人とは法人格を異にする共同事業会社を設立するのが通常であるが、海事法に特有の責任制限制度の下においては、船舶の運航から生ずる責任は当該船舶の価額が上限とされるため、法人格の異なる共同事業体を設立する必要がない[115]。このような責任制限制度の下で、各利害関係人は海上冒険から生ずるリスクを船価に限定しているのであり、船舶は共同事業体の資産というよりも、共同事業体そのものとみなされるべきである[116]。そのため、対物訴訟の原告は共同事業体としての船舶を有責当事者とみなして訴えを提起すればよく[117]、利害関係人のうちで誰がその損失を終局的に負担するかは、彼らの内部問題として処理すれば足りる。Davies 教授は、このような「共同事業体」モデルは必ずしもすべての事案において妥当するものではないことを自認しつつも[118]、船舶自体を共同事業体とみて、当該船舶の背後にいる責任主体を特定する義務を原告に負担させない点に、船舶擬人化理論の有用性が認められると主張する[119]。

　船舶を一種の共同事業体そのものとみる考え方は、The China 事件判決やThe Barnstable 事件判決の判旨にも相通ずるように思われる。両判決は、船舶所有者の意思に基づいて適法に船舶を占有する者（強制水先人は船舶所有者の意思に基づいて乗船したとはいえないが、船舶所有者の意思に基づく運航の結果乗船するに至った者である）の過失については、船舶所有者と一体のものとみて船

---

[114] Davies, *supra* note 103, at 349.

[115] *Id.* at 348.

[116] *Id.* at 347–48.

[117] *Id.* at 349.

[118] *Id.* at 365.

[119] *Id.* at 350.

価の限度で対物責任を負わせた、すなわち、船舶の運航に関与する利害関係人を船舶という共同事業体の一員とみて、船舶自身の責任を認めたものと評価できる。このように、船舶を一つの共同事業体とみる必要性は、現代においても失われるものではなく、むしろ船舶の所有や運航に関する契約構造がより複雑になった現代の方が一層増しているといえ、両判決の判旨は、Davies 教授の主張と軌を一にするものと考えることができるであろう。

　以上のとおり、責任主体の困難性を克服することができる点で船舶擬人化理論が有用であるとの主張は、かなりの説得力を有する。ただし、この主張は要するに、船舶自体を被告として訴訟を提起することができる対物訴訟手続を維持すべきだという主張にすぎず、何でもかんでも船舶擬人化理論に従って結論を導き出すべきであると主張しているわけでは、決してない。したがって、Davies 教授の立場は、突き詰めて考えると、船舶擬人化理論を支持しているというよりも、(船舶擬人化理論の基礎である) 対物訴訟制度を支持しているという方が、より相応しいのではないかと思われる。

(3)　両説の検討

　以上にみたとおり、船舶擬人化理論を批判する判例・学説は、同理論は単なるフィクションであり、破棄されるべきであるとするのに対し、船舶擬人化理論を支持する見解は、同理論は一定の局面においては今なお有用なフィクションであり、その限りにおいて破棄されるべきではないと主張する。したがって、いずれの立場も、船舶擬人化理論を法的フィクションと考える点においては一致している。

　その上で、船舶擬人化否認論は、船舶擬人化理論というフィクションから演繹的に結論を導き出すのは相当でなく、実際の裁判例においても、裁判所が自らの判断において重視しているのは、政策判断や訴訟経済であるとする。本章第 2 節で検討したように、船舶擬人化理論のリーディングケースとされる The China 事件判決や The Barnstable 事件判決は、確かに政策判断に基づく判決であったと考えることができ、また res judicata や移送などの訴訟手続に関する問題については、船舶擬人化理論に拘泥することなく、訴訟法上の考慮に基づく判断がなされている。したがって、裁判所は結論とし

て対物責任を認めるのが望ましい場合に船舶擬人化理論のタグ付けをしているとの指摘はまさにそのとおりであり、船舶擬人化否認論の主張には説得力がある。

　他方で、船舶擬人化理論を支持する見解は、対物訴訟における擬制通知や責任主体の特定を不要とする点において有用なフィクションであると主張している。しかし、この見解も、それゆえにアメリカ法のような対物訴訟手続が維持されるべき（イギリス法のような手続理論を採用すべきではない）ということを主張しているにすぎず、船舶擬人化理論を根拠に特定の結論を導き出そうとしているわけではない（Davies 教授も、船舶擬人化理論が有用でない場合には放棄すべきであると主張している）。したがって、船舶擬人化理論の支持者と否認論者の間には、実際のところ、さほど大きな意見の隔たりがあるわけでもない。対物訴訟は船舶に対する訴訟提起を可能とする法技術であるが、責任主体を特定することが困難な状況において、かかる制度の有用性は Davies 教授が主張するとおりである。このように、船舶そのものを被告とすることができるということを指して、「船舶は船舶所有者から独立した法的主体である」と表現する（擬人化する）限りにおいては、船舶擬人化理論は正当である。しかし、それを超えて、同理論を常に正しい結論を導くことのできる海事法上の判断原則であるとみなすことは、相当でないというべきであろう。

第5章　マリタイム・リーエンの消滅

　マリタイム・リーエンは一定の海事債権の担保として認められたものであるから、被担保債権が満額の弁済を受けたときは消滅する。また、目的船舶が沈没その他の理由により完全に滅失すると、マリタイム・リーエンも消滅する[1]。マリタイム・リーエンには追及性が認められているため、目的船舶が善意の第三者に譲渡されても消滅しないが、登記・登録のされないシークレット・リーエンであるため、無限の追及性を認めることは、善意の第三者を著しく害することになる。わが国の船舶先取特権は1年の除斥期間（商法846条）を設けることにより第三取得者の保護を図っているが、アメリカ法はこれとは対照的に、衡平法上のlachesの法理の適用を通じて、第三取得者を保護している。さらにマリタイム・リーエンは海事裁判所の対物訴訟による競売手続によって消滅し、競落人はマリタイム・リーエンの負担のない完全な所有権を取得するとされている。

第1節　lachesの法理による消滅

　マリタイム・リーエンの追及性については一般に承認されているが、このことは必ずしもマリタイム・リーエンの無条件の追及性を認めるべきということを意味しない。マリタイム・リーエンは登記・登録を要せず、また占有をも要しないシークレット（隠れた）リーエンであるため、無条件の追及性を認めると、リーエンの存在につき善意の第三取得者を害することもまた明らかである。ここにおいて、マリタイム・リーエンの存在を知らずに目的船舶を取得した第三取得者と、権利実行前に目的船舶を譲渡されてしまったリーエン・ホルダーとの利害調整が必要となる。Nestor事件判決においてす

---

[1] Walsh v. Tadlock, 104 F.2d 131 (9th Cir. 1939).

84   第5章　マリタイム・リーエンの消滅

でにストウリ判事は、「もちろんリーエンは消滅しないわけではなく、重大な過失や遅延によって消滅することはありうる」と述べ、第三者の権利が関係するときには権利行使の遅延によってマリタイム・リーエンを失う余地について言及していたが（第2章第1節を参照）、一般海事法は、リーエン・ホルダーと第三取得者との利害調整を衡平法上の出訴懈怠の法理（以下、「lachesの法理」）に求めた。つまり、マリタイム・リーエンの追及性は、当初からlachesの法理による制限の下において認められてきたのであり、その意味では、マリタイム・リーエンは制限的な追及性を有するにとどまるということができるであろう。本節では、衡平法上の法理であるlachesの法理が海事裁判所においていかに適用されてきたのかを概観した上で、マリタイム・リーエンの実行遅延におけるlaches法理の適用について、裁判例の検討を通して考察する。

1　海事裁判所における laches の法理
(1)　Key City 事件判決による laches 法理適用の承認

　マリタイム・リーエンは、その多くが一般海事法、すなわち、判例法上認められてきたものであるから、時効がない。また、FMLA や SMA といった制定法により創設されたマリタイム・リーエンについても、これらの制定法はリーエンの出訴期限を特に定めていない。したがって、アメリカ法上、マリタイム・リーエンそのものが時効によって消滅することはない。しかし、マリタイム・リーエンは被担保債権（船員給料、海難救助報酬請求権、不法行為債権等）が存続する限りいつまでも行使できるわけではなく、権利行使の懈怠によって被告が不利益を被るときは権利行使が許されないとするlaches の法理の適用を受ける。

●laches の法理●
　laches は「散漫な」を意味するラテン語 "laxus" の派生語であり、ローマ法に起源を有するとみられる。衡平法上の救済は、「権利」というよりも裁判所による「恩恵」であり、衡平法裁判所は、訴えの提起が許されるか否かにつき当事者の状況を評価した。この過程で生成されたのが laches の法理である。laches の法理は、権

第1節　laches の法理による消滅　　85

利実行の不合理な遅延（unreasonable delay）と遅延による被告の不利益（preju-dice）という2つの要件により構成される[2]。このような衡平法上の法理がいつ、どのように海事法に持ち込まれたのか正確な起源は不明とされるものの、マリタイム・リーエンの追及性によって不利益を被る善意の第三取得者を保護するための法理として古くから用いられてきた[3]。もちろん、laches はマリタイム・リーエンに限らず、広く海事債権の行使において適用されうる法理ではあるが、マリタイム・リーエンの実行に関する限り、目的船舶の原所有者（マリタイム・リーエン発生時の所有者）との関係において laches が適用されることは稀と思われ、事実上、第三取得者保護のための法理として機能してきたといえる。

　1843年の Chusan 事件判決[4]は、善意の第三取得者へのマリタイム・リーエンの対抗の可否が問題となったおそらくはじめての事件である[5]。マサチューセッツ地区の巡回区裁判官であったストウリ判事は、マリタイム・リーエンが被担保債権の履行期到来後合理的な期間内に実行されなければ、海事裁判所は衡平法裁判所と同様に第三取得者を保護するとした上で、何が「合理的な期間」であるかは、個別の事件の状況によって定まり、確定的あるいは一般的な解釈基準によって決定できるものではないと判示した。

　その後、マリタイム・リーエンの実行の遅延を理由に善意の第三取得者にリーエンを対抗できないとする下級審判決がいくつか出され[6]、1872年の Key

---

2　HENRY L. MCCLINTOCK, HANDBOOK OF THE PRINCIPLES OF EQUITY, 71 (1948)；植田淳『エクイティの法格言と基本原理』86頁（晃洋書房、1996）。

3　船長の給料債権に関する対人訴訟に関してではあるが、Willard v. Dorr, 29 F. Cas. 1277 (C.C. D. Mass. 1823) でストウリ判事は、海事裁判所は衡平法裁判所と同様に、古くさい（stale）請求には保護を与えない旨述べている。ここでは laches という表現は用いられていないが、この頃すでに laches の法理が海事裁判所においても適用されていたことが窺われる。The Utility, 28 F. Cas. 854 (S.D.N.Y. 1831) では、マリタイム・リーエン（判決では lien upon the vessel などと表現）の実行の遅れによりリーエンを失うか否かに関して、"laches" という表現が用いられている。

4　The Chusan, 5 F. Cas. 680 (C.C. D. Mass. 1843).

5　1831年の Nestor 事件判決では、マリタイム・リーエン実行の遅延によって権利を失う余地があることが傍論として述べられていたにとどまる。

6　この当時は laches という表現は用いられておらず、いずれの裁判例でも、長期間実行しないことにより権利放棄（waiver）したとみなされるとの理論構成がとられていた。See, The General Jackson, 10 F. Cas. 180 (D. Mass. 1854)；The Lillie Mills, 15 F. Cas. 539 (D. Mass. 1855)；The Admiral, 1 F. Cas. 178 (D. Mass. 1856)；Stillman v. The Buckeye State, 23 F. Cas. 82 (D. Mich. 1856).

City 事件判決[7]で連邦最高裁判所は、マリタイム・リーエンの実行遅延による laches 法理の適用について、はじめての判断を示した。判決において Miller 判事は、①マリタイム・リーエンはいかなる時効にも服さないが、laches ないしマリタイム・リーエンの実行における遅延は状況いかんによっては有効な抗弁となりうること、②そのような抗弁となりうる遅延は、確定的な不変期間によって定まるものではなく、いかなる事案においても、当該事案の状況に依拠したものでなければならないこと、③リーエンが善意の第三取得者にとって不利益に実行されるときは、laches の抗弁はリーエン発生時の所有者に対するよりも短い期間で認められ、また遅延の状況についてより厳しい審査に服することを明らかにした。この Key City 事件判決は、マリタイム・リーエンの実行に関しても衡平法上の laches の法理が適用されることを連邦最高裁判所がはじめて承認したと同時に、マリタイム・リーエンの実行に高い勤勉さ（diligence）が求められることを示した判決であった[8]。

(2) laches 法理とコモン・ロー上の出訴期限との関係
① 出訴期限の類推適用による具体的基準の模索

Key City 事件判決において連邦最高裁判所は、マリタイム・リーエンが laches の法理の適用に服することを承認したものの、その適用の可否は当該事案の状況によって決せられると述べるにとどまり、何らの具体的な基準も示さなかった。そこで、その後の下級審判決では、laches の法理の適用に関する具体的な基準が模索されるようになり、コモン・ロー上の出訴期限を海事法においても類推適用し、コモン・ロー上の出訴期限を経過したときは不合理な遅延および被告の不利益が推定されるとの裁判法理が次第に定着していった[9]。

1924年の McGrath v. Panama R. Co 事件判決[10]では、海事法上の人身損害

---

7 The Key City, 81 U.S. 653 (1872).

8 このような考え方は、当該船舶の原所有者や第三取得者との関係だけではなく、他のリーエン・ホルダーとの関係、すなわち、マリタイム・リーエンの優劣においても重要な指針を与えることとなった。

9 The Sarah Ann, 21 F. Cas. 432 (C.C. D. Mass. 1835) においてストウリ判事は、海事法においてもコモン・ロー上の出訴期限を類推することを示唆していた。

賠償請求における laches の法理の適用が問題となった。ニューヨークからパナマへの航海途中に負傷した旅客が、事故から1年4か月後、同旅客船の船舶所有者である Panama Railroad Company に対して損害賠償を求める対人訴訟を提起した。パナマはかつてコロンビアの一部であり、1903年の独立後もコロンビア法が適用されていたが、運河地区民事訴訟法 (The Canal Zone Code of Civil Procedure) の制定により、同地区におけるコロンビア法の適用は廃止された。人身損害に関する損害賠償請求の出訴期限はコロンビア法上は3年であったが、運河地区民事訴訟法によれば1年であった。出訴期限はコロンビア法の3年が適用されるとの弁護士による誤ったアドバイスもあり、原告は負傷の1年4か月後に訴訟を提起した。第5巡回区控訴裁判所のGrubb 判事は、原告はコモン・ローの下で訴えを提起するか、海事法の下で訴えを提起するかの選択権が与えられているところ、コモン・ローの下で時効により訴えを提起する権利が失われた後に海事法の下で訴え提起ができるとすることは矛盾であると述べ、海事法上の請求においてもコモン・ロー上の1年の出訴期限が類推適用されるとした。また、上記出訴期限を4か月経過したことによって被告が被った不利益が立証されていないとの原告の主張に対して、出訴期限の経過によって、被告の不利益は反証のない限り推定されるとの判断を示した。

　マリタイム・リーエンの実行に関しては、州法上の出訴期限の適用ないし類推適用の可否が問題となった。かつて一般海事法では母港理論が採用されており、その不都合を解消するため多くの州が自らの州法によって必要品供給債権にリーエンを付与していた。その後、FMLA および SMA により、内国船に対する必要品供給債権について広くマリタイム・リーエンが認められるようになったが、これらのマリタイム・リーエンと州法に定められた出訴期限との関係が問題となったのである。SMA の施行から4年後の Nolte v. Hudson 事件判決[11]において第2巡回区控訴裁判所は、SMA 施行時において既に存在していた、内国船に対するリーエンは契約締結から12か月で消滅

10　McGrath v. Panama R. Co., 298 F. 303 (5th Cir. 1924).
11　Nolte v. Hudson Nav. Co., 297 F. 758 (2d Cir. 1924).

88   第5章　マリタイム・リーエンの消滅

するとのニューヨーク州法は、SMA により取って代わられたものではなく、なお内国船に対するリーエンに適用されるとし、契約の19か月後になされた対物訴訟の提起を認めなかった。すなわち、同判決は、SMA 施行後のマリタイム・リーエンに対して、コモン・ローたる州法上の出訴期限を直接に適用したのである。しかしながら、同判決は、連邦法たる SMA の制定によって法の統一を図ろうとした趣旨に反し、外国船と内国船の区別を継続させるものであるとの批判にさらされ、9年後の Owhyee 事件判決[12]において第2巡回区控訴裁判所は Nolte v. Hudson 事件判決を改め、州法上の出訴期限は無条件に権利行使できる時期と遅延の説明が要求される時期とを区別する基準を提示すると判示するに至った。

　これらの裁判例は、表向きにはコモン・ロー上の出訴期限の経過によって不合理な遅延と被告の不利益が推定されると述べるにとどまるものであったが、実際の判断においては、コモン・ロー上の出訴期限の経過後は、遅延によって被告に具体的な不利益が生じたか否かを十分に審査せずに訴えを却下するという裁判実務が次第に確立していった[13]。

② **Gardner 事件判決による原点回帰**

　以上のような裁判実務は、奇しくも前述の McGrath v. Panama R. Co.事件と被告を同じくする Gardner 事件判決[14]によって、再考を迫られることとなった。

[判例8] Gardner 事件判決（連邦最高裁判所）

　1947年12月3日、旅客船 "Panama" に乗船中に負傷した旅客が、1948年4月10日、旅客船の所有者であった被告会社（Panama Railroad Company）に対して対人訴訟を提起したが、当時被告会社のすべての株式は合衆国が所有しており、被告会社は連邦不法行為法における "federal agency" に該当するた

---

[12] The Owyhee, 66 F.2d 399 (2d Cir. 1933).

[13] Note, *Displacement of the Doctrine of Laches by Statutes of Limitations, Crystallization of the Equitable Rule*, 79 University of Pennsylvania Law Review 341（1930–1931）は、コモン・ロー上の時効期間経過後においても権利行使が認められた裁判例は、いずれも被告の詐欺に起因して権利実行が遅れるなどした事例である（その場合、コモン・ロー上の時効期間はそもそも進行しない）と指摘する。

[14] Gardner v. Panama R. Co., 342 U. S. 29 (1951).

め、合衆国に対する請求以外の救済は認められない（28 U.S.C. § 2671, § 2679）として、同年10月 7 日、被告会社に対する訴えは却下された。そこで、同年11月29日、原告は合衆国に対する訴えを提起したが、1949年 7 月16日に Panama Railroad Company（被告会社）の活動について合衆国は責任を負わないとする法改正がなされたため、1949年10月14日、合衆国に対する訴えも却下された。そこで、 5 日後の1949年10月19日、原告は再び被告会社に対して訴えを提起したが、この時すでに運河地区民事訴訟法の定める 1 年の出訴期限を経過していたため、被告会社が laches の法理の適用を主張した。地裁判決、控訴審判決ともに McGrath 事件判決に依拠して訴えを却下したが、連邦最高裁判所は裁量上訴（certiorari）を認めた上で全員一致の意見により次のとおり判示し、事件を地裁に差し戻した。

「laches の存否は基本的には事実審裁判所の裁量に委ねられるが、出訴期限の単純な適用によって決せられるべきではない。当事者間の公平もまた考慮されなければならない。言い訳のできない権利行使の遅延がなく、単なる時間の経過によって被告の不利益が生じていない場合には、救済を妨げるべきではない。」[15]

「申立人は、本件において勤勉に補償を求めてきた。負傷後 1 年以内に 2 度訴訟提起をした。 2 度目の訴訟は議会の立法によって却下されたものであり、彼女自身の落ち度によるものではない。訴訟がいまだに事実審の審理に進んでいないという事実によって被申立人の立場が害されたということは、立証されていない。」[16]

　このように、連邦最高裁判所は、laches の法理は公平の観念に基づくものであり、あくまでも事案ごとの状況に依拠して判断すべきことを再確認し、Key City 事件判決の原点に戻り、laches の法理の適用要件である不合理な遅延および被告の不利益について詳細な事実認定を行うことを事実審裁判所に求めたのである。

(3)　遅延と不利益の立証責任

　Gardner 事件判決を受け、laches の法理の適用に関する判例法理は再検討を余儀なくされた。折しも1960年代は船員、港湾労働者による人身損害の賠

15　*Id.* at 30-31.

16　*Id.* at 31.

90 第5章 マリタイム・リーエンの消滅

償請求が盛んになされた時期でもあり、このような請求の審理を中心とし
て、被告の不利益の有無を慎重に検討する傾向が顕著になった[17]。Gardner
事件判決によっても、コモン・ロー上の出訴期限の経過によって不合理な遅
延とそれによる被告の不利益の推定は否定されるものではないが[18]、Gardner
事件判決はこの2つの要件につき、いずれの当事者が立証責任を負うか、ま
た、これらの要件が相互にいかなる関係にあるかを明確にしなかったため、
その後の裁判例では、これらの点が問題となった。

　まず、コモン・ロー上の出訴期限が重要なメルクマールとなる[19]ことには
異論がなく、出訴期限の経過前においては、不合理な遅延および被告の不利
益の発生のいずれについても、laches の法理の適用を主張する被告に立証責
任がある[20]。他方で、コモン・ロー上の出訴期限を経過した後に提起された
訴訟については、不合理な遅延とそれによる被告の不利益が推定され、原告
に立証責任が転換される。原告はいずれかについての反証に成功すれば、す
なわち、遅延に正当な理由があったこと（不合理な遅延ではないこと）、または、
被告には遅延による不利益が発生していないことを立証することができれ
ば、laches の適用を回避することができると解される[21]。これに対し、第3
巡回区控訴裁判所は、出訴期限経過後は、原告は遅延に正当な理由があった

---

[17] 1960年の Claussen v. Mene Grande Oil Co, 275 F.2d 108（3d Cir. 1960）で第3巡回区控訴裁判
　所は、訴訟提起の遅延によって被告の防御に重大な不利益をもたらしたか否かが明らかでないと
　して、事件を原審（地方裁判所）に差し戻している。また、1963年の Gutierrez v. Waterman S.
　S. Corp, 373 U.S. 206（1963）で連邦最高裁判所は、事故発生場所であるプエルトリコの出訴期限
　を1年以上経過して提起された訴えにつき、被告に不利益が生じていないので laches は適用さ
　れないとした地裁判決は明らかに誤りであるとはいえないと判示している。

[18] Gardner 事件判決の5年後の Czaplicki v. The Hough Silvercloud, 351 U.S. 525（1956）において
　連邦最高裁判所は、州法上の出訴期限が laches の成否に無関係であるということはないが、そ
　れは確定的なものではなく、関係するすべての状況を考慮した上で判断されなければならないと
　述べ、改めてこの趣旨を確認している。

[19] Mclaughlin v. Dredge Gloucester, 230 F. Supp. 623（D.N.J. 1964）.

[20] Preveza Shipping Co. v. Sucrest Corp., 297 F. Supp. 954（S.D.N.Y. 1969）.裁判例に表れる事件で
　はこのような事案は極めて少ないが、それは、このようなケースにおいては、抗弁として laches
　の適用を主張することがそもそも少ないためと思われる。

[21] Akers v. State Marine Lines, Inc., 344 F.2d 217（5th Cir, 1965）; Giddens v. Isbrandtsen Co.,
　355 F.2d 125（4th Cir, 1966）; Puerto Rican-American Ins. Co. v. Benjamin Shipping Co., 829 F.2
　d 281（1st Cir, 1987）; Azalea Fleet, Inc. v. Dreyfus Supply & Machinery Corp., 782 F.2d 1455
　（8th Cir, 1986）.

こと、および、被告に不利益が生じていないことを立証しなければ laches の適用を免れないとの解釈を採用している[22]。これは Gardner 事件判決における「言い訳のできない権利行使の遅延がなく、単なる時間の経過によって被告の不利益が生じていない場合には、救済を妨げるべきではない。」との判示に忠実といえなくもないが、前掲 Gutierrez 事件判決[23]において連邦最高裁判所が、被告の不利益が生じていないことを理由に laches を適用しなかったことと整合しない、との指摘もなされている[24]。

　また、第 2 巡回区控訴裁判所は、他の巡回区と異なる独自のアプローチを採用している。Larios 事件判決[25]において Friendly 判事は、laches の要件である不合理な遅延と被告の不利益は別個独立に検討すべきでなく、被告の不利益がなければ弱い言い訳でも許され、ある程度の不利益があるときには非常に強い言い訳が求められるというように、2 つの要件は相関関係にあると判示している。

　以上のとおり、海事法における laches の法理の適用要件に関しては、巡回区毎の微妙な解釈の相違がみられたが、1980年に海事不法行為に基づく人身損害賠償請求について 3 年の出訴期限が定められた[26]ことにより、海事法における laches の法理の適用範囲は大幅に狭められることとなり、裁判例も減少していった。

2　マリタイム・リーエンの実行における laches の法理の適用

　ここまではマリタイム・リーエンを含めた海事債権全般についての laches の法理の適用基準についてみてきたが、マリタイム・リーエンの実行においても、laches の法理の適用の可否が不合理な遅延および被告の不利益によって判断されることに変わりはない。他方で、マリタイム・リーエンの実行

---

[22] Burke v. Gateway Clipper, Inc., 441 F.2d 946（3d Cir. 1971）; Lipfird v. Mississippi Valley Barge Line Co., 310 F.2d 639（3d Cir. 1962）; Mroz v. Dravo Corp., 429 F.2d 1156（3d Cir. 1970）.

[23] *Gutierrez, supra* note 17.

[24] Usidean R. Vass & Xia Chen, *The Admiralty Doctrine of Laches, 53* La. L. Rev. 495, 512（1992）.

[25] Larios v. Victory Carriers, Inc., 316 F.2d 63（2d Cir. 1963）.

[26] 46 U.S.C. § 763（a）, 現46 U.S.C. § 30106.

は、海事裁判所における対物訴訟（action in rem）によってのみ実行されうる
ところ、コモン・ローにおいては対物訴訟に対応する訴訟手続が存在しない
ため、不合理な遅延の要件に関して、類推すべき出訴期限が存在しないとい
う特徴がある[27]。また、対物訴訟を提起するためには、当該裁判所の管轄内
に被告となる船舶が存在することが必要であるため、必ずしも原告が望んだ
時期に対物訴訟の提起ができるとも限らない。さらに、被告の不利益に関し
ても、目的船舶の譲渡後の権利実行によって善意の第三者が不測の損害を被
ることがありうるという点において、他の海事債権の行使とは異なる考慮が
求められる。このような相違から、マリタイム・リーエンの実行における
laches の法理の適用については、不合理な遅延および被告の不利益（訴訟手
続上の被告は船舶そのものであるが、ここでは所有者の不利益が考慮される）に関し、
以下のような事情が考慮されている。

⑴ 不合理な遅延に関する事情

　マリタイム・リーエンは基本的に公示のされないシークレット・リーエン
であり、長期間に亘って権利行使を怠ると第三者に不測の損害を与える可能
性が高いため、マリタイム・リーエンの実行には一般に高い勤勉さが求めら
れる。Induron Corp 事件判決[28]では、衝突事故から 5 年の間にアレストの
機会が何度もあったのにこれを怠ったとして、不合理な遅延が認定された。
これに対し、Northern Shipping 事件判決[29]では、代金の不払いから 9 か月
後に対物訴訟を提起したが、その間にも対象船舶の動静を継続的に監視し、
外国の港（パナマ、東京）で 2 回もアレストを試みたことから、原告はリーエ
ン実行のために合理的な対応を行ったとして、遅延は正当な理由に基づくも
のと認められた。また、Galehead, Inc 事件判決[30]では、タグボートや港湾荷
役等のサービスを船舶に提供した約半年後に善意の第三者に当該船舶が転売
され、その 2 年後にようやくアレストがされたという事案につき、原告らは

---

[27] 前述のとおり、内国船に対する必要品供給リーエンの場合は州法上の出訴期限を参照しうるが、
　他のマリタイム・リーエンの場合には、類推すべき出訴期限が見当たらない。

[28] Induron Corp. v. M/V Aigianis, 1990 AMC 1398 (D.N.J. 1989).

[29] Northern Shipping Co. v. M/V TIVAT, 1988 AMC 1468 (E.D. Pa. 1987).

[30] Galehead, Inc. v. M/V Fratzis M., 1994 AMC 1160 (S.D. Fla. 1994).

債権回収のため様々な対応を試み、役務提供後はじめて当該船舶がアメリカの港へ入港した際にアレストを行ったことから、原告らは高い勤勉さをもって債権回収に努めたと認定された。このように、遅延の要件に関しては、特に何年以内という具体的基準はなく、アレストが可能な機会に迅速にアレストを行ったか否か、対象船舶の動静を注意深く監視していたか否かが重視されている。ただし、判例上一般にアレストは最後の手段であると認識されており、その他の方法による回収が期待される場合にまで必ずアレストを求めるような厳格な運用はなされていない。また、外国の港でリーエンを実行することは、少なくともアメリカにおける laches の法理の適用との関係では、求められないと解されている[31]。

(2) 被告の不利益に関する事情

　被告の不利益については、リーエンが発生したとされる当時の船長・乗組員を探すのが困難になったなど、被告の防御に有益な情報へのアクセスが制限されたという事情が考慮される[32]ほか、対物訴訟における配当参加の遅れにより、船舶所有者がすでに他のリーエン・ホルダーとの間で示談契約を締結してしまった（本来であれば支払わずに済んだ示談金を他のリーエン・ホルダーに支払ってしまった）といった事情が考慮される[33]。また、マリタイム・リーエンの実行によって船舶がアレストされた場合、競売回避のために船舶所有者が弁済に応じざるをえないケースが多いが、そのような場合に弁済をした船舶所有者から第三者（特に燃料油などの必要品を注文した定期備船者）への求償の機会が妨げられたか否か（もっと早くマリタイム・リーエンの実行がなされていれば、定期備船者から回収できた等の事情）も考慮の要素となりうる。もっとも、備船者への求償が妨げられたのは、契約履行保証（performance bond）や定期的な報告義務を備船契約に盛り込むなどの対策をとらなかった船舶所有者の怠慢によるものであるとしたり[34]、より早くマリタイム・リーエンの実行が

---

[31] Bermuda Express, N.V. v. M/V Litsa, 872 F.2d 554 (3d. Cir. 1989) ; *Galehead, supra* note 30 ; Kristensons-Petroleum, Inc. v. Sealock Tanker Co., 2005 AMC 2484 (S.D.N.Y. 2005).

[32] *Induron Corp, supra* note 28 ; Ceres Gulf, Inc. v. M/V World Adventure A/K/A M/V Hallam Venture, 1991 AMC 2063 (E.D. La. 1991).

[33] Magnus Maritec International, Inc. v. SS St. Panteleimon, 444 F. Supp. 567 (S.D. Tex. 1978).

94 第5章 マリタイム・リーエンの消滅

なされていたとしても、それ以前から求償を受けるべき第三者の財務状態は悪化していたとする[35]など、裁判所は第三者への求償が妨げられたことを理由とする不利益の認定には一般に慎重な傾向にある。

さらに、登録可能なマリタイム・リーエンの場合には、原告であるリーエン・ホルダーが船舶の母港においてリーエンの登録を行っていたか否かが考慮される[36]一方、被告たる第三取得者においても、当該船舶を購入する際に未払いのリーエンがあるか否かについて可能な調査を尽くしたか否かが考慮される[37]。これらの事情は、第三取得者がリーエンの存在につき善意であったか否か、あるいはリーエンの存在を認識しえたか否かに関する事実であって、laches の法理の伝統的要件である不合理な遅延またはこれによる不利益のいずれとも分類しがたい[38]。laches の法理はもとより公平の観念に基づくものであり、Gardner 事件判決が示したように、その適用は事実審裁判所の裁量に委ねられるものであるから、リーエンの登録や調査の有無を重要な要素として斟酌することは、マリタイム・リーエンの特殊性に基づく laches の法理の合理的な修正とみることができるであろう。

第2節　海事裁判所の競売による消滅

マリタイム・リーエンは海事裁判所における対物訴訟によってのみ実行可能であるが、この対物訴訟における競売によって船舶を取得した競落人は、マリタイム・リーエンの負担のない完全な所有権を取得する[39]。対物訴訟に

---

34 Lake Union Drydock Co. v. M/V Polar Viking, 446 F. Supp. 1286 (W.D. Wash. 1978) ; *Northern Shipping, supra* note 29 ; A/S Dan-Bunkering v. M/V Zamet, 945 F. Supp. 1576 (S.D. Ga. 1996).

35 Jan C. Uiterwyk Co. v. MV Mare Arabico, 459 F. Supp. 1325 (D. Md. 1978) ; *Kristensons-Petroleum, supra* note 31.

36 *Bermuda Express, supra* note 31 ; John W. Stone Oil Distributor, Inc. v. M/V Miss Bern, 663 F. Supp. 773 (S.D. Ala. 1987) ; Ryan-Walsh, Inc. v. M/V Margaret John, 1996 AMC 504 (E.D. La. 1995).

37 *Bermuda Express, supra* note 31 ; *Ryan-Walsh, supra* note 36.

38 被告の不利益に関する事情といえなくもないが、時間の経過に伴って発生する不利益とは異質なものである。

39 46 U.S.C. § 31326 ; *See,* Grant Gilmore & Charles L. Black, The Law of Admiralty, 787 (2d ed. 1975).

おける競売は、未払債権の弁済を目的とするものであるから、対物訴訟を提起したリーエン・ホルダーとの関係でマリタイム・リーエンが消滅するのは当然ともいいうるのであるが、対物訴訟に参加しなかったリーエン・ホルダーとの関係においてもリーエン消滅の効果が生じ、競落人は何らの負担のない完全な所有権を取得する。そのため、海事裁判所における対物訴訟による船舶の競売は、付着物をそぎ落とす船体のドライドックに例えられる[40]。

このような競売によるマリタイム・リーエンの消滅の効果は、競落人がリーエンの存在につき善意であったか否かを問わない。競売手続の場合も目的船舶の所有権が第三者に移転するという点では通常の私人間の売買と何ら異ならないのであるが、このような差異は何故認められるのであろうか。また、一般に訴訟手続の効力を敗訴当事者に及ぼすためには、敗訴当事者に対する手続保障、具体的には当該手続の通知が必要と解されるが、「隠れた」リーエンであるマリタイム・リーエンの場合、リーエン・ホルダーに対する手続保障はいかにして充足されているのであろうか。本節では、海事裁判所の競売によってマリタイム・リーエンが消滅する根拠やリーエン・ホルダーに対する手続保障について考察する。

1　リーエン消滅の根拠

対物訴訟による競売によってすべてのマリタイム・リーエンが消滅するという命題自体が疑問視されたことはないが、その原点に遡ると、この原則は当初、私掠船により拿捕された船体・積荷の競売事件において確立されたものであった。1813年の Williams v. Armroyd 事件判決[41]において連邦最高裁判所のマーシャル判事は、「対物訴訟における管轄裁判所の判決が、当該物についての終局的な判断であり、所有権の絶対的移転として作用することはわが国において確立している。このような判決によって前所有者の権利は失われ、判決の下で権利を取得した者に完全な所有権が与えられる。」と判示した。この事件では競売による所有権の喪失が問題となったにすぎず、船舶

---

[40] Frank G. Harmon, *Discharge and Waiver of Maritime Liens*, 47 Tul. L. Rev. 786, 787 (1972-1973).

[41] Williams v. Armroyd, 11 U.S. 423 (1813).

に付着するリーエンの消滅についてまで言及したものではなかった。しかしながら、その後この原則は、同じく対物訴訟の形態によりなされるマリタイム・リーエンの実行においても認められるようになり、1880年の Trenton 事件判決[42]では、外国でなされた競売手続についても、一定の例外を除き、マリタイム・リーエン消滅の効果が認められることが確認された。

上記 Trenton 事件判決では、競売によるリーエン消滅の根拠の一つとして、競落代金の最大化の要請が挙げられている[43]。確かに、裁判所の競売手続によって目的物を取得しても、その後「隠れていた」リーエンが新所有者である競落人に対して実行されうるとすれば、誰も安心して入札に応じることはできなくなり、競落代金の低廉化を招くばかりか、ひいては競売の成立さえも困難ならしめるということは想像に難くない。競落代金の最大化はすべてのリーエン・ホルダーにとって共通の利益であり、リーエンの付着した船舶を、あたかも一切のリーエンが付着していないものとして（それ故にリーエンの存在を一切斟酌しない金額で）売却し、当該船舶が本来有すべき価値を実現してこそ、リーエンの担保権としての機能が果たされるともいえる。したがって、同判決が指摘するように、競落代金の最大化の要請がリーエン消滅の必要性を裏付けていることは間違いないのであるが、競落代金の最大化の要請は必ずしも対物訴訟に限った話ではなく、これがリーエン消滅の唯一の根拠であるとは必ずしもいえないように思われる[44]。

2 リーエン・ホルダーに対する手続保障

競売によって手続参加の有無を問わずにリーエン消滅の効果が生ずるとすれば、すべてのリーエン・ホルダーに当該手続への参加の機会が与えられることは、極めて重要である。そして、このような手続参加の機会を保障する

---

[42] The Trenton, 4 F. 657 (E.D. Mich. 1880).

[43] Id. at 663.

[44] この点につき卑見を述べるならば、競売によるリーエン消滅の効果は、対物訴訟手続が有する一種の清算手続的側面により導かれると考えられる。対物訴訟手続においては船舶そのものが被告とされるが、船舶は自然人・法人とは異なり、他に責任財産を所有しえないため、その（対物）責任を果たすには、自らが第三者に売却され、その代価をリーエン・ホルダーに配当するよりほかに方法がない。このように、船舶の対物責任は無限責任ではありえず、常に物的有限責任であって、必然的に被告たる船舶の換価を伴うことになる。これは、人に例えれば、あたかも自ら

ことの重要性に鑑みれば、リーエン・ホルダーへの手続保障としては、単に対物訴訟手続に参加して配当要求する機会を与えるだけではなく、当該船舶について競売手続が開始され、これに参加しなければ自らのマリタイム・リーエンを失うことの通知がなされてしかるべきであろう。ところが、補足規則Cによる船舶のアレストおよびその後の競売手続では、各リーエン・ホルダーに対する現実の通知は一切なされていない。それにもかかわらず、競売によってすべてのマリタイム・リーエンを消滅させることに問題はないのであろうか。

　第4章第1節で述べたとおり、補足規則Cの合憲性については、第4巡回区および第5巡回区控訴裁判所の判決およびその後の補足規則の改定により、一応の決着をみたと考えられている。しかしながら、諮問委員会で事前の担保提供を義務付けることが検討されたことや、迅速な審尋の機会を保障される主体が船舶に対して所有権を主張する者に限定されていることからしても、ここでの議論が主として差押によって当該船舶の使用を妨げられる船舶所有者への手続保障を念頭に置いていたことは明らかである。他方で、船舶のアレストおよびその後の競売によって自らのリーエンを失うおそれのあるリーエン・ホルダーに対する手続保障については、これまであまり論じられていない。アレストについて現実の通知がなされないという点では船舶所有者も同じであるが、船舶所有者の場合は、通常は船長を通じて即時にアレストの事実を了知しうる[45]のに対し、リーエン・ホルダーに対する通知は、アレストから14日以内に解放されない場合の新聞公告のみである（補足規則C(4)）。新聞による公告が通知機能に乏しいことは周知の事実であり、合理的な調査を尽くしても確知しえない当事者に対する通知方法としては有効であるが、知れたる当事者に対しては、新聞公告のみでは適正手続（修正14

　の残債務を弁済するために破産ないし清算手続を行うが如きであり、利害関係を有するすべての債権者に参加してもらい、それぞれの優先順位に従って配当を実施することが強く要請される。Williams事件判決の「管轄裁判所の判決が、当該物についての終局的な判断」であり、このような「判決の下で権利を取得した者に完全な所有権が与えられる」との判示は、対物訴訟によってその物を巡る権利関係がすべて清算されるという趣旨と捉えることもできるであろう。

[45] Amstar Corp v. S/S Alexandros T., 664 F.2d 904, 911 (4th Cir. 1981) は、補足規則の合憲性判断においてこの点を一つの理由として考慮している。

98　第5章　マリタイム・リーエンの消滅

条）の要請を満たさないと解されている[46]。マリタイム・リーエンは公示方法のないシークレット・リーエンであるから、潜在的なリーエン・ホルダーをすべて確知することは不可能であり、それ故新聞公告による通知のみで足りると解する余地もあろうが、対物訴訟におけるリーエン・ホルダーに対する手続保障については、1815年の Mary 事件判決[47]にみるように、古くから船舶擬人化理論による説明がなされてきた。

［判例9］Mary 事件判決（連邦最高裁判所）

　アメリカの私掠船がイギリス船と疑われる船を拿捕し、船舶および積荷につき敵国の財産として没収を求めた。船舶所有者は船舶に対する訴訟手続に参加しなかったため、欠席判決により船舶は没収されたが、積荷所有者は、本船はアメリカ船であってイギリス船（敵国船）ではないと主張し、没収について争った。連邦最高裁判所のマーシャル判事は、本船がアメリカ船であるか否かについて、次のとおり、積荷所有者が船舶所有者の欠席によって不利益を課されるべきではないとして、事件を巡回区裁判所に差し戻した[48]。

　「海事請求においては、全世界が当事者であるといわれる。したがって、全世界が判決に拘束される。（中略）訴訟当事者になるためには争訟の通知が必要であり、個人の権利が裁判所の判決により拘束される前に、彼に対する手続について現実または擬制の通知が必要なことは当然の正義である。手続が個人に対してなされる場合、通知は個人に対して、または公告によりなされる。対物訴訟においては、通知は当該物そのものに対してなされる。これは当該物に利益を有するすべての者に対する通知となる。」[49]

　Mary 事件判決は、船舶に対する（差押による）擬制通知は積荷所有者には及ばないとしたものであり、船舶に利益を有するリーエン・ホルダーに対する手続保障について直接に述べたわけではない。しかしながら、同判決は、被告ないし利害関係人に対する通知について、対人訴訟と対物訴訟を区別し、対物訴訟においては目的物の差押が当該物に利益を有するすべての者に

---

[46]　Mullane v. Cent. Hanover Bank & Trust Co., 339 U.S. 306 (1950).

[47]　The Mary, 13 U.S. 126 (1815).

[48]　*Id.* at 144.

[49]　*Id.*

対する通知となるとの一般原則を定立したものであり、その後の裁判例でも同様の趣旨で度々引用されている[50]。前掲 Merchants Nat'l Bank 事件判決において提出された MLA のアミカス・ブリーフも、船舶の擬人化理論を主たる根拠として補足規則Cの合憲性を導き出しているように、Mary 事件判決の「物に対する通知がすべての利害関係人に対する通知とみなされる」との論理は、今日においてもなお、対物訴訟におけるリーエン・ホルダー等への手続保障の基礎となっているのである。実際に裁判所は、新聞公告を利害関係人に対する通知そのものとは捉えておらず、あくまでも差押による擬制通知を補完するものとして位置付けている[51]。

　船舶の差押および競売手続においてリーエン・ホルダーに対する現実の通知がなされないのは、アメリカに限った話ではなく、わが国も例外ではない。これは、マリタイム・リーエンを登録する基本的なシステムが存在しないことに起因する。また、シークレット・リーエンであるがゆえに、リーエン・ホルダーには、目的船舶の動静に高い注意を払うことが求められるところ[52]、船舶の差押がなされ、さらに競売手続にまで至れば、合理的注意を尽くす限り、競売手続の進行に気づくことは必ずしも困難ではないと思われる[53]。リーエン・ホルダーに対して個別に通知がなされないことは、理論的には擬人化理論による説明がなされているが、実際のところは、公示方法がなく、権利の実行に高い勤勉さが求められるマリタイム・リーエンが抱える内在的制約ともいうべきであり、競売手続に関する現実の通知を受けずともリーエンが消滅させられることは、基本的には是認せざるをえないといえよう。Steel Tank Barge 事件判決[54]は、船舶所有者に対する現実の通知を欠い

50　Zimmern Coal Co. v. Coal Trading Ass'n, 30 F.2d 933 (5th Cir. 1929)；DiGiovanni v. Kjessler, 101 F.3d 76 (9th Cir. 1996).

51　Tamblyn v. River Bend Marine, Inc., 837 F.2d 447 (11th Cir. 1988). なお、*DiGiovanni, supra* note 50は、リーエン発生時の旧船名ではなく、公告当時の船名のみを記載した新聞公告も、補足規則Cに反するものではないとする。

52　今日では、AIS（船舶自動識別装置）を搭載した船舶が増えたため、それなりの大きさの船舶であれば、現在地や目的地、ETA（到着予定時刻）を追跡することは難しくない。

53　差押の後間もなく保証状や担保金の提供によって船舶が解放された場合は差押の事実を認知することは難しいが、その場合は他のリーエン・ホルダーの権利は何ら影響を受けないので、何ら不都合はない。

100 第5章 マリタイム・リーエンの消滅

てなされたことを理由として船舶競売手続を一定の条件の下で取り消した唯一の裁判例であるが、同判決も、リーエン・ホルダーが現実の通知を全く受けていなくても競売によりリーエンが消滅するという原則は、「現実的な代替方法がない、すなわち、世界中の未知のリーエン・ホルダーに対して現実の通知を行うことはできないことから、許容される。」と述べている[55]。

　もっとも、今日ではマリタイム・リーエンの包括的な登録制度を設けるのに技術的な障害はないとの指摘もなされており[56]、実際にアメリカの登録船舶については、任意的ではあるが、マリタイム・リーエンの登録制度が設けられている（第2章第1節を参照）。また、後順位のリーエン・ホルダーの提起した対物訴訟に先順位のリーエン・ホルダーが参加できなかった場合、順位において劣後するリーエンが結果的には先順位のリーエンに優先することになるため、競売によるリーエンの消滅という原則は、その運用次第では、マリタイム・リーエンの順位に関するルールを根本から覆すことにもなりかねない。Sniadach 事件判決をはじめとする一連の連邦最高裁判所の判決は、合衆国憲法の保障する適正手続の重要性を再認識させるものであり、船舶に対する対物訴訟におけるリーエン・ホルダーへの手続保障についても、擬人化理論による正当化に終始すべきではなく、現実の通知を行うことの現実的可能性や補完的な周知制度の有無なども踏まえた判断がなされるべきであろう。

---

[54] United States v. Steel Tank Barge H 1651, 272 F. Supp. 658 (E.D. La. 1967). 本判決では、Oil Pollution Act に違反して油を流出させた疑いでバージに対する対物訴訟が提起されたが、当該バージは油の保管タンクとして使用する目的で賃貸に出されており、アレスト令状は賃借人の従業員に送達された。執行官はバージが油の保管の目的で使用されていたことから、バージの従前どおりの使用を許可し、賃借人はバージの継続的使用が許可されたことから、アレストの事実を船舶所有者に通知する必要はないと思い、船舶所有者への通知を行わなかった。裁判所は、アレストそのものが利害関係人に対する通知になるとの一般論を承認しつつも、船舶所有者は賃借人からアレストの事実の通知を受けず、従前どおりにバージの賃料を受け取っていたという本件特有の事実関係の下においては、当該競売手続は適正手続を欠いていたとし、善意の競落人の要した費用を全額補償することを条件に競売手続を取り消した。

[55] Id. at 662.

[56] George Rutherglen, The Contemporary Justification for Maritime Arrest and Attachment, 30 William and Mary Law Review 541, 550 (1989).

第3節　海事裁判所以外の裁判所における競売の効果

海事裁判所以外の裁判所、すなわち、外国裁判所やアメリカの倒産裁判所によって行われた競売手続については、アメリカ法上いかなる効果が認められるのであろうか。マリタイム・リーエンは海事裁判所においてのみ実行できることを重視すれば、海事裁判所以外の競売はマリタイム・リーエンの実行とは評価されず、これにリーエン消滅の効果を認めることには否定的にならざるを得ないが、他方で、一国の裁判所で実施された競売手続については、利害関係人に対する手続保障がなされている限り、相互に広くその効果を承認しなければ裁判所の競売手続に対する信頼を損なうことにもなりかねない。以下では、外国裁判所、倒産裁判所それぞれにおける競売手続について、判例上いかなる場合にリーエン消滅の効果が認められているかを分析し、リーエン消滅の効果を承認するための最低限の要件について考察する。

1　外国裁判所による競売の効果

⑴　Trenton 事件判決

Mary 事件判決においてマーシャル判事は、「海事請求においては全世界が当事者であり、全世界が判決に拘束される」旨を傍論で述べていたが、実際に外国裁判所における競売によるリーエン消滅の効果をアメリカの裁判所ではじめて承認したのは、Trenton 事件判決[57]であった。

> **［判例10］Trenton 事件判決（東ミシガン地区巡回区裁判所）**
> オハイオ州法に基づくリーエンを取得した必要品供給者が、カナダで本船を差し押さえて対物訴訟を開始したところ、本船に対する給料債権のリーエンを主張する他の債権者らが手続に参加した。その後、カナダの裁判所で本船の競売および売却代金の配当がなされたが、必要品供給者のリーエンについてカナダの裁判所は、アメリカ国内においてアメリカ船に対してなされた必要品供給に関しては裁判管轄を有しないとして、必要品供給者に対する配

---

[57] *The Trenton, supra* note 42.

102 第5章 マリタイム・リーエンの消滅

当を認めなかった。その後、本船がアメリカの港に再度入港したところで必要品供給者（原告）が本船をアレストし、対物訴訟を提起したところ、カナダの裁判所の競売手続によって本船を競落した新所有者は、カナダの競売手続によりそれまでに存在していたすべてのリーエンは消滅したと主張した。東ミシガン地区巡回区裁判所の Brown 判事は、イギリス、アメリカ、フランス、ドイツ、スペイン、ポルトガル、ベルギー、イタリア、チリ、ブラジルの世界各国の立法および判例を参照し、管轄裁判所による競売によりすべてのリーエンが消滅するとの原理は、文明社会の法であると述べ、①当該裁判所が実際に船舶を差し押さえなかったことにより管轄を欠いていた場合、②売却が買主との共謀により詐欺的になされたことが証明された場合、または③自然の正義に反する場合でない限り、競売手続によりすべてのリーエンが消滅すると判示した[58]。Brown 判事は続けて、競売手続はそれを実施した国の承認するリーエンしか消滅させないとすることは、競落人は負担のない所有権を取得するという原則の否定にほかならず、また、他国で当該船舶に対して実行されうるリーエンの金額を予測することができないため、競落代金が低廉となり、船舶所有者の利益が害されることを指摘した。その上で、「ある国の裁判所が実際の差押えによって当該物に対する管轄権を得たときは、当該物の処分および移転について全権を有しており、その移転は他のすべての国において尊重される。」と述べ[59]、管轄裁判所の競売によるリーエンの消滅は世界各国で相互に承認されるべきとの考えを示した。

　このように、外国裁判所の競売によるリーエン消滅の効果を認めるためには、当該裁判所が当該船舶に対する管轄権を有していたこと、具体的には、当該船舶を物理的に差し押さえていたことが必要とされる。そのため、現実の差押を伴わずになされた外国裁判所の競売手続については、リーエン消滅の効果は認められない[60]。他方で、アメリカにおける競売手続と細かい点において異なっていたとしても、基本的な手続に相違がなければその効果を承

58　*Id.* at 661.

59　*Id.* at 664.

60　パナマの裁判所の競売手続につき Todd Shipyards Corp. v. F/V Maigus Luck, 243 F. Supp. 8 (D.C.Z. 1965)、アイスランドの裁判所の競売手続につき Thorsteinsson v. M/V Drangur, 891 F. 2d 1547 (11th Cir. 1990)。リーエン・ホルダーが競売手続について知っていたとしても、管轄裁判所が目的船舶の占有を伴わずにした競売手続にはリーエン消滅の効力は認められない。*Maigus Luck*, op. cit., at 14.

認するものとされており、アメリカの補足規則が定めるような新聞による公告を欠いた外国裁判所の競売手続についてリーエン消滅の効果が認められている[61]。

　また、売却が買主との共謀により詐欺的になされたことが証明された場合には、競売手続によるリーエン消滅の効果は認められない。第2章で考察したとおり、マリタイム・リーエンの追及性は、所有者・譲受人間の合意によってマリタイム・リーエンの負担を回避することを防ぐために認められたものと考えられる。対物訴訟による競売の場合、通常は船舶所有者ではなく、リーエン・ホルダーの申立てによって手続が開始されるが、仮に船舶所有者と買主の共謀による詐欺的な売却であることが証明された場合には、追及性回避のための潜脱的な売却というべきであり、これを許さない趣旨と解される。

(2)　対物訴訟としての性質

　外国裁判所の競売手続によるリーエン消滅の効果を承認するために最も重要な要件は、当該手続が「対物訴訟」としての性質を有するということである（なお、Trenton事件判決では、問題となった海外裁判所の手続がカナダの対物訴訟手続であったために、この点は特に問題とされなかった）。補足規則Cによる対物訴訟の場合は船舶自体が被告であり、その効果は全世界に対して及ぶ。これに対し、補足規則Bによるアタッチメントの効果は訴訟当事者たる原告にしか及ばず、競落人は他のリーエンの負担が付着した状態のまま当該船舶を取得するにすぎない。第5巡回区控訴裁判所では、外国裁判所の競売手続の承認においてもこの区別を厳格に適用し、当該競売手続がアタッチメントとしての性質のものであれば、リーエン消滅の効果は認められないとされている[62]。

　しかしながら、各国の訴訟手続は一様ではなく、外国裁判所の手続が「対物訴訟」と「アタッチメント」のいずれに分類されるかの判断は容易ではな

---

61 Zimmern Coal Co. v. Coal Trading Ass'n, 30 F.2d 933 (5th Cir. 1929)；Atlantic Ship Supply, Inc. v. M/V Lucy, 392 F. Supp. 179 (M.D. Fla. 1975).

62 Belcher Co. of Alabama, Inc. v. M/V Maratha Mariner, 724 F.2d 1161 (5th Cir. 1984)；Crescent Towing & Salvage Co. v. M/V ANAX, 40 F.3d 741 (5th Cir. 1994).

い。アタッチメントに分類されるとの理由から競売によるリーエン消滅の効果が否定されれば、裁判所による競売手続に対する信頼が揺らぐことにもなりかねない。そこで、第4巡回区控訴裁判所では、厳密には対物訴訟とはいえない手続による競売であっても、現実に目的船舶の差押えがなされ、また当該外国法の下において「競売によりすべてのリーエンが消滅する」と定められているなど、「十分に対物訴訟に類似」した手続であればリーエン消滅の効果が認められると解されており[63]、対物訴訟としての性質という要件は若干緩和されている。

売却代金の最大化はすべてのリーエン・ホルダーにとって共通の利益であり、競落人が不安定な立場におかれることは基本的に好ましいことではない。そもそも厳密な意味での対物訴訟は英米法系の国に特有の手続であることからしても、競売手続が対物訴訟としての性質を有するということをあまり厳格に求めるべきではないと思われる。他方で、実施主体が裁判所であるというだけで、すべての競売手続に一律にリーエン消滅の効果を認めるというのも、安易なように思われる。特に、リーエン・ホルダーに対する手続保障の問題を擬人化理論によって解決している中で、対物訴訟としての性質を有しない手続についてもリーエン消滅の効果を認めるとした場合、競売手続によってリーエンを失うリーエン・ホルダーへの手続保障についても再考を迫られることになろう。

船舶の競売手続については、対象物が競売手続後に世界中を移動しうるため、一国における解決では抜本的な解決とはいえず、競売手続の効果を相互に承認するための条約の成立が期待される。しかしながら、今のところ、国際条約による統一が図られているとはいいがたく[64]、リーエン消滅の効果を

---

[63] メキシコ裁判所の破産手続における競売につき Gulf & Southern Terminal Corp. v. S.S. President Roxas, 701 F.2d 1110 (4th Cir. 1983)、ギリシャ裁判所における競売につき South Carolina State Ports Auth. v. Silver Anchor, S.A., (Panama), 23 F.3d 842 (4th Cir. 1994) を参照。

[64] 万国海法会（CMI）では、船舶の裁判上の売買の効果を実施国以外の第三国においても認めるための国際的統一ルール作成の作業が進められ、2014年6月のハンブルグ国際会議総会において「外国での船舶の裁判上の売買及びその承認に関する条約案」（Draft International Convention on Foreign Judicial Sales of Ships and their Recognition）が成立した。同条約案は2022年6月に国連国際商取引法委員会（UNCITRAL）の総会において採択され、同年12月に「船舶の裁判上の売買の国際的効力に関する国連条約」（United Nations Convention on the International Effects

認めるための要件については、結局のところ、各国の裁判所が自国の訴訟手続法に照らして、ケース・バイ・ケースで判断していくことになろう。

2　倒産裁判所による売却の効果

マリタイム・リーエンの実行は、債務者が支払期限を過ぎても任意に債務の支払いを行わないときになされる。このような不払いが生ずるのは、債権者・債務者間で債務の存否・金額に争いがある場合や、船舶所有者ではない債務者（典型的には燃料油供給契約を締結した定期傭船者）が無資力である場合などもあるが、船舶所有者自身が無資力であることも多く、船舶に対する対物訴訟の提起後に、船舶所有者の倒産手続が開始され、対物訴訟と倒産手続が交錯することも珍しくない。その場合、すでに開始されていた対物訴訟はどのような影響を受けるのか、また、倒産裁判所により船舶の売却がなされたときに、海事裁判所による競売と同様のリーエン消滅の効果が認められるのか否かが問題となる[65]。以下では、アメリカにおける倒産裁判所の位置付けを確認した上で、海事裁判所における対物訴訟と倒産手続との関係および倒産裁判所による売却の効果について検討する。

⑴　連邦倒産法と倒産裁判所

アメリカにおける倒産手続は、主として、合衆国憲法の授権に基づき連邦議会が制定した連邦倒産法により規律されており、倒産事件についての第1審の専属的管轄権は、海事事件と同様に、連邦裁判所に帰属する（連邦民事訴訟法第1334節）。ただし、連邦地方裁判所が倒産事件や倒産事件に関連する民事訴訟を直接に審理することは極めて稀であり、実際にはこれらの事件の審理は、連邦地方裁判所からの付託[66]に基づき、連邦地方裁判所内の一部署

---

of Judicial Sales of Ships、通称 "the Beijing Convention of the Judicial Sale of Ship"）が成立したが、2024年7月現在、未発効である。

[65] 倒産手続においては、競売によるのではなく、裁判所の許可を得た上で管財人が行う財団財産の売却（連邦倒産法363節(b)(i)）がなされることが多いと思われるが、連邦倒産法363節(f)は一定の要件の下で管財人による売却にリーエン消滅の効果を認めていることから、この規定がマリタイム・リーエンについても適用されるかが問題となる。

[66] 28 U.S.C. § 157.

である倒産裁判所（Bankruptcy Court）が行っている。倒産裁判官は14年の任期で連邦巡回区控訴裁判所の裁判官会議により任命される１条裁判官であり、大統領により任命され、「非行なき限り」その地位が保障された３条裁判官ではない。

1898年倒産法の下では、倒産事件に対する管轄権は連邦地方裁判所に帰属し、連邦地方裁判所の緩やかな監督を受けた倒産審判人（Referee）が日常的な判断を行っていたが、1978年倒産法により、倒産事件に関連するすべての事件の管轄権が倒産裁判所に与えられた。ところが、1982年の Marathon 事件判決[67]で連邦最高裁判所は、合衆国憲法により終身の身分保障が与えられた３条裁判官が主宰する裁判所ではなく、そのような身分保障のない（倒産審判人を前身とする）倒産裁判官により構成される倒産裁判所に広く管轄を認める1978年倒産法は憲法違反であると判断した。これを受け、連邦議会は1984年に倒産法改正並びに連邦裁判官職法（Bankruptcy Amendments and Federal Judgeship Act、通称"BAFJA"）を制定し、前述のとおり、倒産裁判所を連邦地方裁判所の一部署として位置付けた上で、倒産事件を連邦裁判官から倒産裁判官に付託する（ただし、連邦地方裁判所はいつでも事件を倒産裁判所から引き上げることができる）という形を採用した。

BAFJA の下では、倒産裁判官は、連邦倒産法に基づくすべての事件または連邦倒産法に基づく事件の中で発生するすべての「核心手続」（core proceedings）について審理する権限を有する（連邦民事訴訟法第157節(b)）。核心手続は倒産事件において発生するほとんどすべての問題を包含するものであり、具体的には、オートマティック・ステイに関する事項（連邦民事訴訟法第157節(b)(2)G号）、担保権（リーエン）の有効性・範囲・優劣の決定（同Ｋ号）、財団財産の売却に関する事項（同Ｎ号）などがこれに含まれる。

(2) 海事裁判所と倒産裁判所の管轄権の競合

船舶に対する対物訴訟の提起後に船舶所有者の倒産手続が申し立てられた場合の海事裁判所と倒産裁判所との関係について、かつては、先に目的物た

---

[67] N. Pipeline Constr. Co. v. Marathon Pipe Line Co., 458 U.S. 50（1982）.

第3節　海事裁判所以外の裁判所における競売の効果　　107

る船舶を差し押さえた裁判所が管轄権を保持するとする custodia legis 法理
が適用されていた[68]。ところが、海事裁判所と倒産裁判所の関係性は、1978
年倒産法により包括的なオートマティック・ステイの規定（連邦倒産法第362
節）が新設されたことにより、見直しを迫られた。

●オートマティック・ステイ●

　　オートマティック・ステイとは、倒産手続の申立てによって、裁判所の命令を待
たずに、自動的に債務者および財団財産に対する民事訴訟手続、強制執行、担保権
の実行・設定、対抗要件の具備など幅広い行為が停止される効果のことをいう[69]。そ
の目的は、債務者に経済的再建のための余裕を与えるとともに、債務者の資産が散
逸するのを防ぐことにある。このようなオートマティック・ステイに関する規定は、
1938年倒産法（通称チャンドラー法）にもいくつか設けられていたが、ステイに関
する規定が倒産法の様々な箇所に散在し、要件等についても統一されていなかった
ことから、1978年倒産法により、オートマティック・ステイに関する統一的な規定
が新設された。

　このような包括的なオートマティック・ステイがすでに海事裁判所に係属
している対物訴訟に及ぼす効力については、オートマティック・ステイの文
言および連邦議会の立法意図から、一般的には、第7章手続（破産手続）で
あるか第11章手続（再建手続）であるかを問わず、倒産手続の申立て前にな
された対物訴訟はすべて自動的に停止され[70]、海事裁判所は目的船舶に対す
る管轄権を失うものと考えられている[71]。

---

[68] Moran v. Sturges, 154 U.S. 256（1894）; The Philomena, 200 F. 859（D. Mass. 1911）; Wong
　　Shing v. M/V Mardina Trader, 564 F.2d 1183（5th Cir. 1977）.

[69] オートマティック・ステイの効力は倒産裁判所の管轄外に所在する資産にも及び、倒産裁判所
　　はその実効性確保のために必要な差止命令（injunction order）を発することができる（11 U.S.C.
　　§ 105）。

[70] United States v. Le Bouf Bros. Towing Co., 45 B.R. 887（E.D. La. 1985）; In re Louisiana Ship
　　Management, Inc., 761 F.2d 1025（5th Cir. 1985）.

[71] In re Modern Boats, Inc., 775 F.2d 619（5th Cir. 1985）.なお、連邦倒産法第1110節は、航空機・
　　船舶への担保権に対するオートマティック・ステイの例外を規定しているが、同節の担保権は当
　　事者の約定により設定される約定担保に限られるため（連邦倒産法第101節(51)）、法定担保であ
　　るマリタイム・リーエンについては適用がないと解される。

108　第5章　マリタイム・リーエンの消滅

　これに対し、第2巡回区控訴裁判所では、第7章手続と第11章手続とを区別し、第11章手続においては、債務者の再生が、リーエン消滅の効果が確立している海事裁判所で競売を行うことに勝る利益であるとして、custodia legis 法理は適用されないとする一方[72]、第7章手続においては custodia legis 法理が妥当するとされている。さらに、第9巡回区控訴裁判所では、オートマティック・ステイの効力は、①登録を要し、②先に発生したリーエンが後発のリーエンに優先する、とされる陸上のリーエンについてのみ及ぶとの解釈が採用されており[73]、第7章手続であると第11章手続であるとを問わず、倒産手続開始前に海事裁判所が当該船舶について管轄権を取得した場合は、custodia legis 法理により海事裁判所が管轄権を有するとされている。このように倒産法の定めるオートマティック・ステイが海事裁判所の対物訴訟に及ぼす効力については、倒産手続の種類を問わず対物訴訟を停止させるとの見解が有力ではあるものの、巡回区により解釈が分かれており、いまだ不確定な状況にある。

(3) 倒産裁判所による売却の効果

　オートマティック・ステイの適用範囲の問題とは別に、仮にオートマティック・ステイにより係属中の対物訴訟が停止され、海事裁判所の管轄権が失われるとした場合に、倒産裁判所が執り行う売却によって当該船舶上のすべてのリーエンを消滅させることができるのかという問題がある。1978年倒産法の制定およびこれに対する違憲判決（1982年の Marathon 事件判決）以前の記述ではあるが、Gilmore & Black 2d. ed（1975年）は、倒産裁判所がマリタイム・リーエンについて審理することができるとすれば、少なくともアメリカ国内においては倒産裁判所による売却であっても、リーエン消滅の効果を認めることができるであろうとする一方、倒産裁判所による売却の効果を

---

[72] Morgan Guar. Trust Co. v. Hellenic Lines, 38 B.R. 987（S.D.N.Y. 1984）。ただし、その後当該手続が再生手続から破産手続へと移行したため、再び custodia legis 法理により海事裁判所が管轄権を有するとされた。Morgan Guaranty Trust Co. v. Hellenic Lines, Ltd., 585 F. Supp. 1227（S.D.N.Y. 1984）.

[73] United States v. ZP Chandon, 889 F.2d 233（9th Cir. 1989）; Barnes v. Sea Haw. Rafting, LLC, 889 F.3d 517（9th Cir. 2018）.

外国裁判所が承認するか否かは不透明であると指摘している[74]。2005年の Millenium Seacarriers 事件判決[75]は、倒産手続においてマリタイム・リーエンの届出を行うことにより倒産裁判所の管轄に自発的に同意した者のリーエンについては、倒産裁判所による売却によって消滅することを認めたが、手続に参加していない者のリーエンまで消滅させるか否かについては判断を示していない。同判決で Sotomayor 判事は、倒産裁判所の売却によって破産者の資産である海上財産を取得した者は、リーエンの負担のない所有権を取得できないリスクをとることになる一方、外国におけるリーエンの実行を期待してアメリカの倒産手続への参加を回避したリーエン・ホルダーは、外国裁判所によってアメリカ倒産裁判所の売却の効果が承認されてしまうリスクをとることになると述べ[76]、倒産裁判所による売却の効果の不確定さを指摘している。

　このように、倒産裁判所がリーエン消滅の効果を伴う売却を行うことができるか否かはいまだ不確定であり、そのために競売価格が下落する可能性があることから、実務では、オートマティック・ステイからの解放（連邦倒産法第362節）または管財人による放棄（連邦倒産法第554節）の後に、海事裁判所によって競売を実施するのが一般的である[77]。

---

[74] GRANT GILMORE & CHARLES L. BLACK, THE LAW OF ADMIRALTY, 816-17（2d ed. 1975）.

[75] Universal Oil Ltd. v. Allfirst Bank（*In re Millenium Seacarriers, Inc.*）, 419 F.3d 83（2d Cir. 2005）.

[76] *Id.* at 103.

[77] 29 James Wm Moore et al, Moore's Federal Practice - Civil § 706.02. 海事裁判所が目的船舶に対する管轄権を行使すべきであるとした裁判例につき United States v. M/V Golden Bear, 1979 AMC 2757（N.D. Cal. 1979）を参照。目的船舶をオートマティック・ステイの対象から外し、海事裁判所により競売を実施させた事例につき、*Morgan Guarantee, supra* note 72を参照。

第6章 マリタイム・リーエンの順位

　マリタイム・リーエンは、対象物たる海上財産（通常は船舶）に対する対物訴訟を提起して、その競落代金から債権の弁済を受けることによって消滅するが、競落代金が当該手続に参加したすべてのリーエンを満足させるに足りないときは、マリタイム・リーエン相互の優劣、すなわち、順位の問題が生ずる。留置権のように占有を権利の存続要件とする担保権の場合は、複数の担保権が同時に競合することはないと思われるが、マリタイム・リーエンの場合は、占有を要件とせず、航海を継続する過程において日々新たなリーエンが発生することから、一つの船舶に対して複数あるいは無数のマリタイム・リーエンが発生しうることになり、順位の問題が生じるのである。他方で、優先的船舶抵当権以外のマリタイム・リーエン（一般海事法上のマリタイム・リーエン）は登記されることがないから、登記の先後によってその順位を決することもできず、これらの点がマリタイム・リーエンの順位の問題を難しくする大きな要因となっている。

　もとよりマリタイム・リーエンは、連邦議会による立法ではなく、判例法によって認められてきたものであり、リーエン相互の優劣についても、これを定めた制定法はなく、判例の積み重ねによる一般的な順位付けが形成されているにとどまる。また、マリタイム・リーエンの順位の問題について連邦最高裁判所の判断が示されることは極めて稀であり[1]、巡回区ごとの解釈の相違が生ずることは避けられない。さらに、各事件の審理を行う事実審裁判所には一定の裁量が認められ、衡平の観点からの修正がなされることもあるため[2]、マリタイム・リーエンの順位について明確な基準を示すことは困難

---

[1] 連邦最高裁判所がマリタイム・リーエンの順位に関して判断を示したのは、本章で考察する1898年の John G. Stevens 事件判決が最後である。

[2] Roger G. Connor, *Maritime Lien Priorities : Cross-Currents of Theory*, 54 MICHIGAN LAW REVIEW 777, 778（1955-1956）; Note, *Priorities of Maritime Liens, The Maritime Lien*, 69 Harv. L. Rev. 525, 528（1956）.

112　第6章　マリタイム・リーエンの順位

である。

　マリタイム・リーエンの順位は、リーエンの種類による優劣と、発生時期の先後による優劣とが複雑に組み合わされている。第1節ではリーエンの種類による優劣について、第2節ではリーエンの発生時期による優劣について述べた上で、最後に第3節では両者の関係性について考察する。

第1節　リーエンの種類による優劣

1　一般海事法における順位付け

　マリタイム・リーエンの順位について、古くには按分比例による配当を実施した裁判例もあったようであるが[3]、一般的には、まずはリーエンの種類による順位付けがなされ、その後同種のリーエン相互間においては、「逆順優先ルール」による順位付けがなされる。マリタイム・リーエンには様々な類型のものがあるが、いずれも船舶をもってその債権を担保すべきとする理由があって認められているものである。したがって、すべてのリーエンが満足を得られないときに、按分比例ではなく、リーエンの種類によって優劣をつけるのであれば、それを正当化するに足る根拠が必要であろう。本節ではまず一般に優先的地位が認められている船員給料リーエンおよび海難救助・共同海損分担金リーエンについて、その優先的地位の根拠や両者の優劣関係について考察し、次いで不法行為リーエンと契約リーエンの優劣について検討する。

⑴　船員給料リーエンと海難救助リーエンの優先的地位

　船員給料リーエンは一般に最優先のリーエンとされるが、その理由については、船員なしには海上取引が成立しえないこと、また、船員給料を最優先としなければ、船員が乗船雇用契約に応じないであろうことなどが挙げられる[4]。もっとも、それなしでは海上取引が成立しないという点では、劣後的

3　Edward L. Willard, *Proirities Among Maritime Liens*, 16 Cornell Law Quarterly 522 (1930-1931).

4　International Paint Co. v. M/V Mission Viking, 637 F.2d 382 (5th Cir. 1981).

地位に置かれている必要品供給債権についても同様であり、船員給料の優先的地位を説明するのに十分な根拠を示しているとはいいがたい。また、船員の経済的保護という点についていえば、今日では船員に対する労働法上の保護が拡充され、労働組合の結成等により労使間における交渉力が強くなったことを考慮すると、船員給料を最優先とする上記根拠が今日においても妥当するかについては、疑問が呈されている[5]。

なお、船員給料の優先的地位に対する例外の一つとして、船舶衝突以前に発生した船員給料のリーエンは、当該衝突による被害船の不法行為リーエンに劣後するとの古い裁判例[6]がある。しかし、この判断によれば、過失がない船員に対しても当該衝突の責任を負わせることとなるため、fellow servant 理論[7]および船舶の擬人化理論が支持を失いつつある中で、少なくとも過失のない船員の給料債権との関係で先例的価値があるか疑問視されている[8]。

海難救助リーエンは、その救助が契約に基づくものであるか否かにかかわらず、船員給料のリーエンに次ぐ第二順位とされる。海難救助リーエンに優先的地位が認められる根拠については、海難救助はすべての船舶債権者のために船舶を保全するためと説明される。海難救助については伝統的に無成功無報酬（no-cure, no-pay）の原則が認められているため、海難救助報酬は当該船舶の価値を超えることはない。海難救助が成功しなければ当該船舶は全損となり、無価値になる（その場合、すべてのマリタイム・リーエンは消滅する）可能性があったことからすれば、救助者が船舶の残価から救助料全額を回収し、他のリーエン・ホルダーはその残額の配当に与るほかないとしてもやむをえないといえるだろう。この点において、海難救助リーエンの優先的地位は、後述する裁判所保管下の費用に優先的地位が認められているのと同様の趣旨

---

5 Connor, *supra* note 2, at 792; *Priorities of Maritime Liens, supra* note 2, at 529.

6 The F. H. Stanwood, 49 F. 577 (7th Cir. 1892); The Nettie Woodward, 50 F. 224 (E.D. Mich. 1892).

7 fellow servant 理論とは、船員が乗船中に船長その他船員（fellow servant）の過失により負傷した場合、雇用者に対して扶養・治療費以外の損害賠償を請求できないとする法理論である。The Osceola, 189 U.S. 158（1903）を参照。

8 GRANT GILMORE & CHARLES L. BLACK, THE LAW OF ADMIRALTY, 679, 738 (2d ed. 1975); The Daisy Day, 40 F. 538 (W.D. Mich. 1889). The Pride of The Ocean, 7 F. 247 (E.D.N.Y. 1881) は、過失ある船長との関係で不法行為リーエンを優先させた。

に基づくものといえよう。

　共同海損に基づき貨物所有者等が取得する船舶に対するリーエンについては、共同海損精算人（GA Adjuster）による精算が機能していること、実質的な利害関係者が主として保険者であり、積極的に訴訟を好まないことなどから、裁判例は極めて少ないとされるが[9]、共同海損における「犠牲」（sacrifice）と海難救助との類似性から、少なくとも運送契約違反の損害賠償請求権と必要品供給債権には優先すると考えられている[10]。

　船員給料リーエンと海難救助リーエンの間では、船員給料リーエンが優先するが、この両者の関係には、海難救助リーエンは、すでに発生していた船員給料リーエンに優先するという重大な例外がある[11]。その理由は、救助なしには船員が当てにする財産も保全されないからと説明されるが、このような説明に対しては、海難救助がなされる多くの場合において、救助と同時に航海が終了するので、救助者が船舶に対するリーエンを取得する最後の者であり、救助者のリーエンの船員給料に対する優越は、単に「逆順優先ルール」を適用したにすぎないとみることもできるのではないかとの指摘もある[12]。また、船員給料リーエンと海難救助リーエンの優劣に関する判断が示された裁判例のうち、多くの事案においては、船員給料リーエンおよび海難救助リーエンのいずれも満額の弁済を受けるだけの十分な配当金があり、上記判示は傍論にすぎないと指摘した上で、船員給料があまりに古いものでなく、当該救助が船舶の保全に実際に不可欠であった場合でない限りは、船員給料リーエンが優先する、または両リーエンは同順位とされるのではないかとの見解もある[13]。

---

[9] Norman B. Richards, *Maritime Liens in Tort, General Average, and Salvage*, 47 Tul. L. Rev. 569, 586 (1972-1973).

[10] GILMORE & BLACK, *supra* note 8, at 742 ; Connor, *supra* note 2, at 805.

[11] The Athenian, 3 F. 248（E.D. Mich. 1877）. ただし、Dalstrom v. The E. M. Davidson, 1 F. 259（E.D. Wis. 1880）は、乗組員が座礁した船舶にとどまり続け、救助（属具の運び出し作業）に協力した場合は、その乗組員の給与は海難救助に優先するとした。

[12] Connor, *supra* note 2, at 805.

[13] GILMORE & BLACK, *supra* note 8, at 738.

(2) 不法行為リーエンと契約リーエンの優劣

不法行為リーエンと契約リーエンとの間では、不法行為リーエンが契約リーエンに優先するとの一般原則が認められているが[14]、これはいかなる根拠に基づくのであろうか。

The Pride of The Ocean 事件判決[15]は、船舶衝突リーエンが冒険貸借に優先すべき理由として、冒険貸借に基づいて貸付けを行う者は自発的であり、自らリスクを引き受けたのに対し、衝突相手船船主の損害賠償請求権は自発的に発生したものでなく、そのリスクの対価を得ることもないからであるとする[16]。不法行為リーエンが契約リーエンに優先する理由についてもこれが妥当するとの見解もある[17]が、上記は不法行為と冒険貸借の優劣についての説示であり、その限りにおいては説得力を認めうるとしても、これが広く契約リーエンについてまで妥当するかは、議論の余地があろう。また、前述のとおり、契約に基づくものであっても、船員給料と海難救助は不法行為に優先するとされており、不法行為リーエンがすべての契約リーエンに優先しているわけでも決してない。この点を捉え、不法行為リーエンが優先される実質的根拠について、裁判所は多くの場合において必要品供給者よりも裕福でない不法行為被害者に対してより同情的であるためではないかとの指摘もなされている[18]。

このように、一般海事法において、不法行為リーエンが契約リーエンに優先するとされている根拠は必ずしも明らかではないが[19]、この結論自体に特に疑問が呈されているわけでもない。いずれにせよ、1920年の SMA により、不法行為に基づくリーエンはその発生時期を問わず優先的船舶抵当権に優先するマリタイム・リーエン（優先的マリタイム・リーエン）とされたのに対

---

14 Force v. The Pride of The Ocean, 3 F. 162 (E.D.N.Y. 1880) ; The M. Vandercook, 24 F. 472 (D. N.J. 1885) ; The William Leishear, 21 F.2d 862 (D. Md. 1927) ; Willard, *supra* note 3, at 527.

15 *The Pride of The Ocean, supra* note 8.

16 *Id.* at 167.

17 Connor, *supra* note 2, at 809.

18 Wentworth J. Jr. Marshall, *Maritime Lien Priority*, 9 Cleveland-Marshall Law Review 577, 580 (1960).

19 これを指摘するものとして、George L. Varian, *Rank and Priority of Maritime Liens*, 47 Tul. L. Rev. 751, 757 (1972-1973).

し、契約リーエンは、優先的船舶抵当権設定後に発生したものについては、優先的船舶抵当権に劣後するマリタイム・リーエン（劣後的マリタイム・リーエン）とされた（第2節において詳述する）ことから、一般海事法における上記原則は今日においても維持されているとみることができる。

(3) 小 括

以上をまとめると、一般海事法において確立された被担保債権の種類によるマリタイム・リーエンの順位は、次のとおり整理することができる。

- (i) 裁判所保管下の費用
- (ii) 船員給料
- (iii) 海難救助報酬／共同海損分担金
- (iv) 不法行為リーエン
- (v) 契約リーエン
- (vi) 冒険貸借

第一に優先されるのは、裁判所保管下の費用である（ただし、これは厳密にはマリタイム・リーエンではない。）。これは、裁判所保管下の費用は、目的船舶の換価・配当のために必要不可欠であり、すべてのリーエン・ホルダーにとって有益であるとの考えに基づく。次に船員給料リーエン、海難救助／共同海損分担金リーエンが続くが、海難救助リーエンについては、すでに発生していた船員給料リーエンに優先するという重大な例外がある。これも、海難救助はそれまでに発生していたすべてのマリタイム・リーエンを保全したといえるためである。その次に不法行為リーエン、契約リーエンと続き、最後が冒険貸借となる。

2 SMAによる一般海事法の修正

1920年に制定されたSMAは、それまでの一般海事法上の順位付けに大きな変更をもたらし、新たな問題を惹起させた。ここでは、SMA制定の経緯およびその後の展開について確認するとともに、同法が一般海事法上のマリ

タイム・リーエンの順位に与えた影響について考察する。

(1) 優先的船舶抵当権 (preferred ship mortgage) の創設

SMA は、一般海事法において海事契約ではないとされた船舶抵当権について、一定の要件を満たしたものにマリタイム・リーエンの地位を与え、海事裁判所の対物訴訟による実行を認めるとともに、このような船舶抵当権（優先的船舶抵当権）に対して、一部のマリタイム・リーエン（劣後的マリタイム・リーエン）に優先する効力を認めた。もっとも、優先的船舶抵当権といっても、船員給料リーエン、海難救助リーエン、不法行為リーエン、抵当権設定前[20]の契約リーエンには劣後するため、結局のところ優先的船舶抵当権の設定後に発生した契約リーエンに対して優先するにすぎず、「優先的」船舶抵当権という名称は、些か誤解を招きやすい表現といえよう。

アメリカ政府が船舶抵当権の地位を強化した理由は、二度の世界大戦で肥大化したアメリカ艦隊を民間に売却するため、船舶に対する融資を促進することにあった。SMA のこのような目的からすれば、劣後的マリタイム・リーエンをもっと広くすることも考えられるが、なぜ優先的船舶抵当権設定後の契約リーエンのみが劣後的マリタイム・リーエンとされたのであろうか。この点について、SMA の起草者は、不法行為と海難救助のリスクについては、抵当権者の求めにより抵当権設定者が保険を付すことができるので、実質的に抵当権者の担保を損ねることがない一方で、抵当権設定後の契約リーエンについては保険で手当てすることができないため、船舶抵当権に劣後するものとし、これにより抵当権者はほぼ100％の担保を得ることができると説明している[21]。つまり、海難救助と不法行為については、実務上保険によるてん補がなされるため、優先的地位を認めても船舶抵当権を害することは

---

[20] 1920年の SMA では、優先的マリタイム・リーエンは優先的船舶抵当権の登録（recordation）および国籍証書（certificate of documentation）への裏書（indorsement）の前に発生したマリタイム・リーエンと定義されていたが、1989年の改正により、優先的マリタイム・リーエンとなるか否かの基準時は、優先的船舶抵当権の申請（filing）に変更された。本書は1989年法の前後を跨ぐ裁判例を広く取り扱うため、便宜上、優先的マリタイム・リーエンとして認められるための基準時を一律に優先的船舶抵当権の「設定」と表記する。

[21] *Priorities of Maritime Liens, supra* note 2, at 535-36.

118 第6章 マリタイム・リーエンの順位

ないと考えられる一方、契約リーエンについては保険によるてん補が期待で
きないため、契約リーエンのみを劣後の対象としたのである。また、契約リ
ーエンといえども、抵当権設定前に発生していたリーエンまで船舶抵当権に
劣後するとすれば、契約リーエンの地位があまりに不安定になるが、船舶抵
当権設定後の契約リーエンについては、船舶抵当権は一般のマリタイム・リ
ーエンと異なり登記による公示がなされるため、船舶抵当権に劣後させても
不当に害されることにはならない。また船舶抵当権者の立場からみても、船
舶建造時に船舶抵当権を設定する場合には、これに優先する（設定前に発生し
た）契約リーエンはほとんど想定できず、他方で船舶建造後に船舶抵当権を
設定する場合（中古船を購入する場合など）には、リーエンの有無の調査やリ
ーエンの負担のないことの表明保証をさせるなどの対応が可能であるから、船
舶抵当権者とリーエン・ホルダーの利害を絶妙に調整したものということが
できるであろう。

　なお、契約リーエンが優先的マリタイム・リーエンとして認められるため
には、優先的船舶抵当権の設定前に発生したことが必要であるが[22]、修繕等
の契約が優先的船舶抵当権設定前に締結され、抵当権の登録、裏書後に修繕
等が完了した場合は、すべての修繕債権のリーエンが優先的マリタイム・リ
ーエンとなる[23]。

　優先的船舶抵当権は、マリタイム・リーエンと同様に譲渡可能であり、譲
渡がなされた場合、譲受人は譲渡人と同順位のリーエンを取得する。また、
優先的船舶抵当権の更新がなされた場合、当初の抵当権の優先的地位は、当
事者の反対の意思が明確に示されていない限り、消滅しないとされる[24]。な

---

[22] Caterpillar Fin. Servs. v. Aleutian Chalice, 1994 AMC 1767（W.D. Wash. 1994）は、P&I 保険は
　1 年ごとの契約であるとした上で、優先的抵当権の設定前に生じた P&I 保険料に限って優先的
　マリタイム・リーエンとした。また、United States v. ALAKAI, 815 F. Supp. 2d 948（E.D. Va.
　2011）は、扶養・治療費の請求権について、優先的船舶抵当権申請前に生じたものに限って優先
　的マリタイム・リーエンと認められるとする。

[23] The Transford, 1929 AMC 727（E.D.N.Y. 1929）; The Eastern Shore, 31 F. Supp. 964（D. Md.
　1940）.

[24] Southwest Washington Production Credit Association v. O/S New San Joseph, 1977 AMC
　1123（N.D. Cal. 1977）; Avondale Shipyards, Inc. v. Tank Barge ETS 2303, 754 F.2d 1300（5th
　Cir. 1985）.

お、優先的船舶抵当権の優先的地位は放棄の対象となる[25]。さらに、優先的船舶抵当権者に衡平に反する行いがあるときは、本来であれば優先するはずの劣後的マリタイム・リーエンに劣後する[26]。

(2) **財政的不堪航**（financial unseaworthiness）**概念の誕生**

SMA の下では、不法行為リーエンは常に優先的マリタイム・リーエンであるのに対し、抵当権設定後の契約リーエンは劣後的マリタイム・リーエンとなるため、運送中の貨物の損傷等によって生ずる損害賠償請求権のように、不法行為リーエンとも契約リーエンとも構成しうる混合（ハイブリッド）リーエンについて、これをいずれと評価すべきかという問題が生じた。SMAの制定前においても、不法行為リーエンは契約リーエンに優先すると解されていたため、同様の問題は存在していたはずであるが、不法行為リーエンのすぐ次順位に契約リーエンが位置付けられていたため、あまり大きな問題とはならなかった。ところが、SMA により、この二つのリーエンの間に、一般に被担保債権が高額な優先的船舶抵当権が位置付けられることとなったため、これに劣後する劣後的マリタイム・リーエンでは十分な配当を受けることが難しくなり、混合リーエンの SMA における順位の問題が顕在化することとなったのである。

この点、コモン・キャリアーの義務違反によって貨物が損傷・滅失した場合には、運送人に対する損害賠償請求権は不法行為をも構成し、優先的マリタイム・リーエンに該当しうると一般に解されている[27]。他方で、貨物の損傷を伴わない損害賠償請求の場合に優先的マリタイム・リーエンが認められ

---

[25] The Henry W. Breyer, 17 F.2d 423（D. Md. 1927）は、船舶抵当権設定契約において、船員給料（crew wage）、必要品供給（supplies）、海難救助（salvage）以外のリーエンの設定を禁止していたという事案につき、必要品供給等についてはリーエンの創設を認めていることから、これを実行あらしめるために、本来優先的マリタイム・リーエンではない必要品供給リーエンが抵当権に優先すること（優先的地位の放棄）が意図されているとの解釈を示した。

[26] Custom Fuel Services, Inc. v. Lombas Industries, Inc., 805 F.2d 561（5th Cir. 1986）.

[27] Oriente Commercial, Inc. v. American Flag Vessel, M/V Floridian, 529 F.2d 221（4th Cir. 1975）; All Alaskan Seafoods v. M/V Sea Producer, 882 F.2d 425（9th Cir. 1989）; Calogeras Marine, Inc. v. M/V Ocean Leader, 1998 AMC 872（E.D. La. 1997）; Gulf Marine & Industrial Supplies, Inc. v. M/V Golden Prince, 1999 AMC 2807（E.D. La. 1999）.

るか否かについては、裁判例上必ずしも明らかではない。1927年の Henry
W. Breyer 事件判決[28]は、航海の途中に船員給料の不払いを理由として本船
がアレストされ、その後競売されたために貨物が目的地まで運送されなかっ
たという事案につき、貨物を目的地まで運送できる財政的状態にないのに貨
物の運送を引き受け、前払運賃を受領するのは、代金を支払えないのに売買
を行うのと等しく詐欺的であるとして、前払運賃の返還請求権について不法
行為リーエン、すなわち、優先的マリタイム・リーエンとしての地位を認め
た[29]。この判決を契機に、財政的な事情によって（航海途中のアレストなどによ
り）貨物を目的地まで運送できなくなる可能性が高い状態について、財政的
不堪航（financial unseaworthiness）なる概念が誕生した[30]。

　その後 Henry W. Breyer 事件判決を支持する裁判例もいくつかあるが[31]、
このような概念を用いて優先的マリタイム・リーエンの成立範囲を拡大する
ことについては、根強い反対もある。その理由の一つには、海事不法行為と
して認められるためには、当該不法行為が可航水域において発生したことが
必要であるという点が挙げられる[32]。また、より根本的には、このような概
念を用いて不法行為リーエンの範囲を拡大することは、船舶融資を促進する
という SMA の目的を阻害するのではないかという懸念も示されている[33]。
現在のところ、財政的不堪航なる概念を明確に否定した巡回区レベルの裁判
例は見当たらないが、このような概念によって前払運賃の返還請求権に優先
的マリタイム・リーエンを認める論理的根拠は乏しいとの見方が有力であ
る[34]。

---

[28] *The Henry W. Breyer, supra* note 25.

[29] *Id.* at 431.

[30] 財政的不堪航の概念については、James M. Maloney, *A Breach in Tort's Clothing : Pleading Cargo Claims to Gain Lien Priority,* 27 J. Mar. L. & Com. 609 (1996) を参照。

[31] Morrisey v. S.S. A. & J. Faith, 252 F. Supp. 54 (N.D. Ohio 1965) ; Potash Co. of Canada, Ltd. v. M/V Raleigh, 361 F. Supp. 120 (D.C.Z. 1973) ; Associated Metals & Minerals Corp. v. Alexander's Unity MV, 41 F.3d 1007 (5th Cir. 1995).

[32] Pierside Terminal Operators, Inc. v. M/V Floridian, 374 F. Supp. 27 (E.D. Va. 1974) at 30.

[33] Maloney, *supra* note 30, at 638.

[34] GILMORE & BLACK, *supra* note 8, at 753 n. 354.

(3) まとめ

一般海事法においては、船員給料リーエンや海難救助リーエンのように、それなしでは海上取引を維持することのできない海事債権に高い優先的地位が認められてきた。その反面、船舶抵当権は航海または海上危険とは無関係に締結される契約であり、非海事リーエンであると解されていたため、その地位は著しく低いものであった。

しかし、船舶抵当権の地位は1920年のSMAにより引き上げられ、劣後的マリタイム・リーエンにも優先する地位が認められた。その立法の主目的は、第一次世界大戦中の戦時艦隊を解体することにあり、その対象も、当初はアメリカ籍船に限定されていたが、その後外国籍船にまで拡大され、現在では広く船舶金融の促進・保護を図るものへと変容している。

優先的船舶抵当権といえども、依然として優先的マリタイム・リーエンには劣後するが、このうち海難救助リーエンと不法行為リーエンについては、SMA起草時の趣旨説明のとおり、一般的には保険によるリスク・ヘッジがなされているため、これらのリーエン・ホルダーが船舶に対する対物訴訟によって債権の回収を図るということは稀である。船舶抵当権の被担保債権は、一般に船舶の建造または購入のための貸付金であり、その金額は船価に限りなく近接するため、優先的船舶抵当権の設定された船舶が対物訴訟による競売に付された場合、劣後的マリタイム・リーエンである契約リーエン（主として必要品供給リーエン）が満足のいく配当を受けることは難しいであろう。アメリカは必要品供給リーエンを認める数少ない国の一つであり、必要品供給業者に最も寛容な国であると考えられているが、このような必要品供給リーエンの相対的地位の低さに鑑みれば、必要品供給債権にマリタイム・リーエンが認められておらず、制定法上のリーエン（statutory rights in rem）が認められるにすぎないイギリス法との乖離は、必ずしも大きくないといえよう。

第2節　リーエンの発生時期による優劣

マリタイム・リーエンの順位に関しては、同じ種類のリーエン間において

は、より新しいリーエンが優先するとする「逆順優先ルール」(inverse order rule) が認められている[35]。これは、より先に発生したリーエンが優先する「正順優先」あるいは「早い者勝ち」(first in time, first in right) の原則を採用する陸上のリーエン[36]とは真逆のルールであり、海事法に特有のものである。もっとも、この「逆順優先ルール」の根拠については必ずしも明らかではなく、また判例法上の特別ルールや制定法 (SMA) による修正が施されているため、現在では原則と例外が逆転している状態であるともいわれる。本節では、逆順ルールの根拠について言及する裁判例や、その後の判例法・制定法による「逆順優先ルール」の修正の分析を通じて、「逆順優先ルール」の実質的根拠について考察する。

1 一般海事法における「逆順優先ルール」

(1) 「逆順優先ルール」の理論的根拠

「逆順優先ルール」の根拠については、新しいリーエンは航海の完遂を可能とするものであり、既存のリーエン・ホルダーに便益を与えるからであるとする便益理論 (benefit theory) と、リーエン・ホルダーはリーエンの発生と同時に当該船舶の一種の準所有者となるため、その後に発生したリーエンの負担に服さなければならないとする準所有者理論 (proprietary interest theory) という二つの考え方により説明される。

① 便益理論 (benefit theory)

「逆順優先ルール」を便益理論により説明したリーディングケースとして一般に引用されるのは、1824年の St. Joseph de Cuba 事件判決[37]である (ただし、この判決はマリタイム・リーエン相互の順位について判示したものでない)。

---

[35] かつては、マリタイム・リーエンを単なる手続的な救済手段とみなして、船員給料リーエンを別として、マリタイム・リーエンの優劣はアレストの先後により決定されるとした裁判例もあったが (The Triumph, 24 F. Cas. 208 (N.D.N.Y. 1841))、マリタイム・リーエンは大陸法の非占有担保に由来する実体法上の権利であるとの見方が支配的となったため、アレストの先後によって優劣を決するという考えは支持されなかった。

[36] Rankin & Schatzell v. Scott, 25 U.S. 177 (1827); Howard v. Ry. Co., 101 U.S. 837 (1880).

[37] The St. Jago de Cuba, 22 U.S. 409 (1824).

第 2 節　リーエンの発生時期による優劣　123

[判例11] St. Joseph de Cuba 事件判決（連邦最高裁判所）
　スペイン国籍の船舶 St. Joseph de Cuba 号が奴隷貿易に従事していたとし
て奴隷貿易法（Slave Trade Act）違反によりアメリカ政府により没収された
が、巡回区裁判所は同船上の貨物の没収を認めなかったことから、アメリカ
政府が貨物の没収を求めて上告したところ、連邦最高裁判所はこれを認めた。
これと同時に、同船の没収後に修繕等の必要品を供給した者の必要品供給リ
ーエンとアメリカ政府の没収との優劣が問題となったが、連邦最高裁判所は
以下のとおり述べ、没収後に取得した必要品供給リーエンはアメリカ政府の
没収に優先して、船舶の競落代金から弁済を受けうることを認めた（ただし、
結論としては、巡回区裁判所で必要品供給リーエンとして認められたすべての債権
について、同船が実質的に外国船ではないことを供給者が知っていた、あるいは容
易に知ることができたことを理由にマリタイム・リーエンの成立が否定された）。

　「優先的債権者に対し、海事訴訟手続の救済および弁済における優先権を与
える目的は、没収された船舶が全利害関係人の利益のために戻ってくること、
つまり航海を完遂するために、翼と足を授けることにある。（中略）本船に黙
示のリーエンを設定できるのは、船主自身ではなく船長である。そして、す
べてのケースにおいて、最後に与えられたリーエンが先行するリーエンに優
先する。最後の冒険貸借は、先行するすべての冒険貸借に優先し、救助者へ
の委付は、すべての先行する債権に優先する。船舶は航海を続けなければな
らない。この考慮がすべてを支配し、場合によっては船舶のみならず、貨物
でさえもこの必要性に服する[38]。」

　マリタイム・リーエンは、占有を権利の成立・存続要件としない非占有担
保であるが、これはマリタイム・リーエンが航海の継続・海上取引の維持を
目的とする海事法上の特別の担保権であることに由来する。そして、船舶が
航海を継続するためには、寄港地において、債権者にとっては唯一の拠り所
となる船舶を担保に必要品の供給を受けることが必要であったが、マリタイ
ム・リーエンは一切公示がなされないシークレット・リーエンであるため、
新たに必要品を供給する時点においてすでにどのようなマリタイム・リーエ
ンが発生しているかを債権者が把握することは不可能であった。そのため、
より新しいリーエンを優先させることで、少なくとも必要品を供給する時点

---

[38] *Id.* at 416.

において自らが比較的高い地位にあることを認識できるものとし、遠く離れた異国の地においても必要品の供給を受けやすくする必要性こそが、初期においては「逆順優先ルール」の唯一の根拠であったと考えられる[39]。

② 準所有者理論 (proprietary interest theory)

以上に述べた便益理論は、契約リーエン（必要品供給リーエン）や海難救助リーエンについては妥当しうるが、不法行為リーエンには明らかに妥当しない。不法行為の被害者はいかなる意味においても加害船に対して利益を与えたわけではないし、航海の完遂に資する何かを提供するものでもないからである。したがって、２つ以上の不法行為リーエンが相次いで発生した場合、この不法行為リーエン相互においても「逆順優先ルール」は妥当するのか、それとも別のルールが妥当するのかが問題となるが、このような場合に「逆順優先ルール」の適用を肯定する論拠として主張されるようになったのが準所有者理論である。

（i）イギリス法における準所有者理論 (追及性の根拠)

準所有者理論は、1851年の Bold Buccleugh 事件判決[40]（イギリス枢密院）にまで遡る。同判決はイギリスにおいて「マリタイム・リーエン」という表現がはじめて用いられた判決であると同時に、目的船舶が善意の第三者に譲渡された後にもマリタイム・リーエンの効力が及ぶこと、すなわち、マリタイム・リーエンの追及性を認めたリーディング・ケースである。イギリス枢密院は、Nestor 事件判決におけるストウリ判事の説示に大きく依拠し、マリタイム・リーエンがコモン・ロー上のリーエンとは異なる非占有担保であることを根拠に追及性を承認したが、同判決は併せて、ボンド（冒険貸借）ホルダーは、いわば"part owner"（共同所有者）であるから、その後に発生した衝突リーエンに劣後するが、同様にその衝突リーエン・ホルダーは、衝突後の修繕や冒険貸借に劣後すると述べている[41]。この点だけを読むと、マリタイム・リーエンの順位に関する判示のようにも思えるが、同事件における

---

[39] John K. Beach, *Relative Priority of Maritime Liens*, 33 Yale Law Journal 841 (1923-1924) at 843 ; 1 Thomas J. Schoenbaum, Admiralty and Maritime Law, 811 (6th ed. 2018).

[40] The Bold Buccleugh, (1851) 7 Moo PC 267.

[41] *Id.* at 285.

第2節　リーエンの発生時期による優劣　　125

唯一の争点はマリタイム・リーエンの追及性の有無であった[42]。マリタイム・リーエンに基づく対物訴訟がアタッチメントと同じく手続的救済にすぎないとすれば、対物訴訟の提起前に目的船舶が譲渡され、船舶衝突時の所有者と異なる者が所有者になると、もはや対物訴訟を提起することはできないとするのが論理的帰結である。イギリス枢密院は、マリタイム・リーエンをこのような手続的救済ではなく、実体法上の権利であると解することにより、上記のような帰結を採用せずに追及性を承認したのであり、ボンド・ホルダーが一種の共同所有者であるとのくだりも、そのような趣旨で述べられたものといえる。このように、準所有者理論は、当初イギリスにおいては、「逆順優先ルール」の根拠というよりも、マリタイム・リーエンの追及性を認める前提としての理論であったということができるであろう。

（ii）　アメリカ法における準所有者理論（「逆順優先ルール」の根拠）

しかし、Bold Buccleugh 事件判決の示した準所有者理論は、その後アメリカでは、主としてマリタイム・リーエンの順位との関係で引用されることとなった。1853年の The America 事件判決[43]は、船員給料リーエンを除くすべてのマリタイム・リーエンは、一定の限度であたかも船舶に対する所有権を取得するがごとく扱われており、それゆえにその後に発生したリーエンに対しては、その種類を問わず劣後すると判示した[44]。さらに、1881年の Frank G. Fowler 事件第一審判決[45]は、Bold Buccleugh 事件判決や上記 The America 事件判決を引用し、準所有者理論を根拠として、連続する不法行為リーエンの優劣についても「逆順優先ルール」の適用を認めた。

[判例12] Frank G. Fowler 事件判決（南部ニューヨーク連邦地方裁判所）

曳船 Frank G. Fowler が曳船作業中に自らの過失により被曳船と衝突するという事故をわずか19日の間に2回起こし、2隻の被曳船の所有者がそれぞれ本船をアレストしたが、アレスト令状を取得したのは、後に発生した衝突の被害船所有者の方が一日早かった。しかし、これらのアレスト令状が執行

---

[42] *Id.* at 282.
[43] The America, 16 Law Rep. 264 (N.D.N.Y. 1853).
[44] *Id.* at 283.
[45] The Frank G. Fowler, 8 F. 331 (S.D.N.Y. 1881).

官に送達されたのは同じ日であり、いずれの令状が先に送達されたかは不明であった。その後、本船は4,500ドルという鑑定評価に従い同額の担保と引き換えに解放されたが、2隻の被害額の合計は4,500ドルを超えていたため、これら二つのリーエンの優劣が問題となった。南部ニューヨーク連邦地方裁判所のChoate判事は、連続する契約リーエン、冒険貸借、海難救助リーエンの順位については「逆順優先ルール」が認められているが、不法行為が連続する場合には船舶を担保に信用を供与しているわけでもなく、また航海の継続という商取引の必要性もないため、便益理論は当てはまらないとした[46]。また、Bold Buccleugh事件判決が判示するように、マリタイム・リーエンは実体法上の権利であって手続的な救済であるアタッチメントとは異なるとして、アレスト令状の送達の先後によって優劣を決することも妥当でないとした[47]。その上で同判事は、以下のとおり、リーエン・ホルダーはリーエンを取得した時から船舶のいわば準所有者（quasi property interest）であるから、後に発生した不法行為リーエンの負担に服さなければならないとする準所有者理論により、連続する不法行為リーエン相互の関係においても「逆順優先ルール」の適用を認めた（後発の不法行為リーエンを優先させた）。

「既に損害を被った者は船舶に対してリーエンを有する。その限度において、彼は所有者の地位に立つ——船舶の準所有権を有する。確かに彼は自らの被った損害のために船舶をアレストする権限を行使する以外には、船舶所有者としてその使用を支配することも、出航を防止することもできず、場合によってはアレストする機会が与えられないままに第二の損害が発生することもありうる。当該船舶の使用が彼の自発的行為または同意によるものでないとすれば、彼が利益を有する船舶が航海のすべての危険に晒されるような方法で使用されることは、彼にとっては不運である。この使用は、彼が当該船舶のアレスト、対物訴訟の提起という介入を行わない限り、完全に合法である。もし本船が船骸となり失われれば、もちろん彼のリーエンは無価値に帰することになり、彼の利益はこのような他の危険、特に船長、船員による不法行為によって被害船に対して負う責任から免れることはできないと考える。海事不法行為の原則によれば船舶自体が加害者とみなされる。本船は加害行為に対して連帯して責任を負う[48]。」

---

[46] *Id.* at 333–34.

[47] *Id.* at 336.

[48] *Id.* at 338.

ところが、この判決は控訴審において取り消された[49]。巡回区裁判所の Blatchford 判事は、原判決と同様に、不法行為リーエンに便益理論は当てはまらないため「逆順優先ルール」の適用はないとした上で、いまだ laches が成立しておらず、またリーエンを放棄または劣後させたとみなされない限り、先に発生したリーエンを後発のリーエンに劣後させなければならないという海事法の原則はないとして、原判決を取り消した上で、先発の不法行為リーエンを優先させるべきであるとの判断を示した。

③ John G Stevens 事件連邦最高裁判決の位置付け

(i) 連邦最高裁判所による準所有者理論の援用

Frank G. Fowler 事件の控訴審判決によって明確に否定された準所有者理論であったが、1898年の John G Stevens 事件判決[50]において連邦最高裁判所は、契約リーエンとその後の不法行為リーエンとの優劣を決するに際し、準所有者理論を援用した。同事件の概要は以下のとおりである。

[判例13] John G Stevens 事件判決 (連邦最高裁判所)

　曳船 John G Stevens に対して曳航作業を依頼したところ、曳航中の過失により被曳船と第三船の衝突事故が発生した。被曳船の所有者が上記事故によって被った損害の賠償を求めて曳船に対してマリタイム・リーエンを行使したところ、曳船に対してニューヨーク州法上のリーエンを有する燃料供給業者もリーエンを行使したため、両者の優劣が問題となった。連邦最高裁判所の Grey 判事は、必要品供給債権にマリタイム・リーエンが認められていないイギリスと異なり、アメリカでは必要品供給債権についても一般海事法または州法によるマリタイム・リーエンが認められるところ、両者の優劣について連邦最高裁判所としてはじめての判断を示すとした上で[51]、本件では船員給料リーエンと不法行為リーエンとの優劣や連続した必要品供給リーエン相互間の順位が問題となっているわけでも、Frank G. Fowler 事件判決が判断を示した連続する衝突リーエンの優劣や、船舶衝突後に本船の価値を増加させた必要品供給リーエンとの優劣が問題となっているわけでもないとし、本件における連邦最高裁判所の判断は、船舶衝突リーエンとそれ以前に発生

---

[49] The Frank G. Fowler, 17 F. 653 (2d Cir. 1883).

[50] The John G. Stevens, 170 U.S. 113 (1898).

[51] *Id.* at 118.

した必要品供給リーエンとの優劣に限定されることを強調した[52]。その上で、The Little Charles 事件判決[53]、The Palmyra 事件判決[54]、Brig Malek Adhel 事件判決[55]、The China 事件判決[56]といった船舶擬人化理論のリーディングケースとされる判決を引用し、これらの裁判例から、必然的ではないにしても合理的に導き出される推論は、衝突リーエンはそれ以前の必要品供給リーエンに優先するということであるとした。

このような結論を述べた後、同判事はさらに Bold Buccleugh 事件判決を引用し、「衝突時に存在する利害関係人は、共有者であろうと抵当権者であろうと、冒険貸借または必要品供給リーエンのリーエン・ホルダーであるとを問わず、すべて船舶の一部であり、当該船舶による不法行為について責任を負う。」と述べた。この文言はまさしく Frank G. Fowler 事件の第一審判決が示した準所有者理論そのものであるが、これはあくまでも傍論であって、連邦最高裁判所として、「逆順優先ルール」の一般的・普遍的根拠として準所有者理論を承認したとみることはできないであろう。なぜなら、準所有者理論をマリタイム・リーエンの順位が問題となるすべての場面において妥当するものと解するならば、マリタイム・リーエンの順位は、その種類のいかんを問わず、すべて発生時期の先後によって（逆順優先で）決せられることとなるはずであるが、実際にはまったくそのようには解されていないからである。前記のとおり Grey 判事は、本判決は契約リーエンとその後の不法行為リーエンの優劣に関する判断であることを強調し、「逆順優先ルール」の一般的な理論的根拠として準所有者理論を展開しているわけでもない。

（ⅱ） その後の下級審判決における「逆順優先ルール」の適用

準所有者理論はその後、1909年の The America 事件判決[57]（1853年の前掲 The America 事件判決とは別の判決である）においても支持された。同事件では連続する不法行為リーエン相互の順位が問題となったが、Cross 判事は

---

52 *Id.* at 119-20.
53 United States v. The Little Charles, 26 F. Cas. 979（C.C. D. Va. 1818）.
54 The Palmyra, 25 U.S. 1（1827）.
55 Harmony v. United States, 43 U.S. 210（1844）.
56 The China, 74 U.S. 53（1869）.
57 The America, 168 F. 424（D.N.J. 1909）.

Frank G. Fowler 事件の第一審判決および John G Stevens 事件連邦最高裁判決を引用して、連続して発生した不法行為リーエンに対して「逆順優先ルール」を適用した。もっとも、同判事は、先に発生した不法行為の被害者が船舶をアレストする権利を実行しないときは、当該船舶に対する自己の権利を通常の航海の危険に晒すことになるとも述べており[58]、ここでは、理論的な根拠である準所有者理論よりも、マリタイム・リーエンを取得した者は速やかにリーエンを実行すべきであるという要請が重要視されている。なお、この The America 事件判決では、発生時期がどこまで近接していれば「同時」といえるかの具体的基準は示されなかったが、同じ日に発生した二つの衝突事故によるリーエンは同順位とされた[59]。準所有者理論によれば、その時間差が僅かであろうと事故発生の先後が証拠上認定しうる限り、後に発生したリーエンが優先するはずであるから、当該事件における「逆順優先ルール」の適用を認めるに当たって重視されたのは、準所有者理論ではなく、マリタイム・リーエンの速やかな実行を求めるという価値判断であったといえよう。

（ⅲ）　不法行為リーエンとその後の契約リーエンの優劣

なお、不法行為リーエンとその後の契約リーエンの優劣については、John G Stevens 事件判決は何らの判断も示していない。この場合、便益理論、準所有者理論のいずれによっても後発の契約リーエンが優先することになるが、Glen Island 事件判決[60]では、便益理論の方がよりシンプルで適切であるとして、同理論により契約リーエンが優先するとの判断がなされた（種類による優劣が優先すると考えれば不法行為リーエンが優先することになるが、本判決は後述する航海ルールを種類による優劣に優先して適用した。両者の関係については第3節で検討する）。それと同時に、このこと（後発のリーエンが優先すること）は、「被害者が不法行為リーエンを適切に行使し、当該船舶に利益を与える将来のリーエン発生の可能性を排除する合理的な機会があった場合には特に妥当する」とも述べられており[61]、ここでも後発リーエンを優先させる根拠として、リーエン・

---

[58] *Id.* at 427.

[59] *Id.* at 425.

[60] The Glen Island, 194 F. 744 (S.D.N.Y. 1912).

ホルダーには迅速な権利実行が求められるということが重視されている。

(2) 判例法上の特別ルールによる「逆順優先ルール」の修正

前記のとおり、その根拠については必ずしも一致をみないものの、一般海事法上、マリタイム・リーエンの発生時期による優劣について、「逆順優先ルール」が原則とされることは確立している。しかし、海難救助や、船舶衝突をはじめとする海事不法行為が相次いで発生することは極めて稀であるのに対し、必要品は航海の完遂のため航海途中において相次いで供給され、次々に新しい必要品供給リーエンが発生する。このような場合に「逆順優先ルール」を字義どおりに厳格に適用すると、翌日あるいは数時間後に発生したリーエンにさえも劣後することになるため、自らのリーエンを保全するためにはリーエンが発生した（必要品を供給した）直後に当該船舶をアレストして自らの債権回収を図ることが必要となり、航海の完遂という必要品供給リーエンの目的そのものを妨げるというジレンマに陥ることになる。そこで、理論上の原則として「逆順優先ルール」を承認しつつも、一定期間内において発生したリーエンについては、これらを同時に発生したものとみなして同順位とする各種特別ルールが判例法上認められている。

① 航海ルールおよび季節ルール

このような特別ルールのうち最も古いものは、航海（Voyage）ルールである[62]。これは、航海開始時において船舶に必要品を供給した者は、その航海終了時、すなわち当該船舶をアレストすることが可能となる時まではその優先的地位を失わないとするルールである[63]。ここでは、「逆順優先ルール」の適用と航海の完遂という目的を両立させるため、リーエン・ホルダーの権利実行における勤勉さを測る一つの指標として「航海」が用いられた。

したがって、「航海」がリーエン・ホルダーの勤勉さを測る指標として適さない場合には、航海ルールは修正を余儀なくされる。季節（Season）ルー

---

[61] *Id.* at 746.

[62] The Paragon, 18 F. Cas. 1084 (D. Me. 1836)；Porter v. The Sea Witch, 19 F. Cas. 1072 (C.C. D. La. 1877).

[63] Connor, *supra* note 2. at 782.

ルは、五大湖（Great Lakes）における運送に従事する船舶について、その地
理的事情に応じた航海ルールの修正ルールとして、1880年の City of Tawas
事件判決[64]により採用された。かつて五大湖では、日ごとあるいは週ごとの
航海が頻繁に繰り返されるため、航海ルールは妥当しないものとされ、すべ
ての必要品供給リーエンはその発生時期を問わず同順位とされていた。すな
わち、「逆順優先ルール」は完全に不適用とされてきた[65]。東部ミシガン連
邦地方裁判所の Brown 判事は、「逆順優先ルール」を原則として承認しつ
つも、五大湖におけるような日ごとまたは週ごとの短い航海には適さないと
した上で[66]、五大湖では冬期の4か月間凍結により航路が閉鎖されることか
ら、この閉鎖期間を除く8か月ごとに「季節」が形成されているものとし、
それぞれの季節をもって一つの航海と解すべきであると判示した[67]。

　季節ルールはその後、J.W. Tucker 事件判決[68]等において踏襲されており、
五大湖においては確立している。また、五大湖以外でも、同様に季節をもっ
てリーエンの優劣を区切るのが適切と考えられる場合には季節ルールが採用
されている[69]。他方で、季節ルールはあくまでも五大湖における地理的事情
を理由とする特別ルールであるため、五大湖においても季節を問わず一年中
稼働している曳船については、季節ルールは適用されず、後述の暦年ルール
が適用された裁判例がある[70]。

②　40日ルールおよび90日ルール

　季節ルールと同様に、特定の地域に限定して適用される特別ルールとし
て、40日ルールおよび90日ルールがある。

　40日ルールは、1890年の The Proceeds of the Gratitude 事件判決[71]がニュ
ーヨーク港における特別ルールとして示したものである。当時のニューヨー
ク港における実務は、季節ルールが適用される以前の五大湖と同様に、必要

64　The City of Tawas, 3 F. 170 (E.D. Mich. 1880).

65　GILMORE & BLACK, *supra* note 8, at 745.

66　*The City of Tawas*, *supra* note 64, at 173.

67　*Id.*

68　The J. W. Tucker, 20 F. 129 (S.D.N.Y. 1884).

69　The Steam Dredge A., 204 F. 262 (4th Cir. 1913).

70　The John J. Freitus, 252 F. 876 (W.D.N.Y. 1918).

71　The Proceeds of The Gratitude, 42 F. 299 (S.D.N.Y. 1890).

品供給リーエンは、その発生時期を問わず按分比例による配当がなされていた。南部ニューヨーク連邦地方裁判所の Brown 判事は、日ごとまたは数時間ごとの航海を繰り返す港内曳船のケースでは、一般海事法の文言ではなく、その一般的精神ないし目的に従うべきであると述べ、航海ルールの合理的修正の必要性を説いた[72]。その上で、毎月の請求書発行のための期間（30日間）と、その支払いまたは不払いの場合における訴訟提起のための期間（10日間）を考慮し、港内曳船のケースにおいて優先権が認められる期間は40日に短縮されると判示した[73]。40日ルールはその後、1915年の The Samuel Little 事件判決[74]で第2巡回区控訴裁判所によって承認され、ニューヨーク港における事件に関しては確立したが、その期間が短すぎたためか、ニューヨーク港以外の地域において採用されることはなかった[75]。なお、「逆順優先ルール」の考え方からすれば、40日ごとの期間を設定して逆順に、すなわち、より新しい40日間の順に配当を受けると考えるのが最も論理的であるが[76]、40日ルールは上記のとおり、合理的な支払猶予期間をもとに導き出されたものであるため、アレストから遡って40日以内に発生したリーエンについてのみ優先権を認め、40日より前に発生したリーエンはすべて同順位のものとされる[77]。このことから、40日ルールは「逆順優先ルール」の実質を便益理論や準所有者理論といった理論的根拠ではなく、合理的な支払猶予期間という観点から捉えたものとみることができるであろう。

　40日ルールに類似の特別ルールとして、シアトル港およびピュージェット湾における90日ルールがある。この地域でも、かつての五大湖やニューヨーク港と同様に、必要品供給リーエンは発生時期にかかわらず同順位とされていたが[78]、1914年の Edith 事件判決[79]で西部ワシントン連邦地方裁判所の Neterer 判事は、あまりに長い優先期間を設定することはマリタイム・リー

---

[72] *Id.* at 300.

[73] *Id.* at 301.

[74] The Samuel Little, 221 F. 308 (2d Cir. 1915).

[75] GILMORE & BLACK, *supra* note 8, at 746.

[76] Willard, *supra* note 3, at 525.

[77] The Interstate No. 1, 290 F. 926 (2d Cir. 1923).

[78] GILMORE & BLACK, *supra* note 8, at 747.

[79] The Edith, 217 F. 300 (W.D. Wash. 1914).

エンが隠れたリーエンであることから望ましくないと述べて、特段の根拠を示すことなく、マリタイム・リーエンは発生後90日間に限り優先的地位を有するとの判断を示した[80]。Neterer 判事は 3 年後の The Sea Foam 事件判決[81]においても90日ルールを採用したが、シアトルとバンクーバーを行き来する船舶については適用されないとして、その地理的範囲をシアトル港およびピュージェット湾に限定している[82]。90日ルールを適用した裁判例はその後見当たらず、事実上消滅したものと考えられている[83]。

③　暦年ルールおよび12か月ルール

　上記のとおり、季節ルールや40日ルール、90日ルールは特定の地域においてのみ採用された特別ルールであった。したがって、これらの地域限定の特別ルールが適用されないケースでは、航海ルールが原則ということになるが、航海技術の発展などにより船舶の運航が 1 年を通して継続的に行われるようになると、「航海」の代わりに「年」が採用されるようになった。1903年の The Thomas Morgan 事件判決[84]は、いずれも同じ年に発生した州法上の必要品供給リーエンについて、特別の事情がない限り按分比例による配当を受けるとした。このように暦年（calendar year）をもってリーエンの優劣をつける特別ルールは、暦年ルール（calendar year rule）といわれ、その後、The Philomena 事件判決[85]、The Bethulia 事件判決[86]、In re New England Transp. 事件判決[87]などの裁判例がこれを採用している。なお、ここで暦年というのは 1 年（365日）ではなく、 1 月 1 日に始まり12月31日に終わる暦上の「年」を意味する。したがって、極端な例を挙げれば、ある年の12月31日に発生したリーエンは、翌年の 1 月 1 日に発生したリーエンに劣後することになる一方、 1 月 1 日に発生したリーエンは、同じ年の12月31日に発生したリーエンと同順位ということになる。

---

[80] *Id.* at 302.

[81] The Sea Foam, 243 F. 929 (W.D. Wash. 1917).

[82] The Morning Star, 1 F. 2 d 410 (W.D. Wash. 1924) at 411.

[83] GILMORE & BLACK, *supra* note 8, at 747 n.339.

[84] The Thomas Morgan, 123 F. 781 (D.S.C. 1903).

[85] The Philomena, 200 F. 873 (D. Mass. 1912).

[86] The Bethulia, 200 F. 876 (D. Mass. 1912).

[87] *In re* New England Transp. Co., 220 F. 203 (D. Conn. 1914).

134 第6章 マリタイム・リーエンの順位

　暦年ルールはその後さらに形を変え、リーエンが発生した時の暦年ではな
く、最初のアレストの日から遡って12か月以内に発生したリーエンは、それ
以前に発生したリーエンに優先するという12か月ルール（12 months rule）を
採用する裁判例も散見される[88]。もっとも、12か月ルールを「逆順優先ルー
ル」の修正ルールと表現することは必ずしも適切ではないかもしれない。12
か月ルールをはじめて採用した前掲 The J. R. Hardee 事件判決[89]は、最初の
アレストの日から遡って1年以上前に発生したリーエンは laches により権
利行使できない旨を明確に述べており、12か月ルールは「逆順優先ルール」
の修正というよりも、laches の法理を適用したものと評価しうるからである
（次節において後述する）。The O/S Freedom 事件判決[90]は、SMA 上の優先的
船舶抵当権が設定された船舶への対物訴訟の事案であるが、優先的船舶抵当
権設定前のリーエン（優先的マリタイム・リーエン）と優先的船舶抵当権設定後
のリーエン（劣後的マリタイム・リーエン）がいずれも存在していた。そのた
め、優先的マリタイム・リーエンと優先的船舶抵当権の関係（優先的マリタイ
ム・リーエンが優先することは明確であるが、優先的マリタイム・リーエンの権利実行を
どれくらいの期間怠ると優先的船舶抵当権との関係で laches が成立するか）と、劣後的
マリタイム・リーエン相互間の優劣の問題（リーエンの発生時期による優劣の問
題）とが生じたが、同判決は、後者について暦年ルールを採用しつつ、前者
については12か月ルールを適用した。

(3) 小　括

　当初「逆順優先ルール」の根拠とされた便益理論は、契約リーエン、殊に
必要品供給リーエンに関しては妥当しうるものの、不法行為リーエンに関し
て逆順優先とされることを到底説明できないという難点がある。他方で、準
所有者理論によれば、不法行為リーエンに限らずマリタイム・リーエン一般
について「逆順優先ルール」を説明することが可能となるが、この理論によ

---

88 Gulf Coast Marine Ways, Inc. v. The J. R. Hardee, 107 F. Supp. 379 (S.D. Tex. 1952) ; Bank of
　St. Charles & Trust Company, Inc., v. Admiral Towing Company, Inc., 1977 AMC 1864 (E.D.
　La. 1976).
89 *The J. R. Hardee, supra* note 88.
90 Patterson Shrimp Co. v. The Freedom, 211 F. Supp. 852 (S.D. Tex. 1962).

ればマリタイム・リーエンの種類による優劣が問題となる余地はなくなるはずであるにもかかわらず、実際には発生時期による優劣よりも種類による優劣が優先する（発生時期による優劣は同種のリーエン間においてのみ適用される）と一般に解されている。準所有者理論は、元来マリタイム・リーエンの追及性を認める前提として、マリタイム・リーエンが手続法上の救済ではなく、実体法上の権利であることを明確にする趣旨で述べられたものであり、これを「逆順優先ルール」の一般的根拠とみることは困難であろう。

　それでは、連邦最高裁判所が John G. Stevens 事件判決において準所有者理論を援用したことはいかに評価すべきであろうか。この点については、連邦最高裁判所はその判断の対象を船舶衝突（不法行為）リーエンとそれ以前に発生した必要品供給リーエンの優劣に限定した上で、この当時隆盛を極めた船舶の擬人化理論に大きく依拠して不法行為リーエンの優先を導き出していることから、上記判決は、「逆順優先ルール」一般の根拠として準所有者理論を採用したものではないとみるべきであろう。

　本節ではまた、「逆順優先ルール」の例外ともいうべき各種特別ルールについて検討した。これらの特別ルールは、対象となる船舶の航海形態や地理的事情によってリーエンが優先的地位を保持する期間を異にするものの、「逆順優先ルール」の厳格な適用によって航海の継続、海上取引の維持というマリタイム・リーエン本来の目的を阻害することを回避するため、リーエン・ホルダーの権利実行に対して一定の猶予期間を設定するという点で共通している。ここでは便益理論も準所有者理論も関係なく、リーエン・ホルダーは合理的な期間内に速やかに権利を実行すべきであるとの価値判断のみが考慮され、その猶予期間を経過したリーエンはすべて同順位とされており、この点において各種特別ルールによって修正された「逆順優先ルール」は、laches の法理に極めて近接してきているということができる。

　このように、マリタイム・リーエンの順位に関する「逆順優先ルール」は、当初は航海継続のため新たな信用供与を得やすくするということが主たる根拠であり、その後船舶擬人化理論が隆盛を極めるに伴い準所有者理論が唱えられるなどしたが、今日では、権利実行の遅延によって後発の同種リーエンに劣後させることで、リーエン・ホルダーに迅速な権利実行を促すため

136　第6章　マリタイム・リーエンの順位

のルールへと変容してきているとみることができるであろう。

2　SMAによる「逆順優先ルール」の修正

(1)　「早い者勝ちルール」の実質的導入

　1920年の SMA により、優先的船舶抵当権設定前の契約リーエンは優先的船舶抵当権に優先し、優先的船舶抵当権はその設定後に発生した契約リーエンに優先することとなったが、優先的船舶抵当権を抜きにした契約リーエン相互の関係においては、一般海事法の下では「逆順優先ルール」によって、より新しいリーエン、すなわち、優先的船舶抵当権設定後のリーエンが優先することになる。

　このような状態は、一見するといわば「じゃんけん」のような三竦みの状態となるが、優先的船舶抵当権設定前の契約リーエンは「優先的マリタイム・リーエン」という種類のリーエンに分類されるのに対し、優先的船舶抵当権設定後の契約リーエンは「劣後的マリタイム・リーエン」という種類のリーエンに分類されることになるため、種類による順位が発生時期の先後による順位に優先すると解する限り、何ら矛盾・抵触を生ずるものではない[91]。この点、マサチューセッツ連邦地方裁判所の Wardner 判事は、SMA の制定時に連邦議会はかかる問題を想定していなかったかもしれないが、法の文言からして、優先的船舶抵当権が設定されたときは暦年ルールは道を譲らなければならない (the calendar year rule must give way) と述べ[92]、優先的船舶抵当権の存在を介して、優先的船舶抵当権設定前に発生した契約リーエンが優先的船舶抵当権設定後に発生した契約リーエンに優先することを認めた。このように、SMA は、リーエンの発生が優先的船舶抵当権の設定の前か後かという時的要素をマリタイム・リーエンの「種類」の中に取り込み、契約リーエンに関する限り、優先的船舶抵当権の設定よりも早く発生したリーエンが設定後に発生したリーエンに優先するという「早い者勝ち」のルールを実質的に導入したものといえる。

---

[91] GILMORE & BLACK, *supra* note 8, at 756.

[92] William J. Warner v. Zizania, 1934 AMC 770, 782 (D. Mass. 1934).

(2)　マリタイム・リーエンの順位における laches の法理の適用

　マリタイム・リーエンの順位は、一般海事法の下では、一次的にはリーエンの種類によって優劣が決せられ、同じ種類のリーエン相互の優劣は「逆順優先ルール」によって決定される（ただし、航海ルール等様々な特別ルールによる修正がなされる）ものと解されてきた。このような枠組みにおいては、リーエン発生後に別のリーエンが新たに発生したとしても、それが種類を異にするものであれば、種類による優劣によって順位が決せられ、他方で同じ種類のリーエンが発生した場合には、「逆順優先ルール」により後発のリーエンが優先する（各種特別ルールの下でも少なくとも同順位とされる）。したがって、先発のリーエンの実行の遅れによって他のリーエン・ホルダーの利益が害されることはなく、リーエン・ホルダー相互の関係において laches の法理が適用される余地はなかった。しかし、前記のとおり SMA が「優先的マリタイム・リーエン」、「劣後的マリタイム・リーエン」というリーエンの種類の中に時的要素を取り込んだことにより、リーエン実行の遅延によって、その後に設定された優先的船舶抵当権や劣後的マリタイム・リーエンの利益が害されうることとなり、これらのリーエン・ホルダーとの関係において laches の法理が適用されるか否かという問題が新たに生ずることとなった。

　12か月ルールをはじめて採用した前掲 J. R. Hardee 事件判決は、優先的船舶抵当権の設定後に発生した契約リーエン（劣後的マリタイム・リーエン）により船舶がアレストされたという事案において、アレストから遡って12か月以上前に発生した優先的船舶抵当権設定前の契約リーエン（優先的マリタイム・リーエン）について laches の成立を認めた[93]。一般海事法上の「逆順優先ルール」は、リーエンの実行を怠るとその後に発生したより新しい同種のリーエンに劣後し、遅延すればするほど不利な立場に陥るルールであるから、リーエン・ホルダーの迅速な権利実行を求めるという点において laches の法理と同じ理念に基づくものである。SMA が「逆順優先ルール」を修正したため、マリタイム・リーエンの順位において laches の法理を適用する必要性がはじめて生じたものといえる。

---

[93] The J. R. Hardee, supra note 88.

138　第6章　マリタイム・リーエンの順位

このように優先的マリタイム・リーエンたる契約リーエンと劣後的マリタイム・リーエンたる契約リーエンとの関係において laches の法理の適用を認めたことにより、さらに新たな問題が生ずることとなった。具体的には、契約リーエンが発生してから間もなく優先的船舶抵当権が設定された場合、この優先的船舶抵当権設定時において laches が成立しない限り、上記契約リーエンは優先的船舶抵当権に優先する。しかし、それからしばらくの間上記契約リーエン・ホルダーが権利実行を怠り、例えば数年後に新たな契約リーエンが発生したとする。この場合、二つの契約リーエンの関係だけをみると、先発リーエンは laches により消滅する（もしくは、少なくとも「逆順優先ルール」により後発リーエンに劣後する）としてもよさそうであるが、そうすると、先発の契約リーエンが優先的船舶抵当権に優先し、優先的船舶抵当権が後発の契約リーエンに優先するという関係性との矛盾が生ずることとなる。すなわち、前掲 J.R. Hardee 事件判決のように優先的船舶抵当権設定の前後に発生した契約リーエン間において laches の法理を適用させると、結局、前述の三竦み（じゃんけん）状態に陥ることになるのである。

1955年の National Shawmut Bank v. The Winthrop 事件判決[94]は、このような場合に先発の契約リーエンに対して laches の法理の適用を認めることは、SMA の文言および精神に反するとし、優先的船舶抵当権設定時において laches が成立しなかった契約リーエンは、優先的船舶抵当権設定後に発生した契約リーエンとの関係においては、いかに権利の実行が遅くても laches は成立せず、優先的マリタイム・リーエンとしての地位が維持されることを認めた[95]。

(3)　優先的船舶抵当権に対する laches の法理の適用

前項の(2)では、優先的船舶抵当権設定前の契約リーエンに対する laches の法理の適用について検討したが、優先的船舶抵当権は、その後に発生した契約リーエンとの関係で laches の法理の適用を受けることはないのであろうか。船舶に対する抵当権は主として船舶の建造や中古船の取得のための融

---

[94] National Shawmut Bank v. The Winthrop, etc., 134 F. Supp. 370（D. Mass. 1955).

[95] *Id, a*t 373；*The Freedom, supra* note 90もこれを支持する。

資の担保として設定されるものであり、一般にその被担保債権は一括払いではなく、分割払いが予定されているといえよう。したがって、優先的船舶抵当権の設定を受けたからといって直ちにこれが実行可能となるものではなく、むしろ債務者（通常は船舶所有者）による返済金の不払いがあり、債務者が期限の利益を喪失することによってはじめて優先的船舶抵当権は実行可能となる。そのため、優先的船舶抵当権の設定から後発の契約リーエン発生までの期間がいかに長かったとしても、そのことのみを理由として laches の法理が適用されないことは明らかである。したがって、ここで問題となるのは、債務者による不払いがあり、抵当権者が優先的船舶抵当権をいつでも実行しうる状態となったにもかかわらず、迅速な権利実行を怠っている間に新たな契約リーエンが発生した場合に、laches の法理が適用されうるか否かである。

1941年の Favorite 事件判決[96]で第2巡回区控訴裁判所は、SMA には、優先的船舶抵当権者は満期日（maturity date）またはその後合理的期間内に抵当権を実行しなければならないとの要件は定められていないこと、船舶抵当権は冒険貸借とは異なり、シークレット・リーエンではないという理由から、優先的船舶抵当権に対する laches の法理の適用を否定した。しかし、この判決に対しては、当該事件において抵当権者はその後の船舶の修繕や必要品の供給によって利益を受けているところ、抵当権者が、船舶所有者が支払不能の状態にあること、また船舶の運航を継続すれば、支払不能となる修繕または必要品供給の債権を生じるであろうことを認識しながら、不払い発生後も船舶所有者による運航を継続させた場合には、laches の法理によるか、あるいは衡平法に基づく劣後（equitable subordination）によるかはともかく、後発のリーエンに対して劣後すると考える十分な根拠があるとして、疑問も呈されている[97]。

このような批判の影響か否かは不明であるが、Bank of Charles & Trust Company 事件判決[98]は、優先的船舶抵当権の実行の遅れによる後順位リー

---

[96] The Favorite, 120 F.2d 899 (2d Cir. 1941).

[97] GILMORE & BLACK, *supra* note 8, at 786.

[98] *Bank of St. Charles, supra* note 88.

140　第 6 章　マリタイム・リーエンの順位

エン・ホルダーの不利益が証明された場合には、laches の法理により優先的
船舶抵当権が消滅する余地について言及している（ただし、当該事件の結論とし
ては、そのような不利益の証明はないとされた。）。また、1988年の Nasipit Bay 事
件判決[99]は、海事裁判所においても衡平法に基づく劣後の法理が適用されう
ることに争いはないとした上で、抵当権者の行動が衡平に反すること、また
そのような行動により、後順位リーエン・ホルダーの犠牲において抵当権者
が不当に有利な地位を得たこと、さらに当該事案において衡平法上の劣後を
認めることは SMA と矛盾するものではないことを理由として、衡平法に基
づく劣後の適用を認めている[100]。

　このように現在では、優先的船舶抵当権であっても、その実行が不当に遅
延した場合には、laches の法理または衡平法上の劣後の法理により、後順位
の劣後的マリタイム・リーエンに劣後しうることが一般に認められてい
る[101]。

第 3 節　種類による優劣と発生時期による優劣の関係

　リーエンの発生時期による優劣、すなわち、「逆順優先ルール」および各
種特別ルールと、リーエンの種類による優劣との関係については、種類によ
る優劣が優先し、発生時期による優劣は同じ種類のリーエン間においてのみ
適用されるとするのが一般的な見方であるが[102]、この点を明示した連邦最高
裁判決はない。むしろマリタイム・リーエンの順位に関する直近の連邦最高
裁判決である前掲 John G. Stevens 事件判決[103]は、前記のとおりすべてのリ
ーエン・ホルダーは当該船舶の一種の準所有者であるとする準所有者理論を

---

[99] Wardley International Bank, Inc. v. Nasipit Bay Vessel, 841 F.2d 259 (9th Cir. 1988).

[100] *Id.* at 264.

[101] ただし、Key Bank of Puget Sound v. Alaskan Harvester, 738 F. Supp. 398 (W.D. Wash. 1989) は、最初の不払いから契約不履行（default）の宣言まで 6 か月のタイムラグがあった事案につき、衡平法上の劣後を認めなかった。その後も、契約不履行の宣言の遅れのみでは、衡平法上の劣後を認めるには不十分であるとされている。*See,* Dresdner Bank AG v. M/V Olympia Voyager, 463 F.3d 1233 (11th Cir. 2006); Blohm + Voss GmbH v. M/V Olympia Explorer, 2009 AMC 1059 (S.D.N.Y. 2008).

[102] *The City of Tawas, supra* note 64.

援用しているが、このような考え方によれば、同理論はその種類を問わずすべてのマリタイム・リーエンに適用されるはずであり、発生時期による優劣が種類による優劣に優先することになるとも考えられる。実際に、発生時期による優劣を優先させた裁判例もある。前掲 Glen Island 事件判決[104]や前掲 Proceeds of the Gratitude 事件判決[105]、前掲 The Sea Foam 事件判決[106]は、それぞれ航海ルール、40日ルール、90日ルールをリーエンの種類による優劣に優先して適用した。また Odysseus III 事件判決[107]も、同じく「逆順優先ルール」の修正ルールである暦年ルールをリーエンの種類による優劣に優先して適用した。これらの特別ルールは前記のとおりリーエン・ホルダーに迅速な権利実行を求めるものであるところ、そのような要請はリーエンの種類を問わず妥当するとの考えに基づくものであろう。

　しかし、John G. Stevens 事件判決は衝突リーエンとその前に発生した必要品供給リーエンとの優劣に限定した判断であることが明示されており、同判決が援用した準所有者理論を一般化すべきでないことは前記のとおりである。また異なる種類のリーエンが同時に発生することは（「同時」の幅の捉え方にもよるが）基本的にはないのであるから、発生時期による優劣が優先するとすれば、種類による優劣の出番はほぼなくなり、裁判例の蓄積によって形成されてきた一般海事法は無意味なものとなるであろう。40日ルールを採用した前掲 The Samuel Little 事件判決は、laches が成立しない限り、後順位リーエンがアレストから遡って40日以内に発生したということのみをもって、先順位リーエンが劣後することはないとする[108]。1920年の SMA が、契約リーエンをその発生時期によって優先的マリタイム・リーエンと劣後的マリタイム・リーエンに分けたのは、リーエンの順位付けにおいては、種類による優劣が一次的な判定方法であると考えられていたことを示唆するものであり[109]、少なくとも同法の制定により確立されたということができる。

---

[103] *The John G. Stevens, supra* note 50.

[104] *The Glen Island, supra* note 60.

[105] *The Proceeds of The Gratitude, supra* note 71.

[106] *The Sea Foam, supra* note 81.

[107] The Odysseus III, 77 F. Supp. 297（S.D. Fla. 1948）.

[108] *The Samuel Little, supra* note 74.

142 第6章 マリタイム・リーエンの順位

　もっとも、裁判所はリーエンの種類による優劣を一次的なものと捉える一方で、事案によっては「優先権の放棄」(waiver of priority) という概念を用いて、種類による優劣と発生時期による優劣との調整を図っている。The Morning Star 事件判決は、他のリーエンに劣後させるには、laches を構成するよりも短い期間でも足りるとして、船員給料（違約賃金）リーエンであっても、その権利実行の遅れによってその他のリーエンに劣後しうることを認めている[110]。このように、裁判所はリーエンの種類による順位付けを原則とした上で、同じ種類のリーエン間においては「逆順優先ルール」により、異なる種類のリーエン間においては laches の法理や衡平法に基づく劣後、優先権の放棄などにより、権利実行の遅れを理由とする修正を行っており、種類による優劣を発生時期による優劣が補完ないし修正する関係にあるということができる。

---

109 Connor, *supra* note 2, at 816.
110 *The Morning Star, supra* note 82 ; James W. Follette, 1934 AMC 1525 (W.D.N.Y. 1934).

第7章　マリタイム・リーエンの準拠法

　マリタイム・リーエンまたはこれに類似する海事法上の船舶に対する特別な担保権（わが国における船舶先取特権等）はほとんどの国で認められているが、その被担保債権の範囲については必ずしも一致しない。船舶は日常的に世界中を移動し、多くの国と接点を有するため、マリタイム・リーエンの存否をいずれの国の法によって判断すべきかが問題となることも少なくない。本章ではマリタイム・リーエンの準拠法について検討するが、これに先立ち、アメリカ抵触法の基礎理論およびその変遷について確認することは必要不可欠である[1]。マリタイム・リーエンの範囲や順位などの問題に関する解釈の変化や議会による立法が時代の変化に対応しているのと同様に、抵触法理論に関しても、特に20世紀半ばから後半にかけて「アメリカ抵触法革命」といわれる大転換期を迎えたが、以下にみるとおり、この抵触法理論の変遷がマリタイム・リーエンの準拠法に関する裁判所の判断にも大きな影響を及ぼしていると考えられるからである。

第1節　アメリカ抵触法の基礎理論

1　伝統的理論における法選択ルール

　アメリカではじめて国際私法に関する体系的理論を構築したのは、1831年の Nestor 事件判決においてマリタイム・リーエンなる概念を生み出したストウリ判事であった。ストウリは1834年、ヨーロッパの学説、特にフーベル（Ulrich Huber）などのオランダ学派の学説を参考にして『抵触法に関する注

---

[1] 本章におけるアメリカ抵触法の基礎理論に関する記述に関しては、注において引用する文献・論文のほか、木棚照一編著『国際私法』23頁以下（成文堂、2016）、ウィリアム・M・リッチマン＝ウィリアム・M・レイノルズ著（松岡博ほか訳）『アメリカ抵触法（下巻）—法選択・外国判決編—』32頁以下（雄松堂、2011）を参照した。

釈』(Commentaries on the Conflict of Laws) を著した。ストウリの抵触法理論は、各国の法は自国の主権が及ぶ範囲内においてのみ拘束力を有するものであるから、各国裁判所は外国法を適用すべき法的義務を負うものではないが、礼譲(Comity) に基づき、自国の政策および利益に反しない限りにおいて外国法が適用されうるとするものであった。つまり、ストウリの理論においては、各国の主権は相互に不可侵であるとの国際法の原則の下、外国法の適用はあくまでも裁判所の裁量によるものとされていた。

　これに対し、イギリスのダイシー(Albert Venn Dicey) は、各国法はその内国においてのみ適用されるという属地主義を前提とした上で、外国法の適用は当該外国法の下で取得された権利(acquired rights) を内国において強行することであるとの既得権理論(acquired rights theory) を提示した。この既得権理論はその後アメリカの学説へと継受され、ビール(Joseph H. Beale) は既得権理論 (vested rights theory) に基づく体系的な抵触法理論の構築を試みた。ビールの理論によれば、裁判所は争いの対象となる訴訟原因がどの国において付与されたかを確定しなければならないが、その際、当該権利の成立のために必要な最後の事実(last event) がどこで発生したかが重要とされた。なぜなら、法的権利はその成立要件がすべて整った時および場所において、当該国の法によって付与されると考えられたためである。ストウリの『抵触法に関する注釈』の刊行から100年後の1934年、ビールを報告者とする抵触法第1リステイトメント (Restatement of the Conflict of Laws) が公刊された。ここではビールの属地主義および既得権理論に基づく法選択原則が採用され、権利の成立に必要な最後の事実が発生した法域の法が当該権利を付与するとの考えから、契約の有効性については契約締結地(place of contracting) の法が (332条)、不法行為については主として不法行為地(place of wrong) の法が (378条以下) それぞれ適用されるとされ、また船舶衝突に関しては、領海内の衝突の場合は当該衝突が発生した地の法 (409条) が、公海上の衝突の場合は船籍国法または法廷地法がそれぞれ適用されるものとされていた (410条)。このような抵触法第1リステイトメントの属地主義的な法選択ルールは、結果の確実性や当事者の予見可能性、準拠法の判断における裁判所の負担軽減などの点において優位性を有していた[2]。

抵触法第 1 リステイトメントのもう一つの特徴は、当事者自治（Party Autonomy）の完全なる否認であった。ビールは、契約の有効性に関する準拠法の選択権限を当事者に認めることは、当事者に立法行為を認めるものであるから論理的に問題があり、また当事者の合意による法選択を行ったとしても、実際に当該契約にかかる争訟がどの裁判所に係属し、当事者の意思について当該裁判所がいかなる判断をするかが明らかでない以上、実行に適さない（impracticable）として、当事者自治を徹底的に否認した[3]。そのため、抵触法第 1 リステイトメントでは当事者の合意による法選択に関する規定は一切設けられることなく、契約に関する準拠法は主として契約締結地法または履行地法とされていた。

2 「最重要関係地」アプローチと当事者自治の承認

伝統的理論に基づく第 1 リステイトメントでは、「契約」、「不法行為」といった法性決定の後、それぞれの権利の成立のために必要な最後の事実が発生した地の法が適用されるものとされていたが、契約締結地、不法行為地などは必ずしも一義的に確定しえないことに加え、州際的または国際的活動が飛躍的に増加するに伴い、このような法選択ルールの機械的な適用では必ずしも妥当な結論を導くことはできないとの認識が広まっていった。ケイヴァース（David F. Cavers）はかかる問題意識から、1934 年に発表された論文において、伝統的抵触法理論（属地主義理論や既得権理論）は法選択規則ではなく、法域選択規則（jurisdiction-selecting rule）であると痛烈に批判し、個別的事案における正義の実現のためには、適用されるべき実質法の内容やその法適用の結果について検討し、当該事案について最も妥当な結果をもたらす実質法を適用すべきであると主張した[4]。

このような革新的論説を契機として、ビールの既得権理論に基づく伝統的な抵触法理論から脱却し、当該事案において最も妥当な結果をもたらす準拠

---

2 Willis L. Reese, *Choice of Law : Rules or Approach*, 57 Cornell Law Review 315（1971-1972）at 316-17.

3 JOSEPH. H. BEALE, A TREATISE ON THE CONFLICT OF LAWS, vol. 2 § 332.2

4 David F. Cavers, *A Critique of the Choice-of-Law Problem*, 27 Harv. L. Rev. 173（1933）.

法を導き出すための新たな理論を打ち立てようとする試みが20世紀半ばに活発となり、1971年、それらの革新的理論を取り入れた抵触法リステイトメントの改訂版が公刊された（抵触法第1リステイトメントに代表される伝統的抵触法理論から革新的理論への転換は、一般に「アメリカ抵触法革命」といわれている）。前記のとおり、第1リステイトメントでは、「契約締結地」や「不法行為地」といった連結素の確定によって適用されるべき法が一義的に決定されるという硬直的な「ルール」が定められていたのに対し、リース（Willis L. Reese）を報告者とする抵触法第2リステイトメントでは、裁判所による準拠法の決定に際しては利害関係を有するすべての邦の関連する法目的をも考慮すべきであるとの認識に基づき、法選択に関して制定法による指示がない限り、同リステイトメントが具体的に列挙する要素（6条2項）を考慮して準拠法を決定すべきであるとする法選択原則（Choice-of-Law Principles）が定められた。このような規定は抵触法第1リステイトメントにはなかったものである。抵触法第1リステイトメントには確実性、予見可能性、裁判所の負担軽減といった利点があったが、それらは個々の事案における結果の妥当性を犠牲にして得られたものであった。上記法選択原則は、第2リステイトメントが結果の妥当性を追い求め、その主たる法選択方法論を、「ルール」から「アプローチ」へと大きく転換させたことを示すものといえる。

　抵触法第2リステイトメントのもう一つの特徴は、第1リステイトメントにおいて完全に否認されていた当事者自治について、積極的な承認へとその態度を大きく転換したことである。第2リステイトメントでは、契約の準拠法に関して一定の制限の下で契約当事者に準拠法選択の権限を認め（187条）、有効な法選択がなかった場合にのみ、同6条に定める法選択原則に従って当該取引および当事者に最も重要な関係を有する地の法が適用されるものとされた（188条）。第2リステイトメントで当事者自治の原則が採用された理由についてリースは、契約法の主目的は当事者の正当な期待を保護することにあるところ、「この目的は、多州間取引においては、契約の有効性およびそれにより生ずる権利の準拠法を当事者に選択させることにより最もよく確保されうる」と説明する[5]。また、当事者による法選択を認めることは当事者に立法権限を認めるに等しいとの批判に対しては、「当事者が選択

した法が適用されるのは、その当事者が立法者であるからではなく、たんに
これが法廷地の抵触法規則上要求された結果であるからにすぎない」と反論
している[6]。

3　海事裁判所における抵触法革命の影響

　第1リステイトメントでは既得権理論に基づき、紛争類型に応じて設定さ
れた単一の連結素（最後の事実）がいずれの国で発生したかが主として問わ
れ、それによって適用すべき法が導き出されるというルールが採用されてい
たが、20世紀前半までは海事裁判所においてもこのような準拠法確定基準が
一般的であった。しかし、前述した抵触法革命は海事法の分野においても顕
著な影響を及ぼし、20世紀後半以降、連邦最高裁判所は、複数の連結素を総
合的に考慮して準拠法を確定するというアプローチを原則とするとともに、
当事者自治を積極的に承認する立場を明らかにした。

(1)　Lauritzen 事件判決による最重要関係地テストの確立

　1920年に制定された商船法（Merchant Marine Act 1920、以下通称に倣い「ジョ
ーンズ法」という）が船員の人身損害に対する救済を拡大したことを契機とし
て、外国船の船員が外国の船主（雇用者）に対して、アメリカ国内で負傷し
たこと、またはアメリカ国内で乗船勤務を開始したことなどを理由に、ジョ
ーンズ法に基づく対人訴訟を提起する事例が急増した。そのため、船員はい
かなる場合であればジョーンズ法の救済を受けることができるのか、その判
断基準を示すことが求められることとなり、連邦最高裁判所は、1953年の
Lauritzen 事件判決において、海事法における準拠法の確定は同判決が提示
した7つの連結素の重要性を比較して行うべきとの判断を示した。

　　[判例14] Lauritzen v. Larsen 事件判決[7]（連邦最高裁判所）
　デンマーク法人が所有するデンマーク船籍の船舶が一時的にニューヨーク

5　Restatement (Second) of Conflict of Laws, § 187, cmt.e.

6　*Id.*

7　Lauritzen v. Larsen, 345 U.S. 571 (1953).

に停泊していた際、デンマーク人船員が乗船勤務を開始した（船舶所有者との雇用契約の準拠法はデンマーク法であった）。当該船員は、本船がハバナ港に停泊中、自らの過失により負傷した。船員は南部ニューヨーク連邦地方裁判所で船舶所有者に対して対人訴訟を提起し、陪審裁判を要求した。裁判所はこれを認め、陪審員は船舶所有者に対し4,267.50ドルの支払いを命じる評決を下した。船舶所有者により控訴されたが、第2巡回区控訴裁判所もこれを認容したため、船舶所有者が裁量上訴の申立てを行った。連邦最高裁判所はこの申立てを受理した上で、海事法における準拠法の確定は海上取引と国益の連結素の重要性を比較して判断すべきであるとし[8]、一般的な連結素として以下の7つを提示した[9]。

①不法行為地
②船籍国
③被害者が帰属または居住する地
④船舶所有者が帰属する地
⑤契約地
⑥外国裁判所の利用可能性
⑦法廷地

連邦最高裁判所は、上記連結点を検討すれば、圧倒的にデンマーク法が優勢であるとして、当該船員の船舶所有者に対する損害賠償請求についてはデンマーク法が適用され、ジョーンズ法は適用されないと判断し、上記控訴裁判所の判決を取り消し、事件を連邦地方裁判所に差し戻した。

Lauritzen事件はジョーンズ法の適用が問題となった事案であるが、上記の基準（以下「Lauritzen基準」という）はジョーンズ法の適用に限定されたものではなく、広く海事法における準拠法確定基準として提示された。このことは、1959年のRomero事件判決[10]および1970年のHellenic Lines事件判決[11]においても確認され、さらにこの2つの判決において連邦最高裁判所は、Lauritzen事件判決が示した7つの連結素は絶対的なものではなく、事案に応じた修正がなされるべきことを明らかにした。これら一連の連邦最高裁判所判

---

[8] *Id.* at 582.

[9] *Id.* at 583.

[10] Romero v. International Terminal Operating Co., 358 U.S. 354 (1959).

[11] Hellenic Lines, Ltd. v. Rhoditis, 398 U.S. 306 (1970).

決により、海事法における準拠法の確定は、Lauritzen 事件判決が示した連結素を参考として、当該事案において最も重要な関係を有する国がいずれの国であるかによって決するとの基準（最重要関係地テスト）が確立した。

(2) Bremen 事件判決による当事者自治の積極的承認

アメリカの裁判所は、連邦裁判所、州裁判所を問わず、伝統的に当事者による裁判管轄の合意に対して否定的な立場をとっており、専属裁判管轄合意は「公序（public policy）に反する」または「本来の管轄裁判所の管轄権を排除する」ものとして無効とされることが多かった[12]。海事裁判所も例外ではなく、船荷証券や傭船契約、海上保険契約における裁判管轄合意を無効とする裁判例は少なくなかった[13]。このように当事者の合意を重視しない傾向は、前記のとおり準拠法の合意についても同様にみられ、当事者による準拠法合意は尊重されるとしながらも、公序に反するものとして無効とされることも少なくなかった[14]。しかし、1972年の Bremen 事件判決で連邦最高裁判所は、当事者の自由意思の下でなされた裁判管轄合意は特段の事情がない限り尊重されるべきであると判示し、管轄合意の尊重へとその立場を大きく転換させた。

[判例15] Bremen v. Zapata 事件判決[15]（連邦最高裁判所）

アメリカの掘削業者がドイツの曳航業者に対し、ルイジアナからイタリアまで掘削リグの曳航を依頼した。曳航開始後間もなく、メキシコ湾の公海上で荒天に遭遇し、掘削リグの脚が破損し、海中に没したため、掘削業者は曳航業者に対し、損傷したリグを最寄りの避難港であるタンパまで曳航するよう指示した。曳船がタンパまでの曳航を終えると、掘削業者はタンパの連邦

---

[12] Mark S. Davis & Jonathan T. Tan, *To Port or Starboard - Why the Supreme Court Might Provide Direction to Those Navigating Choice-of-Law Questions in Maritime-Lien Cases : The 2015 Nicholas J. Healy Lecture*, 46 J. Mar. L. & Com. 395, 400 (2015).

[13] Prince Steam-Shipping Co. v. Lehman, 39 F. 704 (S.D.N.Y. 1889) ; Slocum v. Western Assurance Co., 42 F. 235 (S.D.N.Y. 1890) ; Gough v. Hamburg Amerikanische Packetfahrt Aktiengesellschaft, 158 F. 174 (S.D.N.Y. 1907) ; Kuhnhold v. Compagnie Generale Transatlantique, 251 F. 387 (S.D.N.Y. 1918).

[14] The Kensington, 183 U. S. 263 (1902).

[15] The Bremen v. Zapata Off-Shore Co., 407 U.S. 1 (1972).

150　第7章　マリタイム・リーエンの準拠法

地方裁判所において曳航業者に対する対人訴訟および曳船に対する対物訴訟
を提起した。曳航業者は曳航契約中のイギリスの裁判所の管轄合意を主張し
て却下を求めるとともに、イギリスの裁判所で曳航契約違反を理由とする損
害賠償を求める訴えを提起したが、裁判所が管轄の有無についての判断を示
さない間にアメリカにおける船主責任制限手続の申立期限である6か月が経
過しようとしていたため、6か月を経過する直前になって曳航業者はさらに
アメリカで責任制限手続の申立てを行った。

　その後、連邦地方裁判所は、曳航業者による訴え却下の申立てを棄却し、
またイギリスの裁判所の判断が出るまで責任制限手続の停止を求める曳航業
者の申立てを棄却した。これに対して曳航業者が控訴したが、第5巡回区控
訴裁判所は、事故発生地であるアメリカとの近接性、潜在的証人の居住地や
出港準備がなされた地がアメリカであること、他方で曳船乗組員の証人尋問
は証言録取（deposition）によっても可能であることや、イングランドは管轄
合意があるという以上に本件紛争とのつながりがないことを理由に、連邦地
方裁判所の判断を支持した。

　これに対し、連邦最高裁判所は、自由な交渉の末になされた国際的な合意
は、詐欺や不当な圧力、一方的な力関係の下でなされたものでない限り、最
大限の効果が与えられるべきであると判示し[16]、原判決を取り消した。連邦最
高裁判所は、その理由として、ビジネスマンは通常自国での紛争解決を望む
が、それが受け入れられなかった場合には、当該案件について専門的知見を
有する中立の第三国での裁判を望むものであり、このような管轄合意は経験
豊かで洗練されたビジネスマン同士の対等な交渉の末になされることから、
これに反するやむを得ない理由がない限り尊重され、承認されるべきである
と述べる[17]。また、本件のように多数の国を通過することが予定された航海に
おいて、メキシコ湾で事故が発生し、緊急避難としてタンパへ曳航されたこ
とは偶然にすぎないとした上で、たまたま事故が発生した国において訴訟提
起が可能であるとした場合に生じうる不確実性を解消するためには、両当事
者にとって許容できる裁判管轄地について予め合意することは、国際的な取
引や契約締結において不可欠の要素であると指摘する[18]。

　Bremen 事件判決は管轄合意の有効性に関するものであったが、連邦最高
裁判所による当事者自治の積極的承認への転換は、当事者による準拠法合意

---

[16] *Id*. at 12.

[17] *Id*.

[18] *Id*. at 13.

の有効性についても大きな影響を与えることとなった。同判決では、管轄合意を尊重すべき理由の一つとして、前年（1971年）に発表された抵触法第2リステイトメントが引用されており[19]、連邦最高裁判所は第2リステイトメント187条に象徴される当事者自治を積極的に承認したものとみることができる。連邦最高裁判所はBremen事件判決の2年後のScherk事件判決[20]において、準拠法選択条項を含む仲裁条項の有効性を承認しており、準拠法の合意と裁判管轄（または仲裁）の合意とを特に区別せず、いずれについても当事者の意思を尊重する立場を明らかにしている。

第2節　抵触法革命後のマリタイム・リーエンの準拠法

　前節ではアメリカ抵触法理論の変遷および海事裁判所に及ぼした影響について確認したが、本節では、マリタイム・リーエンの成立に関する準拠法について検討する。前記のとおり、抵触法第1リステイトメントに代表される伝統的理論では単一の連結素から準拠法を導き出すという法選択ルールが採用されていた。そのため、必要品供給債権にかかるマリタイム・リーエンの準拠法については、対象船舶がアメリカ船籍である場合[21]または必要品の供給地がアメリカ国内であった場合[22]にはアメリカ法が適用され、船籍国も供給地も外国である場合、すなわち、外国船が外国の港で必要品の供給を受け、その後アメリカで対物訴訟が提起された場合には、供給地の法を適用した裁判例[23]と船籍国法を適用した裁判例[24]に分かれていた。これらの裁判例にみるように、伝統的理論が支配的であった時代には、マリタイム・リーエンの準拠法の判断においてはもっぱら供給地または船籍国のみが考慮されていたといえる。なお、マリタイム・リーエンの成立に関して連邦最高裁判所

---

[19] *Id.* at 11.

[20] Scherk v. Alberto-Culver Co., 417 U.S. 506 (1974).

[21] The Fortitude, 9 F. Cas. 479 (C.C. D. Mass. 1838) ; Emily Souder, 84 U.S. 666 (1873), The Snetind, 276 F. 139 (D. Me. 1921).

[22] The Scotia, 35 F. 907 (S.D.N.Y. 1888).

[23] The Infanta, 13 F. Cas. 37 (S.D.N.Y. 1848) ; The Kaiser Wilhelm II, 230 F. 717 (D.N.J. 1916) ; The Woudrichem, 278 F. 568 (E.D.N.Y. 1921).

[24] The Woodland, 30 F. Cas. 501 (S.D.N.Y. 1878).

はいまだ統一的な確定基準を示していない[25]。

1　FMLA の改正による準拠法に関する紛争の増加

　1910年の FMLA の下では、必要品の供給地において船舶の管理を委託された者は、船舶所有者を代理して必要品の調達を行う権限を授与されたものと推定され（§972）、定期傭船者はここにいう「船舶の管理を委託された者」に該当するものと解されていた[26]。しかし同時に、必要品の供給者が、傭船契約の条件等によって注文者に船舶を拘束する権限がないことを知っていたか、または合理的な注意を尽くせば知りえたときには、上記代理権の推定は生じない旨が規定されていた（§973）。この規定により、必要品供給者には、船舶所有者・注文者間の傭船契約の有無およびその内容について調査義務があるものとされ、その結果、船舶所有者は「傭船者は本船に対するリーエンを発生させてはならない」とするリーエン禁止条項を傭船契約に設けることにより、事実上、傭船者が調達した必要品（燃料油等）に関してマリタイム・リーエンの発生を防止することが可能であった[27]。船舶所有者に代わり定期傭船者が船舶の運航主体となることが一般的になり、必要品の主たる注文者が船舶所有者から定期傭船者へと移行していく中で、このようなリーエン禁止条項の有効性が広く認められていたため、当時のアメリカ法の下では必要品供給に関してマリタイム・リーエンが成立する余地は限定的であった。

　このような状況に対する批判を受け、連邦議会は1971年、必要品供給者（materialman）保護の目的で FMLA を改正し、注文者の代理権限の有無に関する調査義務の規定を削除した。これにより、注文者である傭船者に代理権限がない（傭船契約において傭船者によるリーエンの発生が禁止されている）ことを

---

[25] *Emily Souder, supra* note 21はブラジル国内で必要品の供給（修理等のための前渡金の支払い）がなされた事案につき船籍国法であるアメリカ法を適用した連邦最高裁判決であるが、当該事件ではマリタイム・リーエンの準拠法の問題は提起されておらず、最高裁判所がマリタイム・リーエンの成立の準拠法について判断を示したということはできない。

[26] Dampskibsselskabet Dannebrog v. Signal Oil & Gas Co., 310 U.S. 268, 280 (1940).

[27] United States v. Carver, 260 U.S. 482 (1923); GRANT GILMORE & CHARLES L. BLACK, THE LAW OF ADMIRALTY, 669 (2d ed. 1975).

第2節　抵触法革命後のマリタイム・リーエンの準拠法　153

必要品供給者が現実に知っていた場合でない限り、傭船者は船舶所有者を代理する権限を有するものと推定されることとなった[28]。そのため、傭船者が必要品の調達を行った場合に船舶に対するマリタイム・リーエンの成立を主張する余地は拡大し、それに伴い、マリタイム・リーエンの準拠法が問題となる事例も多くなった。

2　Lauritzen 基準（最重要関係地テスト）の定着

折しも、連邦最高裁判所が海事法における準拠法確定基準として Lauritzen 基準（最重要関係地テスト）を確立した時期であったこともあり、1970年代から1980年代中頃にかけては、以下の判例16から18のとおり、マリタイム・リーエンの成立について Lauritzen 事件判決に従って最重要関係地の法によって判断するとした判決が複数の巡回区控訴裁判所で相次いだ。

[判例16] Rainbow Line, Inc. v. Tequila 事件判決[29]（第2巡回区控訴裁判所）

イギリス船籍の船舶についてニューヨーク・プロデュース・フォームによる6か月の定期傭船契約が締結され、その後傭船期間はさらに6か月延長されたが、船主が傭船期間中に不当に船舶の引揚げ（withdrawal）を行った。船主・傭船者間の仲裁の結果、船主に対して17,849.12ドルの支払いを命じる仲裁判断がなされた。船主による不当引揚げから約4か月後、本船は船主の兄弟会社（親会社を共通にするグループ会社）に売却されたが、その際本船を担保に180,000ドルの貸付がなされ、本船に第一順位の優先的船舶抵当権（preferred ship mortgage）が設定されたが、2か月も経過しないうちに返済金の不払いが生じた。

本船は、その後別の債権者によりアレストされ、162,000ドルで競売された。この競落代金に対して様々なリーエン・ホルダーが配当参加したが、配当金額を巡って定期傭船者の前記損害賠償請求権についてマリタイム・リーエンが成立するか否かが問題となった。仮にマリタイム・リーエンが成立すれば、優先的船舶抵当権の設定前に発生したマリタイム・リーエンであるため、優先的マリタイム・リーエン（preferred maritime lien）として優先的船舶抵当権に優先することになる一方、マリタイム・リーエンが成立しないとすれば、

---

[28] 46 U.S.C. § 31341.
[29] Rainbow Line, Inc. v. M/V Tequila, 480 F.2d 1024（2d Cir. 1973）.

154 第7章 マリタイム・リーエンの準拠法

上記優先的船舶抵当権が優先し、定期傭船者は全く配当を受けられないという状況であった。アメリカ法ではこのような傭船契約の不履行に基づく損害賠償請求権に対してもマリタイム・リーエンが認められるのに対し、本船の船籍国法であるイギリス法ではマリタイム・リーエンが認められていないため、マリタイム・リーエンの成否をどの国の法によって判断すべきか、準拠法の問題が生じた。

船主は船籍国法であるイギリス法の適用を主張したのに対し、傭船者は傭船契約の準拠法であるアメリカ法の適用を主張したが、第2巡回区控訴裁判所は、マリタイム・リーエンは当事者の合意とは無関係に、かつ独立して発生するものであり、契約当事者の意思によって第三者の権利が左右されるべきでないとして、傭船契約の準拠法によるべきとの傭船者の主張を排斥した[30]。他方で、だからといって直ちに船籍国法によって決せられるものでもないとして[31]、Lauritzen 事件判決および Romero 事件判決を引用の上、最重要関係地テストによる検討を行った。裁判所は、イギリスとの接点は傭船契約の不履行が生じた時点においてイギリス船籍であったことのみであること、実質的な船舶所有者（本船の登録船主の親会社）がアメリカ法人であることを重視し、アメリカ法を適用した。

[判例17] Gulf Trading v. Hoegh Shield 事件判決[32]（第5巡回区控訴裁判所）

ノルウェー法人の所有するノルウェー船籍の船舶が定期傭船に出され、定期傭船者と契約を締結したアメリカの供給業者により、パナマ運河地区（アメリカ合衆国の裁判管轄下）において本船へ燃料油が供給されたが、定期傭船者は代金を支払わずに倒産した。そこで、本船がテキサスに入港した際、燃料油供給業者により本船に対する対物訴訟が提起された（実際にはアレスト令状が執行される前に、船主と燃料油供給業者とで担保提供に関する合意が成立したため、アレストはなされずに担保金を対象として対物訴訟が提起された）。燃料油供給契約の締結地および交渉地はイギリスであったが、準拠法に関する合意はなかった。

第5巡回区控訴裁判所はまず、海事法における準拠法の決定は、事案による修正の余地はあるものの、基本的には Lauritzen 事件判決が示した最重要関係地テストが妥当するとした。次に、マリタイム・リーエンは当事者の合意ではなく、法の作用によって発生するものであるから、燃料油供給契約の

---

[30] *Id.* at 1026.

[31] *Id.*

[32] Gulf Trading & Transp. Co. v. Vessel Hoegh Shield, 658 F.2d 363 (5th Cir. 1981).

第2節　抵触法革命後のマリタイム・リーエンの準拠法　155

準拠法とマリタイム・リーエンの成否とを区別しなければならないと指摘し[33]、抵触法第2リステイトメントの法選択原則（6条）を引用した[34]。その上で、①FMLAの意図は、アメリカの供給業者がアメリカ国内で外国船舶に必要品を供給した場合にマリタイム・リーエンの保護を与えることにあること、②そのような場合にアメリカの供給業者にマリタイム・リーエンの保護が与えられることは正当な期待であること（アメリカ法以外の準拠法を指定することはありうるが、本件ではそのような当事者の意図は示されていない）、③契約がイギリスで締結されたとしても、アメリカ国内で非イギリス船（本件ではノルウェー籍船）に燃料を供給したアメリカの供給業者を保護することについて、イギリスがアメリカと同等の利益を有するとはいえないことを理由として、アメリカ法（FMLA）の適用を認めた[35]。

［判例18］Gulf Trading v. Tento 事件判決[36]（第9巡回区控訴裁判所）

ノルウェー法人の所有するノルウェー船籍の船舶が定期傭船、さらに再傭船に出された（傭船者、再傭船者ともにニューヨークで営業している）。アメリカからスエズ運河へ向かう航海途中に、アメリカ法人の Gulf Trading（原告）によりイタリアで燃料油の供給がなされた。また、アメリカ法人の Permal（原告）により本船がスエズ運河を通航した際の通航料の立替がなされたが、いずれも再傭船者による支払いがなされなかったため、カリフォルニアのドックに上架中に本船がアレストされ、対物訴訟が提起された（本船はその後担保金の提供により解放された）。

船主は、予見可能性の点などから、マリタイム・リーエンの成否は必要品の供給地（イタリア、エジプト）の法のみによって判断されるべきであると主張したが、連邦地方裁判所、第9巡回区控訴裁判所ともに、アメリカ法（FMLA）を適用し、マリタイム・リーエンの成立を認めた。判決において第9巡回区控訴裁判所は、Lauritzen 事件判決、Hellenic Lines 事件判決、Romero 事件判決を引用するとともに、第2巡回区控訴裁判所の Tequila 事件判決（判例16）を引用し、船主が主張するような、単一の連結素によって準拠法を確定するという単一連結素アプローチ（single point approach）の主張を排斥した[37]。

---

[33] *Id.* at 366.

[34] *Id.* at 367.

[35] *Id.* at 367-68.

[36] Gulf Trading & Transp. Co. v. The M/V Tento, 694 F.2d 1191 (9th Cir. 1982).

[37] *Id.* at 1193.

156　第7章　マリタイム・リーエンの準拠法

　以上の裁判例により、マリタイム・リーエンの成否を船籍国や供給地といった単一の連結素のみによって判断するという、かつて一般的であった準拠法確定基準に代わって、最重要関係地テストによって準拠法を確定するという判断基準が定着した。いずれの事案においても、契約の準拠法を当事者間で予め合意するというのがまだあまり一般的ではなかったためか、準拠法について特段の合意はなく、また、契約締結地は準拠法の確定における一つの要素としては考えられていたものの、あまり重視されてはいなかった。上記裁判例ではむしろ、供給業者や船舶所有者または実質的所有者の国籍といった、属人的要素が重視されていたといえる。ただし、判例17では、アメリカの供給業者がアメリカ国内で必要品を供給した場合であっても、契約当事者が合意によりアメリカ法以外の準拠法を指定した場合は、アメリカ法の適用を排除する意図であったと認めうることが示唆されている[38]。

3　必要品供給契約の準拠法によるとする裁判例

(1)　権利放棄 (waiver) によるマリタイム・リーエンの否定

　1985年ころから2000年ころにかけては、マリタイム・リーエンの成立について最重要関係地テストによらずに、必要品供給契約の準拠法によって判断する裁判例がほとんどであった。巡回区控訴裁判所の裁判例でいえば、1987年の Mexico I 事件判決[39]（第5巡回区控訴裁判所）、1992年の Camila 事件判決[40]（第11巡回区控訴裁判所）のほか、以下に紹介する Sembawang Shipyard 事件判決（第5巡回区控訴裁判所）が、いずれもマリタイム・リーエンの成立に関して必要品供給契約の準拠法を適用している。

　　　　[判例19] Sembawang Shipyard 事件判決[41]（第5巡回区控訴裁判所）
　　シンガポール法人である修繕業者が、シンガポールのドックでリベリア法人の所有するリベリア船籍の船舶の修繕を行ったが、船舶所有者は修繕代金の分割払いを怠った。そこで、修繕業者は本船がルイジアナに寄港した際、

38　*The Hoegh Shield, supra* note 32, at 368.
39　Perez & Compania (Cataluna), S.A. v. M/V Mexico I, 826 F.2d 1449 (5th Cir. 1987).
40　Trinidad Foundry & Fabricating, Ltd. v. M/V K.A.S. Camilla, 966 F.2d 613 (11th Cir. 1992).
41　Sembawang Shipyard, Ltd. v. Charger, Inc., 955 F.2d 983 (5th Cir. 1992).

第2節　抵触法革命後のマリタイム・リーエンの準拠法　　157

マリタイム・リーエンを主張して同船をアレストした（その後船舶所有者の担
保提供により本船は解放された）。上記修繕契約では、シンガポール法を準拠法
とする旨の準拠法合意、および本契約から生ずるすべての紛争の解決はシン
ガポールにおける仲裁によるとする仲裁合意がなされていた。

　第5巡回区控訴裁判所は、自由な交渉の末になされた国際的な合意は特段
の事情がない限り最大限の効果が与えられるべきであるとする Bremen 事件
判決を引用の上、本件修繕契約では、対人訴訟と対物訴訟を区別することな
く、すべての紛争はシンガポール法によって規律されることが定められてい
ることから、船舶所有者への対人責任の追及のみならず、本船に対する対物
責任の追及についてもシンガポール法が適用されるとして、マリタイム・リ
ーエンの成立を否定した[42]。また裁判所は、Bremen 事件判決は管轄合意に関
するものであり、準拠法指定条項が問題となる本件には適用がないとする修
繕業者の主張に対し、準拠法指定の合意と管轄合意の違いは問題とならない
と判示した[43]。さらに裁判所は、本判決における準拠法の判断はマリタイム・
リーエンの発生（creation of a maritime lien）に適用されるものであって、「特
定の海事請求のための補足規則」（Supplemental Rules for Certain Admiralty and
Maritime Claims）の規則Bによるアタッチメントの権利を奪うものではない
とも述べている[44]。

　この判決は以下の3つの点において非常に重要である。1つ目は、Bremen
事件判決の判示は管轄合意だけでなく準拠法の合意についても等しく妥当す
ると判断したことである。前記のとおり、海事法における準拠法の確定は
Lauritzen 事件判決が示した最重要関係地テストによる検討が基本とされた
が、本判決は、当事者の合意による準拠法指定があるときは、これが重視さ
れるべきことをおそらくはじめて示した裁判例である。2つ目は、マリタイ
ム・リーエンの発生（creation of a maritime lien）についても当事者による合意
の余地を認めたことである。対人訴訟と対物訴訟が別個独立の手続であるこ
とは、マリタイム・リーエン概念が形成された当初（19世紀半ば）からもちろ
ん認識されていたが、マリタイム・リーエンの発生についての準拠法を当事
者[45]が合意するという発想自体がそれまではなかったのではないかと思われ

---

[42] *Id.* at 986.

[43] *Id.*

[44] *Id.*

158 第7章 マリタイム・リーエンの準拠法

る。3つ目は、本判決が、対人責任と対物責任とを区別する明確な文言がない限りは、必要品供給契約の準拠法がマリタイム・リーエンの成立（対物責任の有無）をも規律するとの考え方を示した点である。この3つ目の判示は、その後の下級審裁判例でも広く支持されることとなったが、それに対抗すべく自らの標準約款を改訂する必要品供給業者が現れ、それがさらに新たな判例の展開を生むこととなった（第3節において詳述する）ことから、一つの大きな転換点となった裁判例といえるであろう。

連邦地方裁判所の裁判例においても、この時期においては、Leah 事件判決[46]、Ocean Confidence 事件判決[47]、Norman Spirit 事件判決[48]、Tyson Lykes 事件判決[49]、Dexterity 事件判決[50]、Marylou Ⅱ 事件判決[51]、Lia 事件判決[52]、Nor Atlantic 事件判決[53]、Madredeus Shipping 事件判決[54]など、必要品供給契約の準拠法を適用した判例が圧倒的多数であった。

上記裁判例で注目すべきは、これら一連の裁判例はすべてアメリカ法ではない外国法が契約準拠法であることを理由にマリタイム・リーエンの成立を否定したものであり、逆に契約準拠法がアメリカ法であることを根拠としてマリタイム・リーエンを認めた裁判例は一つもないということである。マリタイム・リーエンは当事者の合意によって創設することはできないが、自らの意思により権利放棄（waiver）することは一向に差し支えない。アメリカ以外の国では必要品供給債権にマリタイム・リーエンを認めない法制が圧倒的多数であるが、そのような外国法の下で必要品供給契約を締結した供給業

---

45 対物責任の主体は「船舶」そのものであり、自ら意思表示を行うことは不可能であるから、ここでいう「当事者」とは何を意味するかも問題となるが、一般的には対物訴訟における敗訴判決によって不利益を被ることになる船舶所有者が「当事者」と考えられている。

46 Ocean Ship Supply, Ltd., v. MV Leah, 1982 AMC 2740 (D.S.C. 1982).

47 North End Oil, Ltd. v. M/V Ocean Confidence, 777 F. Supp. 12 (C.D. Cal. 1991).

48 North End Oil, Ltd. v. M/V Norman Spirit, 1993 AMC 88 (C.D. Cal. 1992).

49 Interpool Limited and Iccu Containers v. M/V Tyson Lykes (ex M/V Delaware Bay) and M/V Tillie Lykes (ex M/V Chesapeake Bay), 1993 AMC 1334 (D.N.J. 1992).

50 Agenzia Marittima Saidelli Srl v. M/V Dexterity, 1993 AMC 2900 (E.D. La. 1993).

51 First Marine Distributors, Inc. v. M/V Marylou II, 1997 AMC 22 (D. Md. 1996).

52 Ocean Marine Mut. Ins. Ass'n v. M/V Lia, 2000 AMC 365 (E.D. La. 1999).

53 Bolongon v. M/V Nor Atlantic, 2001 AMC 722 (E.D. La. 1999).

54 Madredeus Shipping Co., Ltd. v. Century Bridge Chartering Co. Ltd., ET AL., 2000 AMC 957 (S.D. Fla. 2000).

者が、自らの代金債権がアメリカ法上のマリタイム・リーエンの保護を受け
るとの期待を有していたとは認めがたい。そのため、少なくとも必要品供給
債権にマリタイム・リーエンを認めない国の法が契約の準拠法と解される
か、または合意された場合には、当該債権者はマリタイム・リーエンに対し
て正当な期待を有しないものとみなされ、いわば権利放棄があったものとし
てマリタイム・リーエンが否定されたと考えられる。Ocean Confidence 事
件および Norman Spirit 事件決は、いずれも燃料油供給業者である North
End Oil Ltd.（NEO）が傭船者との間で燃料油供給契約を締結したという事
案であるが、Ocean Confidence 事件判決は、「契約準拠法をイギリス法とす
ることに合意したことによって NEO は実質的にアメリカの手続法を利用す
る権利を放棄した」(By agreeing to submit to English law, NEO has, in effect, given
up any right it had to utilize U.S. procedural law) と述べ[55]、また Norman Spirit
事件判決は、燃料油供給契約の準拠法がイギリス法と合意されたことは、
NEO の当初の期待を示すものと評価できると述べている[56]。さらに、Mary-
lou Ⅱ 事件も傭船者との間で締結された燃料油供給契約においてイギリス法
を準拠法とする合意がなされていた事案であるが、裁判所は「当事者の意図
を実現するため」(so as to give effect to the parties' intent) と述べて[57]、対物訴
訟を却下した。他の裁判例は、必ずしも外国法を準拠法に選択したことによ
り供給業者はマリタイム・リーエンの成立について正当な期待を有していな
い（いわば権利放棄をした）と明言しているわけではないが、契約準拠法が外
国法であることを確認した後、最重要関係地テストを経ることなく、直ちに
当該外国法の下ではマリタイム・リーエンは認められない旨判示しているこ
とから、同様の考え方に基づく判断と考えることができるであろう。

　これに対して、契約準拠法がアメリカ法であった場合に、リーエンの成立
について直ちにアメリカ法を適用するのか、それともアメリカ法が準拠法で
あることを一つの要素としつつ、最重要関係地テストによる検討を行うのか
については、これを明示した裁判例は見当たらない。その理由としては、そ

---

[55] *Ocean Confidence, supra* note 47, at 14.

[56] *Norman Spirit, supra* note 48, at 90.

[57] *Marylou II, supra* note 51, at 24.

もそもそのような場合には、船舶所有者がアメリカ法に基づくマリタイム・リーエンの成立を積極的に争わないということが考えられる。

(2) 定期傭船者が契約当事者である場合の判断基準

　この時期におけるマリタイム・リーエンの準拠法の判断基準について、船舶所有者が必要品供給契約の当事者となっている場合は契約の準拠法により、船舶所有者が契約当事者となっていない場合（傭船者等が契約当事者である場合）は最重要関係地テストにより決定されているとの分析もある[58]。しかし、傭船者が契約当事者でありながらも、契約の準拠法によるとされた裁判例は少なくない。前記裁判例のうち、巡回区控訴裁判所の裁判例では Mexico I 事件判決がそうであるし、連邦地方裁判所の裁判例では、Ocean Confidence 事件判決、Norman Spirit 事件判決、Tyson Lykes 事件判決、Dexterity 事件判決、Marylou II 事件判決、Madredues Shipping 事件判決は、いずれも傭船者が契約当事者の事案であった。この時期の裁判例は、必要品供給契約の準拠法が外国法であることを理由に、必要品供給者による権利放棄を根拠としてマリタイム・リーエンを否定していたのであるから、そこではマリタイム・リーエンを「主張される」船舶所有者ではなく、マリタイム・リーエンを「主張する」必要品供給者が当該契約の当事者であったか否かのみが問題であり、他方当事者が船舶所有者自身であったか否かは問題ではなかったのである。実際に、Tyson Lykes 事件判決および Madredues Shipping 事件判決は、船舶所有者が契約当事者でなくても、マリタイム・リーエンを阻止するために準拠法指定条項に依拠（invoke）することはできると明確に述べている[59]。

　また、前記のとおり1971年の FMLA の改正によって、傭船者は船舶のために必要品を調達する権限を有すると推定されることとなり、傭船者は船舶を拘束（bind）する推定的な権限を有するとされた。準拠法確定の議論においてアメリカの実質法上の代理権限を根拠とすることには違和感があるが、

---

[58] 森田博志「アメリカ抵触法におけるマリタイム・リーエンの準拠法の現状とわが国の国際私法における船舶先取特権の準拠法についての解釈論」海事法研究会誌123号7頁（1994）。

[59] *Tyson Lykes, supra* note 49, at 1399 ; *Madredeus Shipping, supra* note 54, at 960.

アメリカでは船舶所有者が傭船者の締結した契約に拘束されるのは当然であると考えられている。実際に2000年頃までの裁判例はアメリカ法以外の外国法が準拠法に指定されている事案がほとんどであったのに対し、2000年以降は契約においてマリタイム・リーエンの準拠法をアメリカ法と指定している事案が多くなったが、そのような準拠法選択が傭船者との間でなされていたとしても、傭船者は船舶所有者を拘束する推定的代理権を有することを理由に、船舶所有者はその準拠法選択に拘束されると判示されている（次節において詳述する）。したがって、船舶所有者が契約当事者であるか否かによってマリタイム・リーエンの準拠法の判断基準が区別されるとの分析は、必ずしも当たらないと思われる。

第3節　合意によるリーエン準拠法の選択

　前掲 Lauritzen 事件判決により、マリタイム・リーエンの準拠法について最重要関係地テストによって判断するとの裁判例が確立しつつあったが、他方で1972年の前掲 Bremen 事件判決が当事者自治を積極的に承認したこと、またこの流れを受けて、自らの代金債権についてアメリカ法上のマリタイム・リーエンの保護を受けられるように標準取引約款を改訂する必要品供給業者が現れたことなどから、2000年以降、マリタイム・リーエンの準拠法に関して新たな展開が生じることとなった。

1　当事者の準拠法選択によるアメリカ法の適用範囲の拡大

(1)　**Queen of Leman 事件判決による契約準拠法とリーエン準拠法の峻別**

　大きな転機となったのが、2002年の Queen of Leman 事件判決であった。前掲 Sembawang Shipyard 事件判決（判例19）では、契約において対人責任と対物責任とを区別する明確な文言があれば、それぞれの準拠法を区別して判断する余地が示されていたが、実際にそのような区別を明示した標準取引約款が現れたのである。

162　第7章　マリタイム・リーエンの準拠法

［判例20］Queen of Leman 事件判決[60]（第5巡回区控訴裁判所）

　イギリスのP&Iクラブ（船主責任相互保険組合）がP&I保険料の不払いを理由に加入船舶2隻（Queen of Leman 号、Abra 号）をそれぞれアレストした。P&I保険の保険約款では、保険契約の準拠法はイギリス法とする旨が定められていたが、P&Iクラブは未払保険料について組合員の船舶に対してリーエンを有する旨の規定（40条）のほか、「本ルールは、クラブの有する未払保険料のために、クラブがいかなる裁判管轄においても、船舶に対するリーエンを実行し、または財産の差押、仮差押もしくはアレストにより担保を取得するための措置をとり、または手続を開始する権利を妨げるものではない[61]」との条項があった（47条C）。さらに、同約款の48条は、「本ルールおよび加入特別条項は、クラブと組合員との保険契約を構成し、47条Cの下でクラブがいかなる裁判管轄地においても現地法に準拠してリーエンを実行する権利を有することを条件として、イギリス法に従って解釈される[62]」と定めていた。

　Queen of Leman 号に対する対物訴訟では、貨物所有者・貨物保険者が、P&Iクラブの有する未払保険料の請求権にはイギリス法の下ではマリタイム・リーエンは認められないとして、未払保険料のリーエンを棄却する略式判決を求めたところ、東部ルイジアナ連邦地方裁判所は略式判決による棄却を認めたため、P&Iクラブは第5巡回区控訴裁判所への控訴を提起した。また Abra 号に対する対物訴訟では、同船が同P&Iクラブから脱退した後に買い受けた現所有者が、P&Iクラブにはマリタイム・リーエンは認められないと主張したが、中部ルイジアナ連邦地方裁判所は本船のアレストを認めた。そこで、Abra 号の現所有者が第5巡回区控訴裁判所へ控訴するとともに、Queen of Leman 号の事件と法的争点が共通であることを理由に、両事件を併合してマリタイム・リーエンの成立に関する準拠法について統一的な判断を示すよう求めた。

---

[60] Liverpool & London S.S. Prot. & Indem. Ass'n v. Queen of Leman MV, 296 F. 3 d 350 (5 th Cir. 2002).

[61] 同条項の原文は次のとおり。

"Nothing herein shall affect or prejudice the right of Association to take action and/or commence proceedings in any jurisdiction to enforce its right of lien on ships or to otherwise obtain security by seizure, attachment or arrest of assets for any amounts owed to the Associations."

[62] 同条の原文は以下のとおり。

"These rules and any special terms of entry form a contract of insurance between the Association and a member, and subject to the right of the Association under Rule 47 C to enforce its right of lien in any jurisdiction in accordance with local law in such jurisdiction, shall be construed in accordance with English law."

第 5 巡回区控訴裁判所の Benavides 判事は、保険契約の準拠法であるイギリス法がマリタイム・リーエンの成立についても適用されるとすれば、船舶に対するリーエンを定めた保険約款40条が無意味なものとなる（イギリス法の下では未払保険料についてマリタイム・リーエンが認められないことは争いがない）ことから、当該保険約款の解釈としては、マリタイム・リーエンの成立については、現地法であるアメリカ法が適用されるとの判断を示した[63]。その上で同判事は、同巡回区の判決である Sembawang Shipyard 事件判決では、問題となる契約はすべての紛争（any dispute）についてシンガポール法を準拠法とすることが定められ、対物訴訟と対人訴訟の区別も明記されていなかったのに対し、本件保険約款ではそのような区別がなされていると指摘した[64]。また、前掲 Lia 事件判決にも言及し、同事件ではイギリス法を準拠法とする旨の準拠法合意に、外国の裁判管轄地においてリーエンを主張することを認める旨の例外は付されていなかったことを指摘し、本事件とは事案を異にするとした[65]。

Queen of Leman 号の貨物所有者らからは、船舶が寄港した地の法によってマリタイム・リーエンの成立が判断されるとすれば、不確実性をもたらすとの主張がなされたが、これに対しては、当該船舶がその裁判管轄内に所在しているということが重要な連結素であり、船舶の寄港地の法を適用することは不合理ではないと判示した[66]。また、Abra 号事件における本船の現所有者は、同じ第 5 巡回区控訴裁判所の Hough Shield 事件判決を引用し、マリタイム・リーエンは法定のものであって合意によって発生するものではないから、保険契約の当事者でない現所有者は P&I 保険の約款に拘束されないと主張したが、Hough Shield 事件ではマリタイム・リーエンの成立に関する準拠法指定がなされていなかったため、本件でマリタイム・リーエンの成立について現地法を適用するとの保険約款上の合意を認めたとしても、Hough Shield 事件判決と矛盾するものではないとした[67]。

(2) Harmony Container 事件判決によるリーエン準拠法の選択の承認

前掲 Queen of Leman 事件判決の保険約款は、「現地法に準拠してリーエンを実行する権利を有する」と定めるにとどまるものであったが、その後、

---

[63] *Queen of Leman, supra* note 60, at 353.

[64] *Id.* at 354.

[65] *Id.*

[66] *Id.*

[67] *Id.* at 355.

164 第7章 マリタイム・リーエンの準拠法

さらに直截に「マリタイム・リーエンの成立についてはアメリカ法が適用される」と定める標準取引約款が現れるようになった。2008年の Harmony Container 事件判決で第9巡回区控訴裁判所は、このようなマリタイム・リーエンの準拠法指定条項の効力を認め、アメリカ法上のマリタイム・リーエンの成立を認めた。

[判例21] Harmony Container 事件判決[68] (第9巡回区控訴裁判所)

マレーシア法人の所有するマレーシア船籍の貨物船 Harmony Container 号は、2000年6月、台湾法人の定期傭船者に対して傭船期間を10年とする定期傭船に出された。定期傭船者は本船に補給する燃料油をシンガポール法人である Trans-Tec Asia (以下「Trans-Tec」) から購入し、同燃料油は2003年2月に韓国で本船に給油されたが、同年5月に定期傭船者が倒産したため、Trans-Tec は上記燃料油代金の支払いを受けることができなかった。そこで、Trans-Tec が本船に対してカリフォルニアのロングビーチに入港したらアレストする旨警告したところ、本船の保険者がアレストを回避するための担保金を提供したため、Trans-Tec は本船 (の代替物である担保金) に対して対物訴訟を提起した。

本訴訟において Trans-Tec は、本船に対するマリタイム・リーエンの成立については、アメリカ法が適用されると主張したが、その主たる根拠は、同社の標準取引約款 (General Terms and Condition) であった[69]。そこには、「売主は本船が所在するいかなる国においてもリーエンまたはアタッチメントを主張する権利を有する。各取引は、いかなる抵触法ルールをも参照することなく、アメリカ合衆国法およびフロリダ州法に準拠する。アメリカ合衆国法は、売主がいかなる国において法的手続を行ったかにかかわらず、マリタイム・リーエンの存否について適用される。」との準拠法指定条項があった[70]。

第9巡回区控訴裁判所は、準拠法の問題については、①契約の成立に関す

---

68 Trans-Tec Asia v. M/V Harmony Container, 518 F.3d 1120 (9th Cir. 2008).

69 Trans-Tec の標準取引約款は燃料油供給契約の相手方であった定期傭船者には交付されていないが、契約に際して交付された確認書 (Bunker Confirmation) には Trans-Tec の標準取引約款が摂取されること、約款の写しが必要であればその旨通知すべきことが定められていた。

70 *Harmony Container, supra* note 68, at 1122.

る準拠法をどの国の法と解すべきか、②当該契約の準拠法の下において Trans-Tec の標準取引約款が有効に摂取されているか否か、③（仮に有効に摂取されているとした場合）上記準拠法指定の効果として本件における FMLA の適用を認めるべきか否か、という3つの問題に分けて考えるべきであるとした上で、①契約の成立に関する準拠法についてはマレーシア法であるとし、②マレーシア法の下で Trans-Tec の標準取引約款は有効に摂取されているとの判断を示した。そして、③の問題についてはさらに、(a)マリタイム・リーエンの成立について当事者の合意による準拠法指定を承認すべきか否かという問題と、(b)（当事者の準拠法指定によりアメリカ法が適用されるとした場合に）FMLA はアメリカとの関連性に乏しい取引についてまで適用されるか、すなわち、FMLA の適用範囲の問題とに分けて検討を行った。

　裁判所は、(a)の問題について、前掲 Bremen 事件判決および第2リステイトメント187条2項のコメント e を引用して、当事者の自由な交渉の末になされた準拠法の合意は尊重されるべきであるとした上で、第5巡回区控訴裁判所の前掲 Queen of Leman 事件判決を引用し、様々な国の連結素を有する取引におけるマリタイム・リーエンの成立について、外国当事者がアメリカ法によって判断されるべきことを明確に合意し、さらに当該船舶がアメリカ国内に寄港してきたという事実関係の下において、アメリカ法の準拠法指定を承認することは合理的であるとした[71]。また、(b)の問題については、FMLA は必要品の供給者または船舶の国籍に対する制限も、必要品供給地に対する地理的制限も一切課していないとし[72]、本件における FMLA の適用を認めた。裁判所はさらに、本件への FMLA の適用は同法の域外適用(extraterritorial application) になるとの船舶所有者の主張に対して、本件では当事者によるアメリカ法の準拠法指定がなされていることに加え、本船が過去に何度もロングビーチやその他のアメリカ国内の港に寄港してきたことを指摘し、本件では FMLA の域外適用の問題は生じないと判示した[73]。船舶所有者はこの判決に対して裁量上訴の申立てを行い、船籍国であるマレーシア政府からは、アメ

---

[71] *Id.* at 1126.
[72] *Id.* at 1129.
[73] *Id.* at 1131.

166　第 7 章　マリタイム・リーエンの準拠法

リカと実質的な関連性を有しない本件においてアメリカ法の域外適用を認め
ることは、マレーシアの海上貿易に深刻な影響を及ぼすとの懸念を示したア
ミカス・ブリーフが提出されたが[74]、連邦最高裁判所は裁量上訴を認めなかっ
たため、本判決は確定した[75]。

2　Harmony Container 事件判決後の裁判例の展開

(1)　第 4 巡回区および第 5 巡回区の追随

第 9 巡回区控訴裁判所の Harmony Container 事件判決は、その翌年の2009
年、第 4 巡回区控訴裁判所の Pacific Chukotka 事件判決においても支持さ
れた。

　　　[判例22] Pacific Chukotka 事件判決[76]（第 4 巡回区控訴裁判所）
　本件の事実関係は Harmony Container 事件と極めて類似しており、パナマ
法人である燃料油供給業者が、ノルウェー法人の所有する船舶 Pacific Chu-
kotka 号の再傭船者（ケイマン諸島法人）の注文により、ウクライナで燃料油
を供給したが、再傭船者は倒産し、燃料油代金が不払いとなったという事案
であった。この事件の燃料油供給業者の確認書（Bunker Confirmation）には、
「本契約はいかなる点においてもアメリカ合衆国法に準拠し、当事者はアメリ
カ連邦地方裁判所の裁判管轄に同意する」との準拠法指定条項が定められて
いた。
　第 4 巡回区控訴裁判所は、前掲 Queen of Leman 事件判決および前掲 Har-
mony Container 事件判決を引用し、これらの意見は、特段の事情がない限り
当事者による準拠法選択条項は尊重されるべきであるとする前掲 Bremen 事
件判決とも一致するとして、上記準拠法選択条項によりアメリカ法の適用を
認めた。また、燃料油供給業者はアメリカ法を準拠法として選択することに
より、直接に行いえないこと、すなわち、マリタイム・リーエンを合意に
よって創設することを間接的に行おうとしているとの批判に対しては、その
ような準拠法選択条項は合意によってマリタイム・リーエンを創設している
のではなく、その選択された法の下でマリタイム・リーエンが成立するか否
かは別問題であるとした[77]。

---

[74] Splendid Shipping Sendirian Berhard v. Trans-Tec Asia, 2008 WL 4753017 (2008).
[75] Splendid Shipping Sendirian Berhard v. Trans-Tec Asia, 555 U.S. 1062 (2008).
[76] Triton Marine Fuels Ltd., S. A. v. M/V Pacific Chukotka, 575 F.3d 409 (4th Cir. 2009).

第3節　合意によるリーエン準拠法の選択　　167

　Pacific Chukotka 事件判決はその後2015年の Hebei Shijianzhaung 事件判決[78]でも支持され、マリタイム・リーエンの成立について当事者による準拠法の指定があったときは、それを無効とすべき特段の事情がない限り承認されるとの解釈は第4巡回区においては確立したといえる。なお、この Hebei Shijianzhaung 事件では、「売主がいかなる国で法的手続を行ったかにかかわらず、マリタイム・リーエンの存否についてはアメリカ合衆国の一般海事法（General Maritime Law）が適用される」との準拠法指定がなされていた[79]。「一般海事法」という表現は、一般的には海事裁判所の判例により形成されてきた判例法であり、FMLA や SMA、ジョーンズ法などの制定法と区別されているが、第4巡回区控訴裁判所は、ここにいう「一般海事法」には FMLA のような連邦議会による海事制定法も含まれるとの解釈を示した[80]。

　必要品供給契約における準拠法指定条項を根拠にマリタイム・リーエンの成立についてアメリカ法の適用を認める流れは、その後第5巡回区控訴裁判所にまで拡大した。第5巡回区控訴裁判所は、もとより前掲 Queen of Leman 事件判決で契約の準拠法とマリタイム・リーエンの成立の準拠法を峻別する判断を行っていたので当然ともいえるが、2016年の Bulk Juliana 事件判決において、マリタイム・リーエンの成立に関する準拠法指定条項の効力を承認した。

　[判例23] Bulk Juliana 事件判決[81]（第5巡回区控訴裁判所）
　シンガポール法人の燃料油供給業者が、パナマ船籍の貨物船 Bulk Juliana 号に対してシンガポールで給油を行った。燃料油供給契約は定期傭船者との間で締結され、供給業者の標準取引約款（General Terms and Condition）では、マリタイム・リーエンの存否はアメリカ合衆国の一般海事法（General Maritime Law）により規律されることが明記されていた。その後定期傭船者が燃料油代金の支払いを怠ったため、燃料油供給業者は、本船がニューオーリンズのドックに入渠した際、マリタイム・リーエンを主張して本船をアレスト

---

77 *Id.* at 416.
78 World Fuel Servs. Trading v. Hebei Prince Shipping Co., 783 F.3d 507（4th Cir. 2015）.
79 *Id.* at 520.
80 *Id.* at 521.
81 World Fuel Servs. Sing. PTE, Ltd. v. Bulk Juliana M/V, 822 F.3d 766（5th Cir. 2016）.

した（その後船舶所有者が担保金を積み、同船は解放された）。

第5巡回区控訴裁判所は、Harmony Container 事件と同様に、契約の成立に関する準拠法であるシンガポール法（この点については当事者間に争いはなく、裁判所はこれを前提としている）の下で前記標準取引約款の準拠法指定条項は有効に摂取されたとした。そして、アメリカ法の下では、定期傭船者は必要品の供給に関して船舶を代理する権限を有すると推定されるため、船舶所有者が本件燃料油供給契約の当事者でなかったとしても、FMLA に基づくマリタイム・リーエンは有効に成立するとした。船舶所有者が定期傭船者の締結した契約に拘束されることの実質的根拠について同判決は、「外航船舶の所有者は本来的に国際的かつ洗練されており、定期傭船者との取引において、契約上、アメリカの港における必要品供給リーエンの実行によって被りうる不公平から自らを保護することができる」と述べている[82]。同判決はさらに、前記 Pacific Chukotka 事件判決と同様に、標準取引約款における「一般海事法」には制定法である FMLA も含まれるとし[83]、またマリタイム・リーエンを当事者の合意によって創設することは許されないとの船舶所有者の主張に対しては、本件におけるマリタイム・リーエンは FMLA という法の適用によって発生したものであって、当事者の合意によって創設しているわけではないと判示した[84]。

この判決に対しては、船舶所有者から裁量上訴が申し立てられたが、連邦最高裁判所はこれを受理しなかった[85]。この裁量上訴に関しては、アメリカ合衆国訟務長官から第5巡回区控訴裁判所の判断を支持する意見を表明したアミカス・ブリーフが提出されている[86]。合衆国の意見は以下のとおりである。

まず、マリタイム・リーエンは当事者の合意によって創設することはできないこととの整合性について、供給業者のマリタイム・リーエンは契約によって発生したものではなく、FMLA という法の適用により生じたものであるとの見解を示した上で、船舶所有者の主張によれば、必要品供給契約の当事者はその合意の準拠法を選択することができなくなることを意味すると

---

[82] *Id.* at 773.

[83] *Id.* at 775.

[84] *Id.* at 774.

[85] Bulk Juliana, Ltd. v. World Fuel Servs. (Sing.) PTE, Ltd., 137 S. Ct. 2290.

[86] Bulk Juliana, Ltd. v. World Fuel Servs. (Sing.) PTE, Ltd., 2017 WL 2351021 (2017).

批判する[87]。また、これまでのいかなる連邦最高裁判所の判例においても、海事契約の当事者がリーエンの存否および発生要件を規律する準拠法を選択することを禁止するとのルールは示されていないとする[88]。

さらに、第4巡回区（Pacific Chukotka 事件判決）、第5巡回区（Bulk Juliana 事件判決）、第9巡回区（Harmony Container 事件判決）の判決が第2巡回区の前掲Tequila 事件判決と抵触するか否かについては、第2巡回区控訴裁判所が、Tequila 事件判決（判例16）の「マリタイム・リーエンは契約とは独立して発生し、第三者を害することはできない」との一文を根拠に、定期傭船者との供給契約における準拠法指定条項に基づいてマリタイム・リーエンを主張することまでをも許容しないと判断するか否かは不明確であるとする。その上で、Tequila 事件判決は、当時まだ最新判例であった Bremen 事件判決が海事契約における管轄合意を支持したことを取り上げておらず、その後も Tequila 事件判決を根拠として、本件のような事案においてマリタイム・リーエンの成立を否定した裁判例はなく、第4巡回区、第5巡回区、第9巡回区との判断の抵触はないと主張している[89]。

(2) 第11巡回区の独自アプローチ（FNC の法理による対物訴訟の却下）

以上の巡回区とは異なり、独自のアプローチを採用しているのは第11巡回区である。2006年の Olympia Voyager 事件判決[90]で第11巡回区控訴裁判所は、抵触法第2リステイトメント6条の法選択原則に基づく最重要関係地テストによる準拠法確定を行っているが、この事件は必要品供給（乗組員の航空券の手配）に関して契約書すら作成されていなかったという事案であり、当事者の合意によるマリタイム・リーエンの準拠法選択についていかなる立場を採用するかは明らかにされていない。2015年の Centrans Demeter 事件判決では、燃料油供給契約の標準取引約款における準拠法選択条項に基づいてマリタイム・リーエンの成立が主張された事案であるが、第11巡回区控訴裁

---

[87] *Id.* at 12.

[88] *Id.* at 13.

[89] *Id.* at 18.

[90] Dresdner Bank AG v. M/V Olympia Voyager, 446 F.3d 1377 (11th Cir. 2006).

170　第7章　マリタイム・リーエンの準拠法

判所は、フォーラム・ノン・コンビニエンスの法理（以下、「FNC の法理」とい
う。）に基づき対物訴訟を条件付きで却下した原判決を維持した。

［判例24］Centrans Demeter 事件判決[91]（第11巡回区控訴裁判所）

　デンマーク法人の燃料油供給業者は、香港法人が所有する Centrans Deme-
ter 号（香港船籍）の傭船者（中国法人）との間で燃料油供給契約を締結し、香
港港において同船に燃料油を供給した。傭船者による燃料油代金の一部不払
いがあったため、Centrans Demeter 号がアラバマに入港した際、燃料油供給
業者は、「本燃料油供給契約はデンマーク法に準拠する。ただし、準拠法合意
はもっぱら売主の利益のためになされるものであり、売主は第9条に規定す
るとおり、マリタイム・リーエンまたは本船をアレストする権利を認めるい
かなる法の利益をも享受することができる。」との準拠法選択条項に基づき、
アメリカ法上のマリタイム・リーエンの成立を主張し、同船に対する対物訴
訟を提起した。

　原審裁判所である南部アラバマ連邦地方裁判所は、燃料油供給契約の成立
に関する準拠法につき、上記準拠法選択条項には一切言及することなく、Lau-
ritzen 基準に基づく準拠法判断を行い、香港法が適用されるとの判断を示し
た[92]。その上で、外国法の適用が求められる場合、裁判所は FNC の法理に基
づく却下が適切であるか否か検討すべきであるとし[93]、本件では私的利益（pri-
vate interests）、公的利益（public interests）のいずれの要素も却下を支持し、
また香港（またはデンマーク）という他に利用可能でより適当な法廷地がある
と述べ、船舶所有者が香港管轄に同意することを条件として、本件対物訴訟
を却下した[94]。

　この判決に対して原告、被告いずれも控訴を提起したが、第11巡回区控訴
裁判所は、裁判所の意見（per curiam opinion）として、船舶所有者が香港管轄
に服することおよび出訴期限（statute of limitations）の抗弁を主張しないこと
への同意書を提出したことから、香港は利用可能かつ適切な法廷地であると
して、原審の却下判決を維持した[95]。他方で、FMLA は本件において原告に
マリタイム・リーエンを付与するものではないことを理由として本対物訴訟

---

[91] A/S Dan-Bunkering Ltd. v. M/V Centrans Demeter, 633 Fed. Appx. 755 (11th Cir. 2015).

[92] A/S Dan-Bunkering Ltd. v. M/V Centrans Demeter, 2015 U.S. Dist. LEXIS 41438 (S.D. Ala.
2015) at 8.

[93] *Id.*

[94] *Id.* at 13.

[95] *Centrans Demeter, supra* note 92, at 759.

第3節　合意によるリーエン準拠法の選択　　171

を却下すべきとする船舶所有者の控訴については、FNC の法理により対物訴
訟を却下した以上判断を示す必要がないとして、棄却された[96]。

　FNC の法理は、管轄権を有する裁判所が、他により適切かつ利用可能な
法廷地があるときに、当事者の便宜や公平の見地から、その裁量によって当
該訴訟を却下し、または移送することができるとする法理である[97]。海事裁
判所は、公海上で発生した外国船同士の衝突事故のような完全に外国人間の
訴訟であっても、訴状の送達が適切になされる限り管轄権を有するが、訴訟
を拒絶した方がより正義に適うという特別の事情があれば管轄権の行使を差
し控えることができるとされ[98]、古くから FNC の法理の適用が認められて
きた。FNC の法理は対物訴訟においても適用されうるが[99]、船舶は世界中を
移動し、いつ、どこに入港するかが不確定であるため、アレストが可能な機
会にその所在地において対物訴訟を提起する権利の重要性は広く認識されて
きた[100]。そのため、他の利用可能な法廷地を示すことは一般に難しく、対物
訴訟について FNC の法理が適用された例は多くない。また FNC の法理を
適用する場合でも、他の法廷地での審理や出訴期限の抗弁の主張を行わない
ことについての被告の同意を条件とする条件付き却下（conditional dismissal）
とされることが一般的である[101]。
　本判決は、燃料油供給契約の準拠法が外国法であること[102]を理由として、
マリタイム・リーエンの準拠法の判断に立ち入ることなく、FNC の法理に

---

[96] *Id.* at 756.

[97] 田中英夫『英米法辞典』（東京大学出版会、1991）359頁。

[98] The Belgenland, 114 U.S. 355 (1885).

[99] Perusahaan Umum Listrik Negara Pusat v. M/V Tel Aviv, 711 F.2d 1231 (5th Cir. 1983)；
Veba-Chemie A. G. v. M/V Getafix, 711 F.2d 1243 (5th Cir. 1983).

[100] *The Belgenland, supra* note 98, at 367；Motor Distributors, Ltd. v. Olaf Pedersen's Rederi A/
S, 239 F.2d 463 (5th Cir. 1956).

[101] *M/V Tel Aviv, supra* note 99；*M/V Getafix, supra* note 99；Forsyth International (U.K.),
Ltd. v. SS Penavel, 630 F. Supp. 61 (S.D. Ga. 1985), *aff'd*, 786 F.2d 1180 (11th Cir. 1986).

[102] 燃料油供給契約の準拠法について、「本燃料油契約はデンマーク法に準拠する。」との明確な準
拠法指定があるにもかかわらず、原審裁判所がこれに一切言及することなく香港法と判断した理
由は不明である。控訴審では、燃料油供給業者も供給契約の準拠法が香港法であることについて
争っていないが、外国法の適用を理由に FNC の法理の適用が検討される限り、契約準拠法が香
港法であろうとデンマーク法であろうと結論に変わりはないためであろうか。

より条件付き却下を認めた。マリタイム・リーエンの成立に関する準拠法選択条項の効力をそのまま認めてはいないことから、かかる準拠法選択に対して否定的な立場を示したとみる余地もあるが、そもそも、必要品供給契約の準拠法とマリタイム・リーエンの準拠法とが区別されているのかも定かではない。本判決は、マリタイム・リーエンの準拠法選択条項に依拠した対物訴訟の取扱いについて新たな枠組みの可能性を示唆したともいえるが、必要品供給契約の準拠法とマリタイム・リーエンの準拠法とは明確に区別されるべきであるから、契約の準拠法が外国法であることを理由として、対物訴訟について FNC の法理の適用を検討することには疑問がある。また、対物訴訟において他の利用可能な法廷地が認められる事案は稀であるから、FNC の法理が、マリタイム・リーエンの準拠法選択の問題について広く適切な解決を導くとはいえないであろう。

(3) 一連の裁判例に対する学説の評価

1992年の Sembawang Shipyard 事件判決（判例19）以前には、必要品供給契約の準拠法とマリタイム・リーエンの成立に関する準拠法を区別して、異なる準拠法を指定することは一般的でなかった。そのため、契約の準拠法が必要品供給リーエンを認めない国の法であった場合には、当事者の準拠法選択を一種の権利放棄とみて、当該国の法が適用される（すなわち、マリタイム・リーエンの成立が否定される）のに対し、アメリカ法が選択された場合には、契約の当事者が船舶所有者であるときはその合意に従いアメリカ法が適用され、定期傭船者など船舶所有者以外の第三者が契約当事者であるときは、直ちに準拠法選択条項が適用されるのではなく、アメリカと合理的な関連性が認められる場合に限りアメリカ法が適用されるとの見解が有力であった[103]。しかし、2002年の Queen of Leman 事件判決（判例20）および2008年の Harmony Container 事件判決（判例21）が、マリタイム・リーエンの成立に関する準拠法選択条項の有効性を認める判断を示したことから、マリタイム・リーエンの成立についてのみアメリカ法を準拠法と定める標準取引約款

---

[103] Charles S. Donovan, *Picking the Shipowner's Poison - Choice-of-Law Clauses and Maritime Liens,* 14 U.S.F. Mar. L. J. 185, 201 (2001).

が用いられるようになり、現在ではこのような準拠法選択条項の有効性が議論の中心となっている。2021年の Lila Shanghai 事件判決[104]では、連邦地裁判決ながらも、「(燃料油の) 売主は、売主にマリタイム・リーエンまたは本船をアレストする権利を認めるいかなる管轄の法の適用または利益を受けることもできる」旨の準拠法不定条項[105] (floating choice-of-law clause) の有効性も認められており (ただし、当該事件では燃料油の注文者に現実のまたは推定的代理権がなかったとしてマリタイム・リーエンの成立は否定された)、マリタイム・リーエンの成立に関する準拠法について、あたかも通常の契約条項のごとく当事者の合意に委ねる傾向が一層鮮明になっている。

これに対して、第2巡回区控訴裁判所では、1973年の Tequila 事件判決 (判例16) の後、マリタイム・リーエンの準拠法に関する判断は示されていないため、第2巡回区では同事件が採用した最重要関係地テストが現在も妥当し、第4巡回区、第5巡回区、第9巡回区の立場と対立していると一般に理解されている[106]。しかし、Tequila 事件ではマリタイム・リーエンの準拠法に関する合意はなかったため、Bulk Juliana 事件における合衆国のアミカス・ブリーフが主張するように、第2巡回区と上記3つの巡回区との間で判決の抵触があるとは必ずしもいえない。その他の巡回区でも、マリタイム・リーエンの準拠法に関する当事者の合意を明確に否定した控訴裁判所判決は、これまでのところ見当たらない。

この点、学説は、総じて必要品供給契約におけるマリタイム・リーエンの成立に関する準拠法合意を認める裁判例に対して批判的である[107]。Martin

---

[104] Sing Fuels Pte. Ltd. v. M/V Lila Shanghai, 534 F. Supp. 3d 551 (E.D. Va. 2021).

[105] 準拠法不定条項とは、当事者の一方に対して、契約締結時ではなく、将来において複数の国の法から1つの法を準拠法として選択することを認める条項である。準拠法不定条項の有効性に関する議論については、中村秀雄「『準拠法不定』条項——準拠法の決定を先送りにする国際商取引契約書の条項をてがかりに、『準拠法の変更』を考える」国際私法年報8号130頁 (2006) を参照。

[106] Davies & Tan, *supra* note 12 ; Chelsea C. Crews, *The Liening Tower of Precedent : The Fifth Circuit Further Fractures Consensus on Choice-of-Law Clauses Governing Maritime Liens in World Fuel Services Singapore Pte, Ltd. v. Bulk Juliana M/V*, 41 Tul. Mar. L. J. 585 (2017).

[107] Martin Davies, *Choice of Law and U.S. Maritime Liens*, 83 Tul. L. Rev. 1435 (2009) ; Michael Raudebaugh, *Keep'em Separated : The Fourth Circuit Extends the Coverage of Choice Law Provisions to Determine the Existence of Maritime Liens in Triton Marine Fuels Ltd., S.A. v. M/V Pacific Chukotka*, 34 Tul. Mar. L. J. 647 (2010).

174　第 7 章　マリタイム・リーエンの準拠法

Davies 教授は、必要品供給契約の準拠法とマリタイム・リーエンの成立に関する準拠法とは明確に峻別すべきとした上で、仮に契約にマリタイム・リーエンの成立に関する準拠法選択条項があったとしても、最重要関係地テストによりアメリカ法の適用を正当化するに足る関連性の有無を判断すべきであるとする[108]。その理由については、当事者の合意を決定的な判断要素とすると、マリタイム・リーエンは当事者の合意とは独立して発生するという基本的な法理を無視することになること、また他のリーエン・ホルダーの権利に影響を及ぼすことが指摘されている。同教授は Bulk Juliana 事件判決（判例23）後の2018年に発表した論文[109]においても、マリタイム・リーエンの準拠法選択条項によってマリタイム・リーエンの成立を無条件に認めるべきではないとの立場を維持し、より端的に、当事者の合意によってマリタイム・リーエンの成立の準拠法を選択することは、抵当権者や他のリーエン・ホルダーを含む第三者の権利に影響を及ぼしうることから、認められないとする[110]。

　また Robertson 教授および Sturley 教授が2017年に発表した論文も、Bulk Juliana 事件判決に対する評釈として、マリタイム・リーエンは当事者の行った取引の性質に基づき法の適用によって発生するものであり、その契約の条件によって生ずるものではないと述べた上で、第 5 巡回区控訴裁判所は当事者が直接には行いえないことを間接的に行うことを許可したと批判的に論じている[111]。

3　考　察

(1)　当事者による準拠法選択の有効性

　Harmony Container 事件判決（判例21）では、当事者によるマリタイム・リーエンの準拠法の合意を尊重すると同時に、当該事件において FMLA を

---

[108] Davies, *supra* note 107 at 1456. なお、同教授は、必要品供給リーエンを認めない外国法の準拠法選択条項をもって債権者によるマリタイム・リーエンの放棄とみる裁判例についても、当該外国法の選択のみをもって権利放棄とみなすことはできないとする。*Id.* at 1452.

[109] Martin Davies, *Maritime Liens and Choice of Law*, 42 Tul. Mar. L. J. 269 (2018).

[110] *Id.* at 272.

[111] David W. Robertson & Michael F. Sturley, *Recent Development in Admiralty and Maritime Law at the National Level and in the Fifth and Eleventh Circuits*, 41 Tul. Mar. L. J. 437, 515 (2017).

適用することがアメリカ法の域外適用に当たらない根拠として、過去の寄港実績など複数の連結素が示されていたが、Pacific Chukotka 事件判決（判例22）では、同様の検討がなされたものの、何よりも重要な連結素は契約当事者がアメリカ法の適用を合意したこととされた[112]。その後、Hebei Shijian-zhaung 事件判決や Bulk Juliana 事件判決（判例23）では、アメリカとの関連性の有無に関する検討はなされておらず、FMLA 上では傭船者が船舶を拘束できることを理由にほとんど無条件にリーエンの成立に関する準拠法選択の効力が認められている。他方で、Harmony Container 事件判決後も、当事者による準拠法選択がない場合には Lauritzen 基準による最重要関係地テストによる検討がなされており[113]、現在の裁判例の趨勢は、マリタイム・リーエンの成立について契約当事者の準拠法選択があれば原則としてこれを承認し、選択がない場合に限り最重要関係地テストによる検討を行っているといえる。これは実質的には、抵触法第2リステイトメントの「契約」に関する187条および188条の枠組みと同一の判断基準である。実際に Harmony Container 事件判決は契約当事者による準拠法選択を尊重すべき理由として、抵触法第2リステイトメント187条2項のコメント e 中の「この目的（筆者注：当事者の正当な期待）は、多州間取引においては、契約の有効性およびそれにより生ずる権利の準拠法を当事者に選択させることにより最もよく確保されうる」との一文[114]を引用しているし、Pacific Chukotka 事件判決および Bulk Juliana 事件判決は、マリタイム・リーエンの準拠法指定は合意によってリーエンを創設しているものではなく、その選択された法の適用によってリーエンが発生したものであると判示するが、これも同じく抵触法第2リステイトメント187条2項のコメント e 中の「当事者が選択した法が適用されるのは、その当事者が立法者であるからではなく、たんにこれが法廷地の抵触法規則上要求された結果であるからにすぎない」との一文[115]と酷似している。

---

[112] *Pacific Chukotka, supra* note 76, at 418-19.
[113] Rigel Marine Servs. v. M/Y Thomas Crosby V, 2012 AMC 2916 (C.D. Cal. 2011).
[114] 前掲注（5）参照。
[115] *Id.*

マリタイム・リーエンは当事者の合意によって創設することはできない[116]。したがって、マリタイム・リーエンを創設させる旨の契約は無効である。必要品供給契約は「契約」であるから、その準拠法が第2リステイトメント187条および188条の枠組みによって判断されるのは至極当然である。しかし、その代金債権がマリタイム・リーエンの保護を受けるか否かは、適用されるべき準拠法の下でその取引がマリタイム・リーエンの保護を受けるに値するか否かによって決せられるべきものである。契約当事者がその意思によってマリタイム・リーエンを創設できないにもかかわらず、マリタイム・リーエンの成立を判断する準拠法を自由に選択できるとすることは、Pacific Chukotka事件判決およびBulk Juliana事件判決の船舶所有者や学説が主張するように、「直接行いえないことを間接的に行う」ことを許容するものというべきであろう。とくに必要品供給債権にマリタイム・リーエンを認めるか否かが国によって二分され、アメリカ法が最も広くマリタイム・リーエンを認めていると一般に認識されている現状においてはなおさらである。第5巡回区控訴裁判所がHoegh Shield事件判決（判例17）において必要品供給契約の準拠法とマリタイム・リーエンの準拠法とを峻別すべきであると述べたのは正当であったというべきであるが、その後Sembawang Shipyard事件判決（判例19）でマリタイム・リーエンの成立についての準拠法選択の余地を認め、さらにQueen of Leman事件判決（判例20）でこのような選択を真正面から認めたことは、本来当事者自治が妥当すべき範囲を超えて当事者の意思を尊重したものといわざるを得ない。

　なお、抵触法第2リステイトメント187条2項は、特定の問題が当事者の合意によって解決しえないものであっても、(a)選択された地が当事者または当該取引と実質的関連性を有せず、その選択に合理性がない場合、または(b)選択された法の適用が、188条の下で準拠法とされるべき法の法域の基本的政策に反する場合でない限り、当事者の選択した地の法が適用されるとする。マリタイム・リーエンの成立に関する準拠法選択についても、このような制限の下で当事者の準拠法選択に一定の効力を認めると考える余地はあり

---

116 Grant Gilmore & Charles L. Black, The Law of Admiralty, 587 (2d ed. 1975).

うるが、その場合でも上記のような187条2項(a)(b)の制限事由が存在しないか否かの検討は必要というべきであろう。Harmony Container 事件判決や Pacific Chukotka 事件判決ではかかる検討も一定程度なされていたが、Bulk Juliana 事件判決など近時の裁判例では、かかる検討は一切なされていない。マリタイム・リーエンを当事者の合意によって創設できないものと解する限り、マリタイム・リーエンの成立について当事者による自由かつ無制限の選択を認めることは、当事者自治を積極的に承認する現在の抵触法理論の下においても、問題があるというべきである。

　また今日においてマリタイム・リーエンの準拠法が問題となる紛争のほとんどは、判例17、18、21、22、23のように、定期傭船者が燃料油供給契約を締結して、その支払いを怠った場合に生じているが、かかる場合に定期傭船者と必要品供給業者との間のマリタイム・リーエンの準拠法合意が船舶所有者を拘束するとされていることの妥当性も問われよう。近時の裁判例は、FMLA では傭船者が船舶所有者を代理して必要品を調達する推定的代理権を有することを根拠にこれを肯定するが、FMLA の上記規定はアメリカの実質法の一部であり、準拠法確定の判断において、適用されるべきか否かがまさに問題となっているアメリカの実質法の規定を参照するということは、準拠法の決定に先立ってアメリカ法を適用するに等しく、論理的矛盾があるといわざるをえない。さらに実質的に考えても、このような場合、注文者である定期傭船者は必要品供給債権の主たる債務者であるから、自らの対人責任に加えて本船に対するマリタイム・リーエン（対物責任）が生じたとしても、自らの不利益になることは何一つなく（マリタイム・リーエンが実行されれば船主との定期傭船契約の契約違反にはなるであろうが、もともと傭船契約において燃料油等は傭船者の負担とするのが通例であるから、それ以上に不利益を被ることはない）、定期傭船者にはマリタイム・リーエンの成立について反対する何らの動機も存在しない。したがって、必要品供給業者の標準取引約款中のマリタイム・リーエンの準拠法指定条項が、真の意味において契約当事者の「合意」と評価しうるかも疑問である。

　そもそも船舶所有者が契約当事者である場合においても、船舶所有者と船舶とを異なる責任主体と捉える擬人化理論（personification theory）の下では、

178　第7章　マリタイム・リーエンの準拠法

なぜ船舶所有者が船舶に対するリーエンの成立に関する準拠法を合意しうる
のかという問題はあるが、仮にこの点を措くにしても、定期傭船者が契約当
事者である場合に、必要品供給契約におけるマリタイム・リーエンの準拠法
指定の効力を認めることは、現在の抵触法第2リステイトメント187条の枠
組みを前提としても、論理的に難点があると考える。

⑵　必要品供給リーエンの基本的性質（stricti juris）の変容の可能性

　以上に述べたとおり、マリタイム・リーエンが契約によって創設できない
ことを前提とすれば、当事者による自由な準拠法選択を許容することは問題
があると考えられる。しかし、仮にこの前提そのものが妥当しないのであれ
ば、当事者の自由な準拠法選択を認める Harmony Container 事件判決後の
一連の裁判例は、むしろ当を得たものといえよう。

　マリタイム・リーエンは契約で創設できないとされる理由については、一
般にこのリーエンが *stricti juris*（ラテン語で「厳格な法（律）により」「法律のみ
に基づき」を意味する[117]）であるからと説明されるが、その根拠として引用さ
れるのは1857年の Yankee Blade 事件判決[118]である。同事件で連邦最高裁判
所は、「この特権またはリーエン（筆者注：マリタイム・リーエン）は船舶に追
随するが、隠れた（筆者注：公示されない）ものである。このことにより一般
の債権者および善意の買受人の利益が害されることがありうる。したがって
これは *stricti juris* であり、construction（解釈）、analogy（類推）、inference
（推論）によって拡大されてはならない」と述べた[119]。この一節は、1920年の
前掲 Piedmont 事件判決[120]でも「一般債権者」が「先行する抵当権者」（prior
mortgagees）と言い換えられた上で引用されており[121]、マリタイム・リーエ
ンが *stricti juris* であることは、一般海事法において確立したものと考えら
れている。

　このように連邦最高裁判所が *stricti juris* の根拠として指摘したのは、マ

---

[117] 田中・前掲注（97）816頁、小山貞夫『英米法律語辞典』1075頁（研究社、2011）。
[118] Vandewater v. Mills, 60 U.S. 82 (1856).
[119] *Id.* at 89.
[120] Piedmont & Georges Creek Coal Co. v. Seaboard Fisheries Co., 254 U.S. 1 (1920).
[121] *Id.* at 12.

リタイム・リーエンはシークレット・リーエンであるにもかかわらず追及性を有するため、①一般債権者もしくは先行抵当権者、または②善意の第三取得者の利益が害されるおそれがあるということである。しかし、まず①の点についていえば、上記連邦最高裁判所判決はいずれも、SMA が適用される以前の事件であることに留意する必要があろう。その当時、一般海事法では船舶抵当権は海事契約と解されておらず、マリタイム・リーエンに劣後するものであったが、1920年の SMA によって一定の要件を満たした優先的船舶抵当権は劣後的マリタイム・リーエン（抵当権設定後に発生した契約リーエン）に優先する地位が認められ、その後さらに SMA の改正により対象船舶の範囲や要件が緩和されるなどしたため、現在では船舶抵当権はほとんどの場合において必要品供給債権に係るマリタイム・リーエンに優先する。したがって、上記①の懸念は、少なくともアメリカ法に関する限り、今日ではほとんど当てはまらないといえる（なお、Yankee Blade 事件判決では「一般債権者」の利益が害されるおそれが指摘されているが、船舶抵当権の地位が格段に強化された今日において、船舶に対して何らのリーエンも有しない一般債権者が船舶所有者に対する債権の引き当てとして船舶に期待を抱いていることは、現実的にはあまり想定できないであろう）。

　また②で述べた懸念、すなわち、善意の第三取得者を害するおそれについても、その後1872年の Key City 事件判決や1951年の Gardner 事件判決によって、第三取得者の利益は衡平法上の laches 法理の適用によって保護すべきことが確立されている。SMA によって新設された優先的船舶抵当権以外のマリタイム・リーエン、すなわち、一般海事法上のマリタイム・リーエンは、すべて公示がされないシークレット・リーエンである。したがって、リーエンの存在について善意の第三取得者の利益が害されうるのは、リーエンが合意によって発生した場合であろうと、法の厳格な適用によって発生した場合であろうと何ら異ならず、laches の法理の適用によって善意の第三取得者の保護を図ることが連邦最高裁判所判決により確立した後は、マリタイム・リーエンを *stricti juris* と解すべき②の理論的根拠も失われたということができる。

　以上のとおり、マリタイム・リーエンを *stricti juris* と解すべき根拠は、

現在では船舶抵当権にも劣後するとされている必要品供給リーエンに関する限り、ほぼ失われたということができ、それゆえに近時の一連の裁判例は、当事者の合意によって必要品供給リーエンを創設することを実質的に許容していると評価する余地もあるのではないだろうか。もちろん、このようなことを明確に述べている裁判例や学説はこれまでのところ見当たらず、上記は仮説の域をまったく出ないものである。しかし、第4巡回区、第5巡回区、第9巡回区の控訴裁判所が異口同音に、「マリタイム・リーエンは合意によっては創設できない」と言いながらも、その成立の準拠法について当事者による自由な選択を認めているという現実に鑑みると、アメリカの裁判所は必要品供給リーエンを事実上の約定担保として捉えはじめているといってもあながち間違いではないだろう。

資料1

連邦裁判所の管轄図・略称

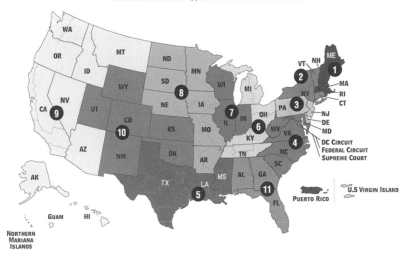

出典：アメリカ合衆国連邦裁判所ウェブサイト
(https://www.uscourts.gov/sites/default/files/u.s_fedeal_courts_circuit_map_1.pdf)

　海事事件の管轄権は連邦裁判所に専属する。連邦の裁判所制度は、94の地方裁判所（District Court）、13の控訴裁判所（Court of Appeals）、連邦最高裁判所（Supreme Court）によって構成される。控訴裁判所には、全米を12の巡回区（Circuit）に分け、各巡回区に一つずつ設置された控訴裁判所のほか、特許や商標など一定の事件に関する上訴を扱う連邦巡回区控訴裁判所（Court of Appeals for the Federal Circuit）がある。

　巡回区は、第1巡回区（The 1st Circuit）から第11巡回区（The 11th Circuit）までと、ワシントンD.C.のみを所管するコロンビア特別区巡回区（D.C. Circuit）とに分かれるが、マリタイムリーエンに関する事件のほとんどは第1巡回区から第11巡回区の控訴裁判所において審理されている（マリタイムリーエンを実行するための対物訴訟手続は、裁判所の管轄内において船舶がアレストされることを要件と

184 資料

するため、海に面した巡回区、とりわけ、第 2 巡回区、第 4 巡回区、第 5 巡回区、第 9 巡回区、第11巡回区の裁判例が多い)。第 1 巡回区から第11巡回区の控訴裁判所の管轄に属する地方裁判所、および判決の引用において用いられる各裁判所の略称（Abbreviation）は以下のとおりである。

【裁判所の名称】	【略称】
U. S. Courts of Appeals for the 1st Circuit	1st Cir.
District of Maine	D. Me.
District of Massachusetts	D. Mass.
District of New Hampshire	D. N. H.
District of Puerto Rico	D. P. R.
District of Rhode Island	D. R. I.
U. S. Courts of Appeals for the 2nd Circuit	2d Cir.
District of Connecticut	D. Conn.
Eastern District of New York	E.D.N.Y.
Northern District of New York	N.D.N.Y.
Southern District of New York	S.D.N.Y.
Western District of New York	W.D.N.Y.
District of Vermont	D. Vt.
U. S. Courts of Appeals for the 3rd Circuit	3d Cir.
District of Delaware	D. Del.
District of New Jersey	D. N. J.
Eastern District of Pennsylvania	E.D. Pa.
Middle District of Pennsylvania	M.D. Pa.
Western District of Pennsylvania	W.D. Pa.
District Court of the Virgin Islands	D.V.I.
U. S. Courts of Appeals for the 4th Circuit	4th Cir.
District of Maryland	D. Md.
Eastern District of North Carolina	E.D.N.C.
Middle District of North Carolina	M.D.N.C.

資料1　185

Western District of North Carolina	W.D.N.C.
District of South Carolina	D.S.C.
Eastern District of Virginia	E.D. Va.
Western District of Virginia	W.D. Va.
Northern District of West Virginia	N.D.W. Va.
Southern District of West Virginia	S.D.W. Va.
U. S. Courts of Appeals for the 5th Circuit	5th Cir.
Eastern District of Louisiana	E.D. La.
Middle District of Louisiana	M.D. La.
Western District of Louisiana	W.D. La.
Northern District of Mississippi	N.D. Miss.
Southern District of Mississippi	S.D. Miss.
Eastern District of Texas	E.D. Tex.
Northern District of Texas	N.D. Tex.
Southern District of Texas	S.D. Tex.
Western District of Texas	W.D. Tex.
U. S. Courts of Appeals for the 6th Circuit	6th Cir.
Eastern District of Kentucky	E.D. Ky.
Western District of Kentucky	W.D. Ky.
Eastern District of Michigan	E.D. Mich.
Western District of Michigan	W.D. Mich.
Northern District of Ohio	N.D. Ohio
Southern District of Ohio	S.D. Ohio
Eastern District of Tennessee	E.D. Tenn.
Middle District of Tennessee	M.D. Tenn.
Western District of Tennessee	W.D. Tenn.
U. S. Courts of Appeals for the 7th Circuit	7th Cir.
Central District of Illinois	C.D. Ill
Northern District of Illinois	N.D. Ill
Southern District of Illinois	S.D. Ill
Northern District of Indiana	N.D. Ind.

186   資料

Southern District of Indiana	S.D. Ind.
Eastern District of Wisconsin	E.D. Wis.
Western District of Wisconsin	W.D. Wis.
U. S. Courts of Appeals for the 8th Circuit	8th Cir.
Eastern District of Arkansas	E.D. Ark.
Western District of Arkansas	W.D. Ark.
Northern District of Iowa	N.D. Iowa
Southern District of Iowa	S.D. Iowa
District of Minnesota	D. Minn.
Eastern District of Missouri	E.D. Mo.
Western District of Missouri	W.D. Mo.
District of Nebraska	D. Neb.
District of North Dakota	D.N.D.
District of South Dakota	D.S.D.
U. S. Courts of Appeals for the 9th Circuit	9th Cir.
District of Alaska	D. Alaska
District of Arizona	D. Ariz.
Central District of California	C.D. Cal.
Eastern District of California	E.D. Cal.
Northern District of California	N.D. Cal.
Southern District of California	S.D. Cal.
District of Guam	D. Guam
District of Hawaii	D. Haw.
District of Idaho	D. Idaho
District of Montana	D. Mont.
District of Nevada	D. Nev.
District of Northern Mariana Islands	D.N. Mar. Is.
District of Oregon	D. Or.
Eastern District of Washington	E.D. Wash.
Western District of Washington	W.D. Wash.
U. S. Courts of Appeals for the 10th Circuit	10th Cir.

District of Kansas	D. Kan.
District of New Mexico	D. N. M.
Eastern District of Oklahoma	E.D. Okla.
Northern District of Oklahoma	N.D. Okla.
Western District of Oklahoma	W.D. Okla.
District of Utah	D. Utah
District of Wyoming	D. Wyo.
U. S. Courts of Appeals for the 11th Circuit	11th Cir.
Middle District of Alabama	M.D. Ala.
Northern District of Alabama	N.D. Ala.
Southern District of Alabama	S.D. Ala.
Middle District of Florida	M.D. Fla.
Northern District of Florida	N.D. Fla.
Southern District of Florida	S.D. Fla.
Middle District of Georgia	M.D. Ga.
Northern District of Georgia	N.D. Ga.
Southern District of Georgia	S.D. Ga.

188 資料

資料 2

COMMERCIAL INSTRUMENTS AND MARITIME LIENS ACT (46 U.S.C. § 31301–31343)

SUBCHAPTER I—GENERAL

31301. Definitions.

31302. Availability of instruments, copies, and information.

31303. Certain civil actions not authorized.

31304. Liability for noncompliance.

31305. Waiver of lien rights.

31306. Declaration of citizenship.

31307. State statutes superseded.

31308. Secretary of Commerce or Transportation as mortgagee.

31309. General civil penalty.

SUBCHAPTER II—COMMERCIAL INSTRUMENTS

31321. Filing, recording, and discharge.

31322. Preferred mortgages.

31323. Disclosing and incurring obligations before executing preferred mortgages.

31324. Retention and examination of mortgages of vessels covered by preferred mortgages.

31325. Preferred mortgage liens and enforcement.

31326. Court sales to enforce preferred mortgage liens and maritime liens and priority of claims.

31327. Forfeiture of mortgagee interest.

[31328. Repealed.]

31329. Court sales of documented vessels.

31330. Penalties.

SUBCHAPTER III—MARITIME LIENS

31341. Persons presumed to have authority to procure necessaries.
31342. Establishing maritime liens.
31343. Recording and discharging notices of claim of maritime lien.

SUBCHAPTER I—GENERAL

§31301. Definitions

In this chapter—

(1) "acknowledge" means making—

(A) an acknowledgment or notarization before a notary public or other official authorized by a law of the United States or a State to take acknowledgments of deeds; or

(B) a certificate issued under the Hague Convention Abolishing the Requirement of Legalisation for Foreign Public Documents, 1961;

(2) "district court" means—

(A) a district court of the United States (as defined in section 451 of title 28);

(B) the District Court of Guam;

(C) the District Court of the Virgin Islands;

(D) the District Court for the Northern Mariana Islands;

(E) the High Court of American Samoa; and

(F) any other court of original jurisdiction of a territory or possession of the United States;

(3) "mortgagee" means—

(A) a person to whom property is mortgaged; or

(B) when a mortgage on a vessel involves a trust, the trustee that is designated in the trust agreement;

(4) "necessaries" includes repairs, supplies, towage, and the use of a dry dock or marine railway;

(5) "preferred maritime lien" means a maritime lien on a vessel—

190 　資料

(A) arising before a preferred mortgage was filed under section 31321 of this title;

(B) for damage arising out of maritime tort;

(C) for wages of a stevedore when employed directly by a person listed in section 31341 of this title;

(D) for wages of the crew of the vessel;

(E) for general average; or

(F) for salvage, including contract salvage;

(6) "preferred mortgage"—

(A) means a mortgage that is a preferred mortgage under section 31322 of this title; and

(B) also means in sections 31325 and 31326 of this title, a mortgage, hypothecation, or similar charge that is established as a security on a foreign vessel if the mortgage, hypothecation, or similar charge was executed under the laws of the foreign country under whose laws the ownership of the vessel is documented and has been registered under those laws in a public register at the port of registry of the vessel or at a central office; and

(7) "Secretary" means the Secretary of the Department of Homeland Security, unless otherwise noted.

§31302. Availability of instruments, copies, and information

The Secretary shall—

(1) make any instrument filed or recorded with the Secretary under this chapter available for public inspection;

(2) on request, provide a copy, including a certified copy, of any instrument made available for public inspection under this chapter; and

(3) on request, provide a certificate containing information included in an instrument filed or recorded under this chapter.

§31303. Certain civil actions not authorized

If a mortgage covers a vessel and additional property that is not a vessel, this chapter does not authorize a civil action in rem to enforce the rights of the mortgagee under the mortgage against the additional property.

§31304. Liability for noncompliance

(a) If a person makes a contract secured by, or on the credit of, a vessel covered by a mortgage filed or recorded under this chapter and sustains a monetary loss because the mortgagor or the master or other individual in charge of the vessel does not comply with a requirement imposed on the mortgagor, master, or individual under this chapter, the mortgagor is liable for the loss.

(b) A civil action may be brought to recover for losses referred to in subsection (a) of this section. The district courts have original jurisdiction of the action, regardless of the amount in controversy or the citizenship of the parties. If the plaintiff prevails, the court shall award costs and attorney fees to the plaintiff.

§31305. Waiver of lien rights

This chapter does not prevent a mortgagee or other lien holder from waiving or subordinating at any time by agreement or otherwise the lien holder's right to a lien, the priority or, if a preferred mortgage lien, the preferred status of the lien.

§31306. Declaration of citizenship

(a) Except as provided by the Secretary, when an instrument transferring an interest in a vessel is presented to the Secretary for filing or recording, the transferee shall file with the instrument a declaration, in the form the Secretary may prescribe by regulation, stating information about citizenship and other information the Secretary may require to show the transaction involved does not violate section 56102 or 56103 of this title.

(b) A declaration under this section filed by a corporation must be signed by its president, secretary, treasurer, or other official authorized by the corporation to execute the declaration.

(c) Except as provided by the Secretary, an instrument transferring an interest in a vessel is not valid against any person until the declaration required by this section has been filed.

(d) A person knowingly making a false statement of a material fact in a declaration filed under this section shall be fined under title 18, imprisoned for not

192   資料

more than 5 years, or both.

§31307. State statutes superseded

This chapter supersedes any State statute conferring a lien on a vessel to the extent the statute establishes a claim to be enforced by a civil action in rem against the vessel for necessaries.

§31308. Secretary of Commerce or Transportation as mortgagee

The Secretary of Commerce or Transportation, as a mortgagee under this chapter, may foreclose on a lien arising from a right established under a mortgage under chapter 537 of this title, subject to section 362(b) of title 11.

§31309. General civil penalty

Except as otherwise provided in this chapter, a person violating this chapter or a regulation prescribed under this chapter is liable to the United States Government for a civil penalty of not more than $10,000.

SUBCHAPTER II—COMMERCIAL INSTRUMENTS

§31321. Filing, recording, and discharge

(a)

(1) A bill of sale, conveyance, mortgage, assignment, or related instrument, whenever made, that includes any part of a documented vessel or a vessel for which an application for documentation is filed, must be filed with the Secretary to be valid, to the extent the vessel is involved, against any person except—

(A) the grantor, mortgagor, or assignor ;

(B) the heir or devisee of the grantor, mortgagor, or assignor ; and

(C) a person having actual notice of the sale, conveyance, mortgage, assignment, or related instrument.

(2) Each bill of sale, conveyance, mortgage, assignment, or related instrument that is filed in substantial compliance with this section is valid against any person from the time it is filed with the Secretary.

(3) The parties to an instrument or an application for documentation shall

use diligence to ensure that the parts of the instrument or application for which they are responsible are in substantial compliance with the filing and documentation requirements.

(4) A bill of sale, conveyance, mortgage, assignment, or related instrument may be filed electronically under regulations prescribed by the Secretary.

(b) To be filed, a bill of sale, conveyance, mortgage, assignment, or related instrument must—

(1) identify the vessel;

(2) state the name and address of each party to the instrument;

(3) state, if a mortgage, the amount of the direct or contingent obligations (in one or more units of account as agreed to by the parties) that is or may become secured by the mortgage, excluding interest, expenses, and fees;

(4) state the interest of the grantor, mortgagor, or assignor in the vessel;

(5) state the interest sold, conveyed, mortgaged, or assigned; and

(6) be signed and acknowledged.

(c) If a bill of sale, conveyance, mortgage, assignment, or related document is filed that involves a vessel for which an application for documentation is filed, and the Secretary decides that the vessel cannot be documented by an applicant—

(1) the Secretary shall send notice of the Secretary's decision, including reasons for the decision, to each interested party to the instrument filed for recording; and

(2) 90 days after sending the notice as provided under clause (1) of this subsection, the Secretary—

(A) may terminate the filing; and

(B) may return the instrument filed without recording it under subsection (e) of this section.

(d) A person may withdraw an application for documentation of a vessel for which a mortgage has been filed under this section only if the mortgagee consents.

(e) The Secretary shall—

(1) record the bills of sale, conveyances, mortgages, assignments, and related instruments of a documented vessel complying with subsection (b) of this section in the order they are filed; and

194 　資料

(2) maintain appropriate indexes, for use by the public, of instruments filed or recorded, or both.

(f) On full and final discharge of the indebtedness under a mortgage recorded under subsection (e) (1) of this section, a mortgagee, on request of the Secretary or mortgagor, shall provide the Secretary with an acknowledged certificate of discharge of the indebtedness in a form prescribed by the Secretary. The Secretary shall record the certificate.

(g) The mortgage or related instrument of a vessel covered by a preferred mortgage under section 31322(d) of this title, that is later filed under this section at the time an application for documentation is filed, is valid under this section from the time the mortgage or instrument representing financing became a preferred mortgage under section 31322(d).

(h) On full and final discharge of the indebtedness under a mortgage deemed to be a preferred mortgage under section 31322(d) of this title, a mortgagee, on request of the Secretary, a State, or mortgagor, shall provide the Secretary or the State, as appropriate, with an acknowledged certificate of discharge of the indebtedness in a form prescribed by the Secretary or the State, as applicable. If filed with the Secretary, the Secretary shall enter that information in the vessel identification system under chapter 125 of this title.

§31322. Preferred mortgages

(a) A preferred mortgage is a mortgage, whenever made, that—

(1) includes the whole of the vessel ;

(2) is filed in substantial compliance with section 31321 of this title ;

(3)

(A) covers a documented vessel ; or

(B) covers a vessel for which an application for documentation is filed that is in substantial compliance with the requirements of chapter 121 of this title and the regulations prescribed under that chapter ; and

(4) with respect to a vessel with a fishery endorsement that is 100 feet or greater in registered length, has as the mortgagee—

(A) a person eligible to own a vessel with a fishery endorsement under section 12113(c) of this title ;

(B) a state 1 or federally chartered financial institution that is insured by the Federal Deposit Insurance Corporation ;

(C) a farm credit lender established under title 12, chapter 23 of the United States Code ;

(D) a commercial fishing and agriculture bank established pursuant to State law ;

(E) a commercial lender organized under the laws of the United States or of a State and eligible to own a vessel for purposes of documentation under section 12103 of this title ; or

(F) a mortgage trustee under subsection (f) of this section.

(b) Any indebtedness secured by a preferred mortgage that is filed or recorded under this chapter, or that is subject to a mortgage, security agreement, or instruments granting a security interest that is deemed to be a preferred mortgage under subsection (d) of this section, may have any rate of interest to which the parties agree.

(c)

(1) If a preferred mortgage includes more than one vessel or property that is not a vessel, the mortgage may provide for the separate discharge of each vessel and all property not a vessel by the payment of a part of the mortgage indebtedness.

(2) If a vessel covered by a preferred mortgage that includes more than one vessel or property that is not a vessel is to be sold on the order of a district court in a civil action in rem, and the mortgage does not provide for separate discharge as provided under paragraph (1) of this subsection—

(A) the mortgage constitutes a lien on that vessel in the full amount of the outstanding mortgage indebtedness ; and

(B) an allocation of mortgage indebtedness for purposes of separate discharge may not be made among the vessel and other property covered by the mortgage.

(d)

(1) A mortgage, security agreement, or instrument granting a security interest perfected under State law covering the whole of a vessel titled in a State is deemed to be a preferred mortgage if—

(A) the Secretary certifies that the State titling system complies with the Secretary's guidelines for a titling system under section 13107 (b) (8) of this title ; and

(B) information on the vessel covered by the mortgage, security agreement, or instrument is made available to the Secretary under chapter 125 of this title.

(2) This subsection applies to mortgages, security agreements, or instruments covering vessels titled in a State after—

(A) the Secretary's certification under paragraph (1)(A) of this subsection ; and

(B) the State begins making information available to the Secretary under chapter 125 of this title.

(3) A preferred mortgage under this subsection continues to be a preferred mortgage even if the vessel is no longer titled in the State where the mortgage, security agreement, or instrument granting a security interest became a preferred mortgage under this subsection.

(e) If a vessel is already covered by a preferred mortgage when an application for titling or documentation is filed—

(1) the status of the preferred mortgage covering the vessel to be titled in the State is determined by the law of the jurisdiction where the vessel is currently titled or documented ; and

(2) the status of the preferred mortgage covering the vessel to be documented under chapter 121 is determined by subsection (a) of this section.

(f)

(1) A mortgage trustee may hold in trust, for an individual or entity, an instrument or evidence of indebtedness, secured by a mortgage of the vessel to the mortgage trustee, provided that the mortgage trustee—

(A) is eligible to be a preferred mortgagee under subsection (a)(4), subparagraphs (A) – (E) of this section ;

(B) is organized as a corporation, and is doing business, under the laws of the United States or of a State ;

(C) is authorized under those laws to exercise corporate trust powers ;

(D) is subject to supervision or examination by an official of the United States Government or a State ;

(E) has a combined capital and surplus (as stated in its most recent published report of condition) of at least $3,000,000 ; and

資料 2   197

(F) meets any other requirements prescribed by the Secretary.

(2) If the beneficiary under the trust arrangement is not a commercial lender, a lender syndicate or eligible to be a preferred mortgagee under subsection (a)(4), subparagraphs (A) − (E) of this section, the Secretary must determine that the issuance, assignment, transfer, or trust arrangement does not result in an impermissible transfer of control of the vessel to a person not eligible to own a vessel with a fishery endorsement under section 12113 (c) of this title.

(3) A vessel with a fishery endorsement may be operated by a mortgage trustee only with the approval of the Secretary.

(4) A right under a mortgage of a vessel with a fishery endorsement may be issued, assigned, or transferred to a person not eligible to be a mortgagee of that vessel under this section only with the approval of the Secretary.

(5) The issuance, assignment, or transfer of an instrument or evidence of indebtedness contrary to this subsection is voidable by the Secretary.

(g) For purposes of this section a "commercial lender" means an entity primarily engaged in the business of lending and other financing transactions with a loan portfolio in excess of $100,000,000, of which not more than 50 per centum in dollar amount consists of loans to borrowers in the commercial fishing industry, as certified to the Secretary by such lender.

(h) For purposes of this section a "lender syndicate" means an arrangement established for the combined extension of credit of not less than $20,000,000 made up of four or more entities that each have a beneficial interest, held through an agent, under a trust arrangement established pursuant to subsection (f), no one of which may exercise powers thereunder without the concurrence of at least one other unaffiliated beneficiary.

§31323. Disclosing and incurring obligations before executing preferred mortgages

(a) On request of the mortgagee and before executing a preferred mortgage, the mortgagor shall disclose in writing to the mortgagee the existence of any obligation known to the mortgagor on the vessel to be mortgaged.

(b) After executing a preferred mortgage and before the mortgagee has had a reasonable time to file the mortgage, the mortgagor may not incur, without the

198   資料

consent of the mortgagee, any contractual obligation establishing a lien on the vessel except a lien for—

(1) wages of a stevedore when employed directly by a person listed in section 31341 of this title;

(2) wages for the crew of the vessel;

(3) general average; or

(4) salvage, including contract salvage.

(c) On conviction of a mortgagor under section 31330 (a) (1) (A) or (B) of this title for violating this section, the mortgage indebtedness, at the option of the mortgagee, is payable immediately.

§31324. Retention and examination of mortgages of vessels covered by preferred mortgages

(a) On request, the owner, master, or individual in charge of a vessel covered by a preferred mortgage shall permit a person to examine the mortgage if the person has business with the vessel that may give rise to a maritime lien or the sale, conveyance, mortgage, or assignment of a mortgage of the vessel.

(b) A mortgagor of a preferred mortgage covering a self-propelled vessel shall use diligence in keeping a certified copy of the mortgage on the vessel.

§31325. Preferred mortgage liens and enforcement

(a) A preferred mortgage is a lien on the mortgaged vessel in the amount of the outstanding mortgage indebtedness secured by the vessel.

(b) On default of any term of the preferred mortgage, the mortgagee may—

(1) enforce the preferred mortgage lien in a civil action in rem for a documented vessel, a vessel to be documented under chapter 121 of this title, a vessel titled in a State, or a foreign vessel;

(2) enforce a claim for the outstanding indebtedness secured by the mortgaged vessel in—

(A) a civil action in personam in admiralty against the mortgagor, maker, comaker, or guarantor for the amount of the outstanding indebtedness or any deficiency in full payment of that indebtedness; and

(B) a civil action against the mortgagor, maker, comaker, or guarantor for the amount of the outstanding indebtedness or any deficiency in full payment of that indebtedness; and

(3) enforce the preferred mortgage lien or a claim for the outstanding indebtedness secured by the mortgaged vessel, or both, by exercising any other remedy (including an extrajudicial remedy) against a documented vessel, a vessel for which an application for documentation is filed under chapter 121 of this title, a vessel titled in a State, a foreign vessel, or a mortgagor, maker, comaker, or guarantor for the amount of the outstanding indebtedness or any deficiency in full payment of that indebtedness, if—

(A) the remedy is allowed under applicable law; and

(B) the exercise of the remedy will not result in a violation of section 56101 or 56102 of this title.

(c) The district courts have original jurisdiction of a civil action brought under subsection (b)(1) or (2) of this section. However, for a documented vessel, a vessel to be documented under chapter 121 of this title, a vessel titled in a State, or a foreign vessel, this jurisdiction is exclusive of the courts of the States for a civil action brought under subsection (b)(1) of this section.

(d)

(1) Actual notice of a civil action brought under subsection (b)(1) of this section, or to enforce a maritime lien, must be given in the manner directed by the court to—

(A) the master or individual in charge of the vessel;

(B) any person that recorded under section 31343 (a) or (d) of this title an unexpired notice of a claim of an undischarged lien on the vessel; and

(C) a mortgagee of a mortgage filed or recorded under section 31321 of this title that is an undischarged mortgage on the vessel.

(2) Notice under paragraph (1) of this subsection is not required if, after search satisfactory to the court, the person entitled to the notice has not been found in the United States.

(3) Failure to give notice required by this subsection does not affect the jurisdiction of the court in which the civil action is brought. However, unless notice is not required under paragraph (2) of this subsection, the party required to give notice is liable to the person not notified for damages in the amount of that person's interest in the vessel terminated by the action brought under subsection (b)(1) of this section. A civil action may be

200   資料

brought to recover the amount of the terminated interest. The district courts have original jurisdiction of the action, regardless of the amount in controversy or the citizenship of the parties. If the plaintiff prevails, the court may award costs and attorney fees to the plaintiff.

(e) In a civil action brought under subsection (b)(1) of this section—

(1) the court may appoint a receiver and authorize the receiver to operate the mortgaged vessel and shall retain in rem jurisdiction over the vessel even if the receiver operates the vessel outside the district in which the court is located ; and

(2) when directed by the court, a United States marshal may take possession of a mortgaged vessel even if the vessel is in the possession or under the control of a person claiming a possessory common law lien.

(f)

(1) Before title to the documented vessel or vessel for which an application for documentation is filed under chapter 121 is transferred by an extrajudicial remedy, the person exercising the remedy shall give notice of the proposed transfer to the Secretary, to the mortgagee of any mortgage on the vessel filed in substantial compliance with section 31321 of this title before notice of the proposed transfer is given to the Secretary, and to any person that recorded an unexpired notice of a claim of an undischarged lien on the vessel under section 31343 (a) or (d) of this title before notice of the proposed transfer is given to the Secretary.

(2) Failure to give notice as required by this subsection shall not affect the transfer of title to a vessel. However, the rights of any holder of a maritime lien or a preferred mortgage on the vessel shall not be affected by a transfer of title by an extrajudicial remedy exercised under this section, regardless of whether notice is required by this subsection or given.

(3) The Secretary shall prescribe regulations establishing the time and manner for providing notice under this subsection.

§31326. Court sales to enforce preferred mortgage liens and maritime liens and priority of claims

(a) When a vessel is sold by order of a district court in a civil action in rem brought to enforce a preferred mortgage lien or a maritime lien, any claim in the vessel existing on the date of sale is terminated, including a possessory common law lien of which a person is deprived under section 31325(e)(2) of this title, and the vessel is sold free of all those claims.

(b) Each of the claims terminated under subsection (a) of this section attaches, in the same amount and in accordance with their priorities to the proceeds of the sale, except that—

(1) the preferred mortgage lien, including a preferred mortgage lien on a foreign vessel whose mortgage has been guaranteed under chapter 537 of this title, has priority over all claims against the vessel (except for expenses and fees allowed by the court, costs imposed by the court, and preferred maritime liens) ; and

(2) for a foreign vessel whose mortgage has not been guaranteed under chapter 537 of this title, the preferred mortgage lien is subordinate to a maritime lien for necessaries provided in the United States.

§31327. Forfeiture of mortgagee interest

The interest of a mortgagee in a documented vessel or a vessel covered by a preferred mortgage under section 31322(d) of this title may be terminated by a forfeiture of the vessel for a violation of a law of the United States only if the mortgagee authorized, consented, or conspired to do the act, failure, or omission that is the basis of the violation.

§31329. Court sales of documented vessels

(a) A documented vessel may be sold by order of a district court only to—

(1) a person eligible to own a documented vessel under section 12103 of this title ; or

(2) a mortgagee of that vessel.

(b) When a vessel is sold to a mortgagee not eligible to own a documented vessel—

(1) the vessel must be held by the mortgagee for resale ;

(2) the vessel held by the mortgagee is subject to chapter 563 of this title ; and

(3) the sale of the vessel to the mortgagee is not a sale to a person not a citizen of the United States under section 12132 of this title.

(c) Unless waived by the Secretary of Transportation, a person purchasing a vessel by court order under subsection (a)(1) of this section or from a mortgagee under subsection (a)(2) of this section must document the vessel under chapter 121 of this title.

(d) The vessel may be operated by the mortgagee not eligible to own a documented vessel only with the approval of the Secretary of Transportation.

(e) A sale of a vessel contrary to this section is void.

(f) This section does not apply to a documented vessel that has been operated only for pleasure.

§31330. Penalties

(a)

(1) A mortgagor shall be fined under title 18, imprisoned for not more than 2 years, or both, if the mortgagor—

(A) with intent to defraud, does not disclose an obligation on a vessel as required by section 31323(a) of this title ;

(B) with intent to defraud, incurs a contractual obligation in violation of section 31323(b) of this title ; or

(C) with intent to hinder or defraud an existing or future creditor of the mortgagor or a lienor of the vessel, files a mortgage with the Secretary.

(2) A mortgagor is liable to the United States Government for a civil penalty of not more than $10,000 if the mortgagor—

(A) does not disclose an obligation on a vessel as required by section 31323(a) of this title ;

(B) incurs a contractual obligation in violation of section 31323(b) of this title ; or

(C) files with the Secretary a mortgage made not in good faith.

(b)

(1) A person that knowingly violates section 31329 of this title shall be fined under title 18, imprisoned for not more than 3 years, or both.

(2) A person violating section 31329 of this title is liable to the Government for a civil penalty of not more than $25,000.

(3) A vessel involved in a violation under section 31329 of this title and its equipment may be seized by, and forfeited to, the Government.

(c) If a person not an individual violates this section, the president or chief executive of the person also is subject to any penalty provided under this section.

SUBCHAPTER III—MARITIME LIENS

§31341. Persons presumed to have authority to procure necessaries

(a) The following persons are presumed to have authority to procure necessaries for a vessel :

(1) the owner ;

(2) the master ;

(3) a person entrusted with the management of the vessel at the port of supply ; or

(4) an officer or agent appointed by—

(A) the owner ;

(B) a charterer ;

(C) an owner pro hac vice ; or

(D) an agreed buyer in possession of the vessel.

(b) A person tortiously or unlawfully in possession or charge of a vessel has no authority to procure necessaries for the vessel.

§31342. Establishing maritime liens

(a) Except as provided in subsection (b) of this section, a person providing necessaries to a vessel on the order of the owner or a person authorized by the owner—

(1) has a maritime lien on the vessel ;

(2) may bring a civil action in rem to enforce the lien ; and

(3) is not required to allege or prove in the action that credit was given to the vessel.

(b) This section does not apply to a public vessel.

§31343. Recording and discharging notices of claim of maritime lien

(a) Except as provided under subsection (d) of this section, a person claiming a lien on a vessel documented, or for which an application for documentation

204   資料

has been filed, under chapter 121 may record with the Secretary a notice of that person's lien claim on the vessel. To be recordable, the notice must—

(1) state the nature of the lien ;

(2) state the date the lien was established ;

(3) state the amount of the lien ;

(4) state the name and address of the person ; and

(5) be signed and acknowledged.

(b)

(1) The Secretary shall record a notice complying with subsection (a) of this section if, when the notice is presented to the Secretary for recording, the person having the claim files with the notice a declaration stating the following :

(A) The information in the notice is true and correct to the best of the knowledge, information, and belief of the individual who signed it.

(B) A copy of the notice, as presented for recordation, has been sent to each of the following :

(i) The owner of the vessel.

(ii) Each person that recorded under subsection (a) of this section an unexpired notice of a claim of an undischarged lien on the vessel.

(iii) The mortgagee of each mortgage filed or recorded under section 31321 of this title that is an undischarged mortgage on the vessel.

(2) A declaration under this subsection filed by a person that is not an individual must be signed by the president, member, partner, trustee, or other individual authorized to execute the declaration on behalf of the person.

(c)

(1) On full and final discharge of the indebtedness that is the basis for a notice of claim of lien recorded under subsection (b) of this section, the person having the claim shall provide the Secretary with an acknowledged certificate of discharge of the indebtedness. The Secretary shall record the certificate.

(2) The district courts of the United States shall have jurisdiction over a civil action in Admiralty to declare that a vessel is not subject to a lien claimed under subsection (b) of this section, or that the vessel is not subject to the notice of claim of lien, or both, regardless of the amount in contro-

資料2 205

versy or the citizenship of the parties. Venue in such an action shall be in the district where the vessel is found or where the claimant resides or where the notice of claim of lien is recorded. The court may award costs and attorneys fees to the prevailing party, unless the court finds that the position of the other party was substantially justified or other circumstances make an award of costs and attorneys fees unjust. The Secretary shall record any such declaratory order.

(d) A person claiming a lien on a vessel covered by a preferred mortgage under section 31322(d) of this title must record and discharge the lien as provided by the law of the State in which the vessel is titled.

(e) A notice of claim of lien recorded under subsection (b) of this section shall expire 3 years after the date the lien was established, as such date is stated in the notice under subsection (a) of this section.

(f) This section does not alter in any respect the law pertaining to the establishment of a maritime lien, the remedy provided by such a lien, or the defenses thereto, including any defense under the doctrine of laches.

資料3

SUPPLEMENTAL RULES FOR ADMIRALTY OR MARITIME CLAIMS AND ASSET FORFEITURE ACTIONS

Notes of Advisory Committee on Rules

The amendments to the Federal Rules of Civil Procedure to unify the civil and admiralty procedure, together with the Supplemental Rules for Certain Admiralty and Maritime Claims, completely superseded the Admiralty Rules, effective July 1, 1966. Accordingly, the latter were rescinded.

Rule A. Scope of Rules

(1) These Supplemental Rules apply to:

(A) the procedure in admiralty and maritime claims within the meaning of Rule 9 (h) with respect to the following remedies:

(i) maritime attachment and garnishment,

(ii) actions in rem,

(iii) possessory, petitory, and partition actions, and

(iv) actions for exoneration from or limitation of liability;

(B) forfeiture actions in rem arising from a federal statute; and

(C) the procedure in statutory condemnation proceedings analogous to maritime actions in rem, whether within the admiralty and maritime jurisdiction or not. Except as otherwise provided, references in these Supplemental Rules to actions in rem include such analogous statutory condemnation proceedings.

(2) The Federal Rules of Civil Procedure also apply to the foregoing proceedings except to the extent that they are inconsistent with these Supplemental Rules.

Rule B. In Personam Actions: Attachment and Garnishment

(1) When Available; Complaint, Affidavit, Judicial Authorization, and Process.

資料3   207

In an in personam action:

(a) If a defendant is not found within the district when a verified complaint praying for attachment and the affidavit required by Rule B(1)(b) are filed, a verified complaint may contain a prayer for process to attach the defendant's tangible or intangible personal property—up to the amount sued for—in the hands of garnishees named in the process.

(b) The plaintiff or the plaintiff's attorney must sign and file with the complaint an affidavit stating that, to the affiant's knowledge, or on information and belief, the defendant cannot be found within the district. The court must review the complaint and affidavit and, if the conditions of this Rule B appear to exist, enter an order so stating and authorizing process of attachment and garnishment. The clerk may issue supplemental process enforcing the court's order upon application without further court order.

(c) If the plaintiff or the plaintiff's attorney certifies that exigent circumstances make court review impracticable, the clerk must issue the summons and process of attachment and garnishment. The plaintiff has the burden in any post-attachment hearing under Rule E(4)(f) to show that exigent circumstances existed.

(d)

(i) If the property is a vessel or tangible property on board a vessel, the summons, process, and any supplemental process must be delivered to the marshal for service.

(ii) If the property is other tangible or intangible property, the summons, process, and any supplemental process must be delivered to a person or organization authorized to serve it, who may be (A) a marshal; (B) someone under contract with the United States; (C) someone specially appointed by the court for that purpose; or, (D) in an action brought by the United States, any officer or employee of the United States.

(e) The plaintiff may invoke state-law remedies under Rule 64 for seizure of person or property for the purpose of securing satisfaction of the judgment.

(2) Notice to Defendant. No default judgment may be entered except upon proof—which may be by affidavit—that:

(a) the complaint, summons, and process of attachment or garnishment have been served on the defendant in a manner authorized by Rule 4;

208   資料

(b) the plaintiff or the garnishee has mailed to the defendant the complaint, summons, and process of attachment or garnishment, using any form of mail requiring a return receipt; or

(c) the plaintiff or the garnishee has tried diligently to give notice of the action to the defendant but could not do so.

(3) Answer.

(a) By Garnishee. The garnishee shall serve an answer, together with answers to any interrogatories served with the complaint, within 21 days after service of process upon the garnishee. Interrogatories to the garnishee may be served with the complaint without leave of court. If the garnishee refuses or neglects to answer on oath as to the debts, credits, or effects of the defendant in the garnishee's hands, or any interrogatories concerning such debts, credits, and effects that may be propounded by the plaintiff, the court may award compulsory process against the garnishee. If the garnishee admits any debts, credits, or effects, they shall be held in the garnishee's hands or paid into the registry of the court, and shall be held in either case subject to the further order of the court.

(b) By Defendant. The defendant shall serve an answer within 30 days after process has been executed, whether by attachment of property or service on the garnishee.

Rule C. In Rem Actions: Special Provisions

(1) When Available. An action in rem may be brought:

(a) To enforce any maritime lien;

(b) Whenever a statute of the United States provides for a maritime action in rem or a proceeding analogous thereto.

Except as otherwise provided by law a party who may proceed in rem may also, or in the alternative, proceed in personam against any person who may be liable.

Statutory provisions exempting vessels or other property owned or possessed by or operated by or for the United States from arrest or seizure are not affected by this rule. When a statute so provides, an action against the United States or an instrumentality thereof may proceed on in rem principles.

(2) Complaint. In an action in rem the complaint must:

(a) be verified ;

(b) describe with reasonable particularity the property that is the subject of the action ; and

(c) state that the property is within the district or will be within the district while the action is pending.

(3) Judicial Authorization and Process.

(a) Arrest Warrant.

(i) The court must review the complaint and any supporting papers. If the conditions for an in rem action appear to exist, the court must issue an order directing the clerk to issue a warrant for the arrest of the vessel or other property that is the subject of the action.

(ii) If the plaintiff or the plaintiff's attorney certifies that exigent circumstances make court review impracticable, the clerk must promptly issue a summons and a warrant for the arrest of the vessel or other property that is the subject of the action. The plaintiff has the burden in any post-arrest hearing under Rule E(4)(f) to show that exigent circumstances existed.

(b) Service.

(i) If the property that is the subject of the action is a vessel or tangible property on board a vessel, the warrant and any supplemental process must be delivered to the marshal for service.

(ii) If the property that is the subject of the action is other property, tangible or intangible, the warrant and any supplemental process must be delivered to a person or organization authorized to enforce it, who may be : (A) a marshal ; (B) someone under contract with the United States ; (C) someone specially appointed by the court for that purpose ; or, (D) in an action brought by the United States, any officer or employee of the United States.

(c) Deposit in Court. If the property that is the subject of the action consists in whole or in part of freight, the proceeds of property sold, or other intangible property, the clerk must issue—in addition to the warrant—a summons directing any person controlling the property to show cause why it should not be deposited in court to abide the judgment.

(d) Supplemental Process. The clerk may upon application issue supplemental process to enforce the court's order without further court order.

210   資料

(4) Notice. No notice other than execution of process is required when the property that is the subject of the action has been released under Rule E(5). If the property is not released within 14 days after execution, the plaintiff must promptly—or within the time that the court allows—give public notice of the action and arrest in a newspaper designated by court order and having general circulation in the district, but publication may be terminated if the property is released before publication is completed. The notice must specify the time under Rule C(6) to file a statement of interest in or right against the seized property and to answer. This rule does not affect the notice requirements in an action to foreclose a preferred ship mortgage under 46 U.S.C. §§ 31301 et seq., as amended.

(5) Ancillary Process. In any action in rem in which process has been served as provided by this rule, if any part of the property that is the subject of the action has not been brought within the control of the court because it has been removed or sold, or because it is intangible property in the hands of a person who has not been served with process, the court may, on motion, order any person having possession or control of such property or its proceeds to show cause why it should not be delivered into the custody of the marshal or other person or organization having a warrant for the arrest of the property, or paid into court to abide the judgment; and, after hearing, the court may enter such judgment as law and justice may require.

(6) Responsive Pleading; Interrogatories.

(a) Statement of Interest; Answer. In an action in rem:

(i) a person who asserts a right of possession or any ownership interest in the property that is the subject of the action must file a verified statement of right or interest:

(A) within 14 days after the execution of process, or

(B) within the time that the court allows;

(ii) the statement of right or interest must describe the interest in the property that supports the person's demand for its restitution or right to defend the action;

(iii) an agent, bailee, or attorney must state the authority to file a statement of right or interest on behalf of another; and

(iv) a person who asserts a right of possession or any ownership interest must serve an answer within 21 days after filing the statement of interest or right.

(b) Interrogatories. Interrogatories may be served with the complaint in an in rem action without leave of court. Answers to the interrogatories must be served with the answer to the complaint.

Rule D. Possessory, Petitory, and Partition Actions

In all actions for possession, partition, and to try title maintainable according to the course of the admiralty practice with respect to a vessel, in all actions so maintainable with respect to the possession of cargo or other maritime property, and in all actions by one or more part owners against the others to obtain security for the return of the vessel from any voyage undertaken without their consent, or by one or more part owners against the others to obtain possession of the vessel for any voyage on giving security for its safe return, the process shall be by a warrant of arrest of the vessel, cargo, or other property, and by notice in the manner provided by Rule B(2) to the adverse party or parties.

Rule E. Actions in Rem and Quasi in Rem : General Provisions

(1) Applicability. Except as otherwise provided, this rule applies to actions in personam with process of maritime attachment and garnishment, actions in rem, and petitory, possessory, and partition actions, supplementing Rules B, C, and D.

(2) Complaint ; Security.

(a) Complaint. In actions to which this rule is applicable the complaint shall state the circumstances from which the claim arises with such particularity that the defendant or claimant will be able, without moving for a more definite statement, to commence an investigation of the facts and to frame a responsive pleading.

(b) Security for Costs. Subject to the provisions of Rule 54(d) and of relevant statutes, the court may, on the filing of the complaint or on the appearance of any defendant, claimant, or any other party, or at any later time, require the plaintiff, defendant, claimant, or other party to give security, or additional security, in such sum as the court shall direct to pay all costs and

212 資料

expenses that shall be awarded against the party by any interlocutory order or by the final judgment, or on appeal by any appellate court.

(3) Process.

(a) In admiralty and maritime proceedings process in rem or of maritime attachment and garnishment may be served only within the district.

(b) Issuance and Delivery. Issuance and delivery of process in rem, or of maritime attachment and garnishment, shall be held in abeyance if the plaintiff so requests.

(4) Execution of Process ; Marshal's Return ; Custody of Property ; Procedures for Release.

(a) In General. Upon issuance and delivery of the process, or, in the case of summons with process of attachment and garnishment, when it appears that the defendant cannot be found within the district, the marshal or other person or organization having a warrant shall forthwith execute the process in accordance with this subdivision (4), making due and prompt return.

(b) Tangible Property. If tangible property is to be attached or arrested, the marshal or other person or organization having the warrant shall take it into the marshal's possession for safe custody. If the character or situation of the property is such that the taking of actual possession is impracticable, the marshal or other person executing the process shall affix a copy thereof to the property in a conspicuous place and leave a copy of the complaint and process with the person having possession or the person's agent. In furtherance of the marshal's custody of any vessel the marshal is authorized to make a written request to the collector of customs not to grant clearance to such vessel until notified by the marshal or deputy marshal or by the clerk that the vessel has been released in accordance with these rules.

(c) Intangible Property. If intangible property is to be attached or arrested the marshal or other person or organization having the warrant shall execute the process by leaving with the garnishee or other obligor a copy of the complaint and process requiring the garnishee or other obligor to answer as provided in Rules B(3)(a) and C(6) ; or the marshal may accept for payment into the registry of the court the amount owed to the extent of the amount claimed by the plaintiff with interest and costs, in which event the garnishee or other obligor shall not be required to answer unless alias process shall be served.

(d) Directions With Respect to Property in Custody. The marshal or other person or organization having the warrant may at any time apply to the court for directions with respect to property that has been attached or arrested, and shall give notice of such application to any or all of the parties as the court may direct.

(e) Expenses of Seizing and Keeping Property ; Deposit. These rules do not alter the provisions of Title 28, U.S.C., §1921, as amended, relative to the expenses of seizing and keeping property attached or arrested and to the requirement of deposits to cover such expenses.

(f) Procedure for Release From Arrest or Attachment. Whenever property is arrested or attached, any person claiming an interest in it shall be entitled to a prompt hearing at which the plaintiff shall be required to show why the arrest or attachment should not be vacated or other relief granted consistent with these rules. This subdivision shall have no application to suits for seamen's wages when process is issued upon a certification of sufficient cause filed pursuant to Title 46, U.S.C. §§603 and 604 1 or to actions by the United States for forfeitures for violation of any statute of the United States.

(5) Release of Property.

(a) Special Bond. Whenever process of maritime attachment and garnishment or process in rem is issued the execution of such process shall be stayed, or the property released, on the giving of security, to be approved by the court or clerk, or by stipulation of the parties, conditioned to answer the judgment of the court or of any appellate court. The parties may stipulate the amount and nature of such security. In the event of the inability or refusal of the parties so to stipulate the court shall fix the principal sum of the bond or stipulation at an amount sufficient to cover the amount of the plaintiff's claim fairly stated with accrued interest and costs ; but the principal sum shall in no event exceed (i) twice the amount of the plaintiff's claim or (ii) the value of the property on due appraisement, whichever is smaller. The bond or stipulation shall be conditioned for the payment of the principal sum and interest thereon at 6 per cent per annum.

(b) General Bond. The owner of any vessel may file a general bond or stipulation, with sufficient surety, to be approved by the court, conditioned to answer the judgment of such court in all or any actions that may be brought thereafter in such court in which the vessel is attached or arrested. Thereupon the execution of all such process against such vessel shall be stayed so long as the amount secured by such bond or stipulation is at least double the aggregate amount claimed by plaintiffs in all actions begun and pending in which such vessel has been attached or arrested. Judgments and remedies may be had on such bond or stipulation as if a special bond or stipulation had been filed in each of such actions. The district court may make necessary orders to carry this rule into effect, particularly as to the giving of proper notice of any action against or attachment of a vessel for which a general bond has been filed. Such bond or stipulation shall be indorsed by the clerk with a minute of the actions wherein process is so stayed. Further security may be required by the court at any time.

If a special bond or stipulation is given in a particular case, the liability on the general bond or stipulation shall cease as to that case.

(c) Release by Consent or Stipulation; Order of Court or Clerk; Costs. Any vessel, cargo, or other property in the custody of the marshal or other person or organization having the warrant may be released forthwith upon the marshal's acceptance and approval of a stipulation, bond, or other security, signed by the party on whose behalf the property is detained or the party's attorney and expressly authorizing such release, if all costs and charges of the court and its officers shall have first been paid. Otherwise no property in the custody of the marshal, other person or organization having the warrant, or other officer of the court shall be released without an order of the court; but such order may be entered as of course by the clerk, upon the giving of approved security as provided by law and these rules, or upon the dismissal or discontinuance of the action; but the marshal or other person or organization having the warrant shall not deliver any property so released until the costs and charges of the officers of the court shall first have been paid.

(d) Possessory, Petitory, and Partition Actions. The foregoing provisions of this subdivision (5) do not apply to petitory, possessory, and partition actions. In such cases the property arrested shall be released only by order of the court, on such terms and conditions and on the giving of such security as the court may require.

資料3　215

(6) Reduction or Impairment of Security. Whenever security is taken the court may, on motion and hearing, for good cause shown, reduce the amount of security given ; and if the surety shall be or become insufficient, new or additional sureties may be required on motion and hearing.

(7) Security on Counterclaim.

(a) When a person who has given security for damages in the original action asserts a counterclaim that arises from the transaction or occurrence that is the subject of the original action, a plaintiff for whose benefit the security has been given must give security for damages demanded in the counterclaim unless the court, for cause shown, directs otherwise. Proceedings on the original claim must be stayed until this security is given, unless the court directs otherwise.

(b) The plaintiff is required to give security under Rule E(7)(a) when the United States or its corporate instrumentality counterclaims and would have been required to give security to respond in damages if a private party but is relieved by law from giving security.

(8) Restricted Appearance. An appearance to defend against an admiralty and maritime claim with respect to which there has issued process in rem, or process of attachment and garnishment, may be expressly restricted to the defense of such claim, and in that event is not an appearance for the purposes of any other claim with respect to which such process is not available or has not been served.

(9) Disposition of Property ; Sales.

(a) Interlocutory Sales ; Delivery.

(i) On application of a party, the marshal, or other person having custody of the property, the court may order all or part of the property sold—with the sales proceeds, or as much of them as will satisfy the judgment, paid into court to await further orders of the court—if :

(A) the attached or arrested property is perishable, or liable to deterioration, decay, or injury by being detained in custody pending the action ;

(B) the expense of keeping the property is excessive or disproportionate ; or

(C) there is an unreasonable delay in securing release of the property.

(ii) In the circumstances described in Rule E(9)(a)(i), the court, on motion by a defendant or a person filing a statement of interest or right under Rule C(6), may order that the property, rather than being sold, be delivered to the movant upon giving security under these rules.

(b) Sales, Proceeds. All sales of property shall be made by the marshal or a deputy marshal, or by other person or organization having the warrant, or by any other person assigned by the court where the marshal or other person or organization having the warrant is a party in interest ; and the proceeds of sale shall be forthwith paid into the registry of the court to be disposed of according to law.

(10) Preservation of Property. When the owner or another person remains in possession of property attached or arrested under the provisions of Rule E (4)(b) that permit execution of process without taking actual possession, the court, on a party's motion or on its own, may enter any order necessary to preserve the property and to prevent its removal.

Rule F. Limitation of Liability

(1) Time for Filing Complaint ; Security. Not later than six months after receipt of a claim in writing, any vessel owner may file a complaint in the appropriate district court, as provided in subdivision (9) of this rule, for limitation of liability pursuant to statute. The owner (a) shall deposit with the court, for the benefit of claimants, a sum equal to the amount or value of the owner's interest in the vessel and pending freight, or approved security therefor, and in addition such sums, or approved security therefor, as the court may from time to time fix as necessary to carry out the provisions of the statutes as amended ; or (b) at the owner's option shall transfer to a trustee to be appointed by the court, for the benefit of claimants, the owner's interest in the vessel and pending freight, together with such sums, or approved security therefor, as the court may from time to time fix as necessary to carry out the provisions of the statutes as amended. The plaintiff shall also give security for costs and, if the plaintiff elects to give security, for interest at the rate of 6 percent per annum from the date of the security.

(2) Complaint. The complaint shall set forth the facts on the basis of which the right to limit liability is asserted and all facts necessary to enable the court to determine the amount to which the owner's liability shall be limited. The com-

plaint may demand exoneration from as well as limitation of liability. It shall state the voyage if any, on which the demands sought to be limited arose, with the date and place of its termination ; the amount of all demands including all unsatisfied liens or claims of lien, in contract or in tort or otherwise, arising on that voyage, so far as known to the plaintiff, and what actions and proceedings, if any, are pending thereon ; whether the vessel was damaged, lost, or abandoned, and, if so, when and where ; the value of the vessel at the close of the voyage or, in case of wreck, the value of her wreckage, strippings, or proceeds, if any, and where and in whose possession they are ; and the amount of any pending freight recovered or recoverable. If the plaintiff elects to transfer the plaintiff's interest in the vessel to a trustee, the complaint must further show any prior paramount liens thereon, and what voyages or trips, if any, she has made since the voyage or trip on which the claims sought to be limited arose, and any existing liens arising upon any such subsequent voyage or trip, with the amounts and causes thereof, and the names and addresses of the lienors, so far as known ; and whether the vessel sustained any injury upon or by reason of such subsequent voyage or trip.

(3) Claims Against Owner ; Injunction. Upon compliance by the owner with the requirements of subdivision (1) of this rule all claims and proceedings against the owner or the owner's property with respect to the matter in question shall cease. On application of the plaintiff the court shall enjoin the further prosecution of any action or proceeding against the plaintiff or the plaintiff's property with respect to any claim subject to limitation in the action.

(4) Notice to Claimants. Upon the owner's compliance with subdivision (1) of this rule the court shall issue a notice to all persons asserting claims with respect to which the complaint seeks limitation, admonishing them to file their respective claims with the clerk of the court and to serve on the attorneys for the plaintiff a copy thereof on or before a date to be named in the notice. The date so fixed shall not be less than 30 days after issuance of the notice. For cause shown, the court may enlarge the time within which claims may be filed. The notice shall be published in such newspaper or newspapers as the court may direct once a week for four successive weeks prior to the date fixed for the filing of claims. The plaintiff not later than the day of second publication shall also mail a copy of the notice to every person known to have made any

218 資料

claim against the vessel or the plaintiff arising out of the voyage or trip on which the claims sought to be limited arose. In cases involving death a copy of such notice shall be mailed to the decedent at the decedent's last known address, and also to any person who shall be known to have made any claim on account of such death.

(5) Claims and Answer. Claims shall be filed and served on or before the date specified in the notice provided for in subdivision (4) of this rule. Each claim shall specify the facts upon which the claimant relies in support of the claim, the items thereof, and the dates on which the same accrued. If a claimant desires to contest either the right to exoneration from or the right to limitation of liability the claimant shall file and serve an answer to the complaint unless the claim has included an answer.

(6) Information To Be Given Claimants. Within 30 days after the date specified in the notice for filing claims, or within such time as the court thereafter may allow, the plaintiff shall mail to the attorney for each claimant (or if the claimant has no attorney to the claimant) a list setting forth (a) the name of each claimant, (b) the name and address of the claimant's attorney (if the claimant is known to have one), (c) the nature of the claim, i.e., whether property loss, property damage, death, personal injury etc., and (d) the amount thereof.

(7) Insufficiency of Fund or Security. Any claimant may by motion demand that the funds deposited in court or the security given by the plaintiff be increased on the ground that they are less than the value of the plaintiff's interest in the vessel and pending freight. Thereupon the court shall cause due appraisement to be made of the value of the plaintiff's interest in the vessel and pending freight; and if the court finds that the deposit or security is either insufficient or excessive it shall order its increase or reduction. In like manner any claimant may demand that the deposit or security be increased on the ground that it is insufficient to carry out the provisions of the statutes relating to claims in respect of loss of life or bodily injury; and, after notice and hearing, the court may similarly order that the deposit or security be increased or reduced.

(8) Objections to Claims: Distribution of Fund. Any interested party may question or controvert any claim without filing an objection thereto. Upon determination of liability the fund deposited or secured, or the proceeds of the

vessel and pending freight, shall be divided pro rata, subject to all relevant provisions of law, among the several claimants in proportion to the amounts of their respective claims, duly proved, saving, however, to all parties any priority to which they may be legally entitled.

(9) Venue ; Transfer. The complaint shall be filed in any district in which the vessel has been attached or arrested to answer for any claim with respect to which the plaintiff seeks to limit liability ; or, if the vessel has not been attached or arrested, then in any district in which the owner has been sued with respect to any such claim. When the vessel has not been attached or arrested to answer the matters aforesaid, and suit has not been commenced against the owner, the proceedings may be had in the district in which the vessel may be, but if the vessel is not within any district and no suit has been commenced in any district, then the complaint may be filed in any district. For the convenience of parties and witnesses, in the interest of justice, the court may transfer the action to any district ; if venue is wrongly laid the court shall dismiss or, if it be in the interest of justice, transfer the action to any district in which it could have been brought. If the vessel shall have been sold, the proceeds shall represent the vessel for the purposes of these rules.

Rule G. Forfeiture Actions in Rem

(1) Scope. This rule governs a forfeiture action in rem arising from a federal statute. To the extent that this rule does not address an issue, Supplemental Rules C and E and the Federal Rules of Civil Procedure also apply.

(2) Complaint. The complaint must :

(a) be verified ;

(b) state the grounds for subject-matter jurisdiction, in rem jurisdiction over the defendant property, and venue ;

(c) describe the property with reasonable particularity ;

(d) if the property is tangible, state its location when any seizure occurred and—if different—its location when the action is filed ;

(e) identify the statute under which the forfeiture action is brought ; and

(f) state sufficiently detailed facts to support a reasonable belief that the government will be able to meet its burden of proof at trial.

(3) Judicial Authorization and Process.

(a) Real Property. If the defendant is real property, the government must proceed under 18 U.S.C. §985.

(b) Other Property; Arrest Warrant. If the defendant is not real property:

(i) the clerk must issue a warrant to arrest the property if it is in the government's possession, custody, or control;

(ii) the court—on finding probable cause—must issue a warrant to arrest the property if it is not in the government's possession, custody, or control and is not subject to a judicial restraining order; and

(iii) a warrant is not necessary if the property is subject to a judicial restraining order.

(c) Execution of Process.

(i) The warrant and any supplemental process must be delivered to a person or organization authorized to execute it, who may be: (A) a marshal or any other United States officer or employee; (B) someone under contract with the United States; or (C) someone specially appointed by the court for that purpose.

(ii) The authorized person or organization must execute the warrant and any supplemental process on property in the United States as soon as practicable unless:

(A) the property is in the government's possession, custody, or control; or

(B) the court orders a different time when the complaint is under seal, the action is stayed before the warrant and supplemental process are executed, or the court finds other good cause.

(iii) The warrant and any supplemental process may be executed within the district or, when authorized by statute, outside the district.

(iv) If executing a warrant on property outside the United States is required, the warrant may be transmitted to an appropriate authority for serving process where the property is located.

(4) Notice.

(a) Notice by Publication.

(i) When Publication Is Required. A judgment of forfeiture may be entered only if the government has published notice of the action within a reasonable time after filing the complaint or at a time the court orders.

But notice need not be published if :

(A) the defendant property is worth less than $1,000 and direct notice is sent under Rule G(4)(b) to every person the government can reasonably identify as a potential claimant ; or

(B) the court finds that the cost of publication exceeds the property's value and that other means of notice would satisfy due process.

(ii) Content of the Notice. Unless the court orders otherwise, the notice must :

(A) describe the property with reasonable particularity ;

(B) state the times under Rule G(5) to file a claim and to answer ; and

(C) name the government attorney to be served with the claim and answer.

(iii) Frequency of Publication. Published notice must appear :

(A) once a week for three consecutive weeks ; or

(B) only once if, before the action was filed, notice of nonjudicial forfeiture of the same property was published on an official internet government forfeiture site for at least 30 consecutive days, or in a newspaper of general circulation for three consecutive weeks in a district where publication is authorized under Rule G(4)(a)(iv).

(iv) Means of Publication. The government should select from the following options a means of publication reasonably calculated to notify potential claimants of the action :

(A) if the property is in the United States, publication in a newspaper generally circulated in the district where the action is filed, where the property was seized, or where property that was not seized is located ;

(B) if the property is outside the United States, publication in a newspaper generally circulated in a district where the action is filed, in a newspaper generally circulated in the country where the property is located, or in legal notices published and generally circulated in the country where the property is located ; or

(C) instead of (A) or (B), posting a notice on an official internet government forfeiture site for at least 30 consecutive days.

(b) Notice to Known Potential Claimants.

(i) Direct Notice Required. The government must send notice of the action and a copy of the complaint to any person who reasonably appears to be a potential claimant on the facts known to the government before the end of the time for filing a claim under Rule G(5)(a)(ii)(B).

(ii) Content of the Notice. The notice must state:

(A) the date when the notice is sent;

(B) a deadline for filing a claim, at least 35 days after the notice is sent;

(C) that an answer or a motion under Rule 12 must be filed no later than 21 days after filing the claim; and

(D) the name of the government attorney to be served with the claim and answer.

(iii) Sending Notice.

(A) The notice must be sent by means reasonably calculated to reach the potential claimant.

(B) Notice may be sent to the potential claimant or to the attorney representing the potential claimant with respect to the seizure of the property or in a related investigation, administrative forfeiture proceeding, or criminal case.

(C) Notice sent to a potential claimant who is incarcerated must be sent to the place of incarceration.

(D) Notice to a person arrested in connection with an offense giving rise to the forfeiture who is not incarcerated when notice is sent may be sent to the address that person last gave to the agency that arrested or released the person.

(E) Notice to a person from whom the property was seized who is not incarcerated when notice is sent may be sent to the last address that person gave to the agency that seized the property.

(iv) When Notice Is Sent. Notice by the following means is sent on the date when it is placed in the mail, delivered to a commercial carrier, or sent by electronic mail.

(v) Actual Notice. A potential claimant who had actual notice of a forfeiture action may not oppose or seek relief from forfeiture because of the government's failure to send the required notice.

(5) Responsive Pleadings.

(a) Filing a Claim.

(i) A person who asserts an interest in the defendant property may contest the forfeiture by filing a claim in the court where the action is pending. The claim must :

(A) identify the specific property claimed ;

(B) identify the claimant and state the claimant's interest in the property ;

(C) be signed by the claimant under penalty of perjury ; and

(D) be served on the government attorney designated under Rule G (4) (a) (ii) (C) or (b) (ii) (D).

(ii) Unless the court for good cause sets a different time, the claim must be filed :

(A) by the time stated in a direct notice sent under Rule G(4) (b) ;

(B) if notice was published but direct notice was not sent to the claimant or the claimant's attorney, no later than 30 days after final publication of newspaper notice or legal notice under Rule G(4) (a) or no later than 60 days after the first day of publication on an official internet government forfeiture site ; or

(C) if notice was not published and direct notice was not sent to the claimant or the claimant's attorney :

(1) if the property was in the government's possession, custody, or control when the complaint was filed, no later than 60 days after the filing, not counting any time when the complaint was under seal or when the action was stayed before execution of a warrant issued under Rule G(3) (b) ; or

(2) if the property was not in the government's possession, custody, or control when the complaint was filed, no later than 60 days after the government complied with 18 U.S.C. §985 (c) as to real property, or 60 days after process was executed on the property under Rule G(3).

(iii) A claim filed by a person asserting an interest as a bailee must identify the bailor, and if filed on the bailor's behalf must state the authority to do so.

(b) Answer. A claimant must serve and file an answer to the complaint or a motion under Rule 12 within 21 days after filing the claim. A claimant waives an objection to in rem jurisdiction or to venue if the objection is not made by motion or stated in the answer.

(6) Special Interrogatories.

224   資料

(a) Time and Scope. The government may serve special interrogatories limited to the claimant's identity and relationship to the defendant property without the court's leave at any time after the claim is filed and before discovery is closed. But if the claimant serves a motion to dismiss the action, the government must serve the interrogatories within 21 days after the motion is served.

(b) Answers or Objections. Answers or objections to these interrogatories must be served within 21 days after the interrogatories are served.

(c) Government's Response Deferred. The government need not respond to a claimant's motion to dismiss the action under Rule G(8)(b) until 21 days after the claimant has answered these interrogatories.

(7) Preserving, Preventing Criminal Use, and Disposing of Property; Sales.

(a) Preserving and Preventing Criminal Use of Property. When the government does not have actual possession of the defendant property the court, on motion or on its own, may enter any order necessary to preserve the property, to prevent its removal or encumbrance, or to prevent its use in a criminal offense.

(b) Interlocutory Sale or Delivery.

(i) Order to Sell. On motion by a party or a person having custody of the property, the court may order all or part of the property sold if:

(A) the property is perishable or at risk of deterioration, decay, or injury by being detained in custody pending the action;

(B) the expense of keeping the property is excessive or is disproportionate to its fair market value;

(C) the property is subject to a mortgage or to taxes on which the owner is in default; or

(D) the court finds other good cause.

(ii) Who Makes the Sale. A sale must be made by a United States agency that has authority to sell the property, by the agency's contractor, or by any person the court designates.

(iii) Sale Procedures. The sale is governed by 28 U.S.C. §§2001, 2002, and 2004, unless all parties, with the court's approval, agree to the sale, aspects of the sale, or different procedures.

(iv) Sale Proceeds. Sale proceeds are a substitute res subject to forfeiture in place of the property that was sold. The proceeds must be held in an interest-bearing account maintained by the United States pending the conclusion of the forfeiture action.

(v) Delivery on a Claimant's Motion. The court may order that the property be delivered to the claimant pending the conclusion of the action if the claimant shows circumstances that would permit sale under Rule G (7)(b)(i) and gives security under these rules.

(c) Disposing of Forfeited Property. Upon entry of a forfeiture judgment, the property or proceeds from selling the property must be disposed of as provided by law.

(8) Motions.

(a) Motion To Suppress Use of the Property as Evidence. If the defendant property was seized, a party with standing to contest the lawfulness of the seizure may move to suppress use of the property as evidence. Suppression does not affect forfeiture of the property based on independently derived evidence.

(b) Motion To Dismiss the Action.

(i) A claimant who establishes standing to contest forfeiture may move to dismiss the action under Rule 12 (b).

(ii) In an action governed by 18 U.S.C. §983 (a)(3)(D) the complaint may not be dismissed on the ground that the government did not have adequate evidence at the time the complaint was filed to establish the forfeitability of the property. The sufficiency of the complaint is governed by Rule G(2).

(c) Motion To Strike a Claim or Answer.

(i) At any time before trial, the government may move to strike a claim or answer :

(A) for failing to comply with Rule G(5) or (6), or

(B) because the claimant lacks standing.

(ii) The motion :

(A) must be decided before any motion by the claimant to dismiss the action ; and

(B) may be presented as a motion for judgment on the pleadings or as a motion to determine after a hearing or by summary judgment whether the claimant can carry the burden of establishing standing by a preponderance of the evidence.

(d) Petition To Release Property.

(i) If a United States agency or an agency's contractor holds property for judicial or nonjudicial forfeiture under a statute governed by 18 U.S.C. § 983(f), a person who has filed a claim to the property may petition for its release under §983(f).

(ii) If a petition for release is filed before a judicial forfeiture action is filed against the property, the petition may be filed either in the district where the property was seized or in the district where a warrant to seize the property issued. If a judicial forfeiture action against the property is later filed in another district—or if the government shows that the action will be filed in another district—the petition may be transferred to that district under 28 U.S.C. §1404.

(e) Excessive Fines. A claimant may seek to mitigate a forfeiture under the Excessive Fines Clause of the Eighth Amendment by motion for summary judgment or by motion made after entry of a forfeiture judgment if:

(i) the claimant has pleaded the defense under Rule 8; and

(ii) the parties have had the opportunity to conduct civil discovery on the defense.

(9) Trial. Trial is to the court unless any party demands trial by jury under Rule 38.

資料4

United States Marshals Service Policy Directives - Service of Process 11.3 ADMIRALTY

A. Jurisdiction : Admiralty and maritime jurisdiction is part of the judicial power conferred upon the courts of the United States by the Constitution which provides "[t] he judicial power shall extend . to all cases of admiralty and maritime jurisdiction" (Article III, Section 2). Subject to specific statutes, the authority of a district court is generally limited to the geographical limits of the district, including the territorial waters bordering the district (a distance of approximately 3 miles offshore and approximately 9 miles on the Gulf coast of Florida and Texas). However, bodies of water that are wholly located within a single state and are not navigable nor used in interstate or foreign commerce would not be included in the admiralty jurisdiction. In short, admiralty in rem jurisdiction of the federal court and the USMS authority to arrest vessels is limited to vessels and/or cargo physically within the territorial jurisdictional authority of the district.

B. U.S. Marshal's Authority : The USMS becomes involved in admiralty matters by carrying out orders of the federal courts (28 U.S.C. § 566) as well as mandates found in the Supplemental Rules for Certain Admiralty and Maritime Claims.

C. Types of Maritime Actions : There are three types of maritime actions : in rem, quasi in rem and in personam.

   1. Proceedings In Rem : In rem actions are brought to enforce any maritime lien, which is a right against a particular vessel, its engines, boilers, appurtenances, furnishings, fittings. etc., her bunkers or cargo involved directly in the incident. The action could have stemmed from a ship mortgage, repairs, the supplying of necessar-

ies, crew wages, collision liability, loss of, or damage to cargo, bodily injury, salvage, wrongful death, or in accordance with authority granted under an applicable statute including some types of forfeiture actions. Execution of a warrant of arrest of the vessel or cargo in admiralty cases is necessary to acquire jurisdiction in an in rem action. An in rem suit in an admiralty action must be started in the district where the vessel or cargo or tangible property is located [supplemental rule C(2)(c) and E(3)(a)]. However, if the vessel or cargo or tangible property cannot be found or located therein, then the complaint may be filed in any district of the United States and the allegation made that it is expected within the district within the pendency of the action. The court will not acquire admiralty jurisdiction until the vessel or cargo or tangible property is actually arrested within that district or dependent on the facts, the parties otherwise agree to jurisdiction.

2. Quasi In Rem : The Writ of Maritime Attachment (sometimes referred to as the Writ of Foreign Attachment) and/or Garnishment is used to acquire personal jurisdiction, to the extent of the value of the property seized, over a defendant not found in the district (not being physically present therein for purposes of service as opposed to doing business in the district) and also acts as security for any judgment that might be obtained in the action. This section should be followed for the protection, maintenance, and upkeep of that property. When process in rem or of maritime attachment or garnishment has been issued, the vessel may be seized only in the district issuing the process [supplemental rule E(3)(a)]. Unless otherwise authorized by statute, a U.S. Marshal may not arrest, attach, or garnish property outside the territorial jurisdiction of his or her district [supplemental rule E(3)(a)].

3. In Personam: In personam actions are proceedings against a person or persons (e.g., the owner or owners of a vessel). An action in personam is used to secure a judgment against the person rather than

資料4　229

against the vessel or other property involved in the incident. Often an action will be brought both in personam and in rem.

D.　Basis for Seizure :

1.　Procedures :

　　a.　The warrant or writ is directed to the U.S. Marshal and commands him or her to arrest, attach, or garnishee the vessel, property, or cargo, and to hold it pending further order of the court.

　　b.　In cases involving maritime attachment, the complaint must include a request for issuance of the Writ of Maritime Attachment and must be accompanied by an affidavit by the plaintiff or his or her attorney that the in personam defendant cannot be found in the district [Supplemental Rule B (1)]. This affidavit should state what efforts were undertaken by the plaintiff to locate the defendant (e.g., checked last known address and defendant not located there or it is outside the district ; no listing in the telephone book, etc.). The U.S. Marshal is entitled to rely on these statements and does not have to commence an independent search for the defendant.

E.　General Procedures : Upon authorization of the court or the clerk, the clerk will issue a warrant for the arrest of the vessel or other property that is the subject of the action or will issue a Writ of Maritime Attachment or Garnishment and deliver it to the U.S. Marshal for service. There are basic procedures that should be reviewed and followed in order to achieve the arrest, attachment, or garnishment. Although the Supplemental Rules for Certain Admiralty and Maritime Claims authorize persons or organizations other than the U.S. Marshal to be named by the court to execute the warrant of arrest, or writ of attachment or garnishment, seizure of a vessel and tangible property on a vessel remain exclusively the task of the USMS. Seizure of other tangible or intangible property can now properly be undertaken by other persons or organizations if named by the court in the warrant of arrest, writ of attachment, or garnishment. In addition, many districts have local rules pertaining to admiralty procedures and these must be followed where applicable.

1. Receipt of Process : Upon receipt of a warrant or writ, the U.S. Marshal should ensure that sufficient copies of the warrant or writ, summons and complaint, and any other pertinent documents (e.g., an order for substitute custodian), have been received ; that adequate instructions are included therewith ; that appropriate advance fees are received ; and that the duties, obligations, and responsibilities of the U.S. Marshal, the attorney for plaintiff, and the substitute custodian, as appropriate, are discussed and understood by all concerned and reduced to writing, as appropriate, on form USM-285, Process Receipt and Return. This Form must be filled out by the arresting party and must provide complete detailed instructions for service of process, including the exact location and description of the vessel or property to be seized, the estimated value of the vessel and the cargo ; the registry of the vessel ; and any other actions required of the U.S. Marshal subsequent to the service. Whenever possible, the attorney for the plaintiff should contact the U.S. Marshal to discuss the procedures, proposed orders and instructions before commencing the initial procedures (e.g., to discuss any problem related to the seizure, deposits, insurance, substitute custodian orders, etc.). In some districts, the local rules require this meeting. If there are any questions which cannot be resolved, the U .S. Marshal may apply to the court for further directions.

2. Special Circumstances : Wherever possible, information should be provided by the arresting party as to the condition of the vessel ("live" or "dead") ; whether a crew is aboard ; whether machinery is operable or will have to be operated ; whether the vessel is

資料4　231

moored or anchored ; whether cargo is aboard and, if so, whether it is perishable or nonperishable ; whether repair work is being performed ; the condition of the vessel ; whether a crew will have to be maintained aboard ; whether water transportation will be needed ; whether the cargo is dangerous or hazardous in nature ; whether there may be any problems related to oil pollution ; whether the vessel will have to be moved ; and any other information that would pertain to the protection, maintenance, and upkeep of the vessel or the property while under seizure, as well as involving the safety of the harbor. This information should be presented to the court and, also, referred to in the court order whenever possible. If cargo work or repairs are being undertaken, the court order should also provide whether it is to continue ; who will be responsible for the performance of the work ; and whether the expenses related to such work shall be considered administrative expenses. There are many situations where the plaintiff only intends to arrest or attach cargo or property upon a vessel (e.g., bunkers), but the aforelisted information will still be necessary and the same approach required as in arresting or attaching the vessel itself since the seizure of the cargo or the property will result in the vessel being detained until provision is made for the removal of the cargo or the property.

Particular problems are presented by the increasing number of attempted arrests of sunken vessels, cargo, and "treasure." Generally, in handling cases involving special circumstances, contact should be made with the Office of General Counsel, USMS. However, this is particularly true in sunken vessel, cargo, or treasure cases due to both the legal and practical problems related to possession, control, and safekeeping of the property and to obtaining insurance.

3.　Advance Deposits for Costs : Under 28 U.S.C. § 1921, the U.S. Marshal shall collect in advance sufficient fees to cover the cost of service of the process, U.S. Marshal's insurance, and sufficient keeper and maintenance fees [supplemental rule E(4)(e)]. Due to local labor situations and prevailing work conditions, some districts are required to pay a higher hourly or daily rate for keepers, wharfage, etc., than other districts. Regardless of the going rate, the U.S. Marshal shall insist on a 10-day advance for his or her expenses unless the local rules provide otherwise. The custody and safekeeping of vessels, cargo, and other seized property pursuant to civil, admiralty, or bankruptcy actions on behalf of private litigants, rests with the U.S. Marshal effecting the seizure and are conditioned upon the advance of sufficient funds by the arresting party to cover the costs incidental to the safekeeping and custody requirements. If special circumstances exist which will require greater expenditures, then the required deposit should take that into account. If a substitute custodian is to be immediately appointed, then the amount of the deposit required should also take that into consideration. The "initial" arresting party is responsible for making the payments; however, there may be a provision in the court's local admiralty rules that covers this situation.

a. While under seizure the vessel and/or the cargo or property is to be protected and kept safely in essentially the same condition as when it was arrested or attached. Unless otherwise ordered by the court or provided in the local admiralty rules, all cargo work or repair is to stop at the time of seizure. No movement of the vessel or improvements or work of a special nature, except emergency actions, may be undertaken without an order of the court.

b. Following the seizure of a vessel, cargo, or other property, and throughout the litigation, the U.S. Marshal will maintain a minimum balance equal to half of the arresting party's initial deposit, i.e., the equivalent of five days' deposit, to cover the continuing costs of the seizure. When the arresting party's deposit reaches the five-day minimum, the U.S. Marshal will request an additional deposit offunds which is sufficient to cover the continuing costs of the seizure for a reasonable time, e.g., 10 days. If this party fails to deposit the requested funds, the U.S. Marshal will immediately seek relief from the district court including, but not limited to, the right to release the property from arrest or attachment and the arresting party and its counsel will be obligated for any balance due and any sanctions deemed appropriate by the court. Notice of such application shall be given to any or all of the parties as the court may direct [supplemental rule E (4)(d)].

c. In accordance with 31 U.S.C. § 1341, no government employee, including the U.S. Marshal, has the right to obligate government funds to defray costs or expenses incurred in seizures on behalf of private litigants. Therefore, no vessel or property should be seized or continued under seizure without receipt of the required advance deposit. This mandate applies to actions by seamen [see 28 U.S.C. § 1921(a)(2)]. Directions should be obtained from the court when necessary.

d. When the United States requests the arrest or attachment in an admiralty case, no deposit is required. The federal government agency referring the claim for action/collection to the Department of Justice will be responsible for all costs and expenses of the arrest or attachment, not the USMS. Whenever possible, the initiating government agency should be appointed by the court as substitute custodian at the time the warrant is executed by the U.S. Marshal. It is then the responsibility of the initiating government agency as substitute custodian to bear all costs and expenses pertinent to keeping and maintaining the property following seizure.

4. Keeper : A "keeper" is a person or party appointed by the U.S.

Marshal to act on behalf of the U.S. Marshal who is usually a private person or company that is not an employee of the U.S. Marshal or the United States.

a. They receive instructions from and are responsible to the U. S. Marshal and will not adhere to instructions, orders, etc., from other sources.

b. The arresting deputy will review the duties and responsibilities of a keeper with the latter to ensure that the appointed keeper is well acquainted with his or her duties and responsibilities, including any applicable local court rules.

c. Depending upon the circumstances, it may be necessary to obtain a qualified seaman, engineman, or both to act as keeper of the vessel (e.g., where engines have to be "turned over" or an anchor watch maintained).

d. If the U.S. Marshals Service selects an independent contractor to act as keeper of the vessel, that contractor must be capable of performing all necessary services as keeper and be financially able to resolve all claims of damages and injuries which may result from the keeper's negligence.

e. Under certain circumstances, dependent upon the type and size of the vessel and her condition, a "ship's agent" may be used as a keeper. In that case, the ship's agent will obtain the necessary personnel and equipment required to perform the service.

f. No keeper will be appointed without an express written agreement for keeper services.

5. Substitute Custodian : In many instances, an arresting party will

obtain an order from the court for the appointment of a substitute custodian to act in place of the U.S. Marshal and his or her keepers. Often this assumption of responsibility occurs immediately upon the arrest or attachment of the vessel, the cargo, or the property by the U.S. Marshal. A court order for the appointment of a substitute custodian will accompany the warrant or the writ.

a. As a requirement of obtaining the order appointing the substitute custodian, the arresting party will file proof satisfactory to the court of financial ability or sufficient insurance coverage to ensure that the substitute custodian can respond to any damages or injuries that might result from the negligence of the substitute custodian.

b. The order appointing the substitute custodian will discharge the U.S. Marshal from his or her duties of safekeeping the seized property.

c. The order appointing the substitute custodian, and not the substitute custodian's affidavit alone, must contain a hold harmless and indemnity clause which releases and indemnifies the U.S. Marshal and the United States.

d. When the United States is the arresting party in an admiralty case, it will act in most cases as a self-insurer.

e.

f. When the U.S. Marshal releases a vessel, and/or other property seized, to the custody of a substitute custodian, the U.S. Marshal should complete an appropriate return and the substitute custodian should complete an appropriate receipt for the property (see form USM-285, Process Receipt and Return).

236   資料

g.   Generally, an order appointing a substitute custodian also provides that the reasonable expenses of that substitute custodian will be considered administrative expenses. The substitute custodian, or the arresting party on his or her behalf, is responsible for payment of all custodian expenses incurred, NOT the U.S. Marshal.

F.   Insurance:

1.   Policy: The U.S. Marshal will maintain insurance at all times, including when a substitute custodian or keeper has been appointed. Payments for the premiums must be deducted from the advance deposit collected for the seizure and as subsequently needed. 28 U. S.C. § 1921.

a.   Type of Insurance: Protection and indemnity insurance covering the U.S. Marshal and the United States is required. There should be no other beneficiaries named. Other persons or entities seeking insurance should arrange for coverage separately. Liability is based on fault arising from the negligence of the U.S. Marshal or those acting on his or her behalf pertaining to the custody of the seized property. The coverage does not cover pollution claims, sunken wrecks sunken cargo or other such property, or claims arising out of underway operations of the vessel. It is NOT a direct non-liability type of insurance (i.e., insurance that will result in payment for loss of the seized property without fault of the U.S. Marshal).

b.   Availability of Insurance: The U.S. Marshals Service has made insurance available to arresting parties; however, this insurance is not intended to be exclusive. Any other insurance provided by an arresting party must be at least equivalent to the coverage and amount provided in the insurance provided by the U.S. Marshals Service. If the arresting party provides another appropriate insurance, the U.S. Marshal may not purchase an insurance policy on the arresting party's behalf. Insurance that contains a deductible, an exclusion for property in the care, custody or control of the insured, or an exclusion for property under detention by law is not appropriate liability insurance coverage for the U.S. Marshal in admiralty cases. Any required inventories, reports, etc., should be made and premiums submitted promptly. As with other expenditures incurred by the U.S. Marshal, appropriate deposits must be collected in advance to cover such costs. There are usually a minimum number of days of coverage required by insurance policies. Also, special situations (e. g., property recovered from wrecks, oil pollution, and dangerous cargoes) may require special arrangements for insurance. If such insurance is not available, the court and the Office of General Counsel, U.S. Marshals Service, should be notified immediately.

c.   Amount of Coverage Required : The amount of the coverage is not limited solely by the value of the property seized. Although the property may be of relatively low value, the U.S. Marshal's exposure to potential liability for negligent injury to third parties or property requires that a minimum insurance coverage of $1 million per seizure be obtained. If the vessel or other property seized is valued over $1 million, then a higher coverage is required. Moreover, if there are special circumstances (e.g., dangerous cargo on board a vessel to be seized), additional coverage may be required.

d.   Determination of the Coverage : The arresting party is required to provide the value of the property to be seized. When the seizure will affect other property (e.g., cargo on a seized vessel), the value of that property must also be provided. Further, any special situations (as discussed in this section, e.g., cargo operations, movement of the vessel) should also be considered.

e. Informing the Insurer : The insurer must be kept informed of each seizure, the value of the property seized and any existing special circumstances. If the vessel must be moved, or if work or repairs on the vessel or cargo operations must be performed, the U.S. Marshal must notify the insurer. If the arresting party or its agent procured the insurance, the arresting party is responsible for notifying the insurer.

f. Payment of Insurance Premiums : If the insurance is obtained through the U.S. Marshal, the U.S. Marshal must pay the premiums from the advance deposit provided by the arresting party. If the insurance is obtained by the arresting party or its agent, the arresting party is responsible for paying the premiums.

g. Amount of Premium : The specific amount of each premium and the method and time of payment, as well as the requirement for the reporting of each seizure, will necessarily depend upon the arrangements made with any particular insurer. The U.S. Marshal will receive instructions regarding these requirements for any insurance policy obtained by the U.S. Marshal.

h. Independent Contractors as Keepers : Independent contractors who act as keepers for the USMS must have insurance equivalent to that required for the U.S. Marshal. Independent contractors can obtain appropriate insurance coverage as keepers through the USMS.

i. Substitute Custodians : Substitute custodians are required to

資料4   239

maintain insurance at least equivalent to that maintained by the U.S. Marshal when the latter is acting as custodian. If the substitute custodian or the plaintiff have sufficient assets to act as "self insurer," they may seek an order from the court and must satisfy the court that they can be self-insurers. Insurance coverage is preferred. Arrangements have been made by the USMS for substitute custodians to obtain insurance coverage equal to that maintained by the U.S. Marshal when the latter is acting as custodian. The substitute custodian is responsible for paying the insurance premiums on the substitute custodian's policy.

j.   Production of the Policy : Since the plaintiff will be paying the premiums for the U.S. Marshal's policy and the substitute custodian's policy, if appropriate, that party is entitled to review a copy, or obtain a copy of the policy. Each U.S. Marshal's office should have available a copy of the policy covering the U.S. Marshal or if requested should obtain one from the insurer.

k.   Reporting of Incidents : Any incident resulting in possible or actual damage or injuries pertaining to or in relation to the property in custody should be immediately reported to the insurer.

G.   The Actual Arrest : Unless otherwise authorized by statute, a U.S. Marshal may not arrest, attach or garnish property outside the territorial jurisdiction of his or her district ; thus, a vessel on the high seas (e.g., more than three miles from shore - except Florida on the Gulf Coast and Texas, both of which have limits of three marine miles, or approximately nine miles off the coast) may not normally be arrested by the U.S. Marshal. Also, depending on the circumstances, not every vessel transiting through the waters of the district may be arrested. Under concepts of international law (the doctrine of "free passage"), a vessel may transit territorial waters without being subject to arrest. If a question regarding the U.S. Marshal's authority to arrest a vessel arises from the location of an offshore vessel, the U.S. Marshal should contact the Office of General Counsel, USMS.

H.　　Safety Factors : Although a vessel may be physically located within a district, environmental factors such as storms or heavy seas may render it unsafe to attempt to arrest the vessel (e.g., a vessel at anchor during a storm). The U.S. Marshal should not take undue risks. Use of helicopters is not recommended under normal circumstances. Usually, the U.S. Coast Guard will assist in providing water transportation if necessary ; however it will not use force to stop a vessel, nor, except under exceptional circumstances, should it be requested. Boarding of moving vessels should be avoided. Safety for all parties involved should be the first consideration.

I.　　Public Notice of Arrest or Attachment : Sufficient copies of the Notice of Arrest or Attachment to adequately post the vessel should be prepared. The original of the Notice should accompany the complaint and warrant or writ.

J.　　Water Transportation : If water transportation is needed to reach the vessel, the U.S. Marshal should ensure that arrangements for such transportation have been made prior to his or her departure from the office. As stated, the Coast Guard, if available, will assist in this manner in U.S. government-initiated admiralty seizures. In private litigation actions, the initiating party is responsible for payment of such transportation costs.

K.　　Service of the Papers :

　　　1.　　Procedures : Upon arrival at the vessel, the deputy will serve a copy of the warrant or writ, the complaint, and the Notice of Arrest or Attachment upon the captain or person having custody of the vessel, cargo, or other tangible property, and affix a copy of the public notice in a conspicuous place on the vessel, preferably the wheel house.

a. The captain or person having custody of the vessel, cargo or other tangible property, should be informed that the vessel, cargo and/or other tangible property is under seizure, and may not be moved from its present location except in an emergency without the express permission of the U.S. Marshal and in accordance with an express court order.

b. Arrangements should also be made to ensure that the keeper has adequate shelter aboard the vessel, including lodging, if he or she is expected to remain aboard at night. Subsistence concerns should be resolved before the U.S. Marshal returns to his or her office.

c. The keeper should be instructed to record events concerning the vessel in a log and to contact the U.S. Marshal's Office upon the occurrence of any unusual circumstances effecting the vessel, cargo or other tangible property under seizure.

d. As soon as practical, the U.S. Marshal should promptly complete a return indicating the exact time, date and place of the seizure, and any other pertinent information, including the identity of the keeper, on a Form USM-285.

e. Unless the vessel is immediately released pursuant to the posting of a bond, the U.S. Customs Service should be informed of the seizure and requested to deny the vessel clearance to depart the port without notification of release from the USMS [Supplemental Rule E(4)(b)].

L. Special Procedures : Upon arresting or attaching the vessel or property, the U.S. Marshal should complete a Form USM-102, Seized Property and Evidence Control, and determine whether any special procedures are necessary. Special procedures will apply whether the vessel is a "dead" vessel, i.e., a vessel whose machinery is not operating and/or no crew is on board,

242 　資料

or a "live" vessel. (The former refers to situations where the machinery is not operating and/or a crew is not aboard.) The following are examples and are not "all inclusive." Situations vary not only within different ports, but within ports themselves. If there are any questions related to any required procedures the U.S. Marshal should contact the Office of General Counsel or the admiralty counsel in the U.S. Department of Justice.

1.　If a crew is aboard, all possible information pertaining to the condition of the vessel, its machinery, cargo, lines, anchors, operating capability, etc., should be obtained.

2.　Unless the court order or local admiralty rules provide otherwise, all cargo work or repair work must stop.

3.　If the cargo is perishable, if there is food aboard, and/or if the refrigeration units are not operating, the U.S. Marshal should be notified, appropriate arrangements should be made and court orders obtained, as needed.

4.　If the crew is a foreign crew, the Immigration and Naturalization Service should be notified, as the crew may not be allowed ashore.

5.　If any dangerous conditions relating to the seaworthiness or safety of the vessel or the cargo are found or suspected, it may be necessary to obtain a surveyor.

6.　If machinery is expected to be operated on the vessel and the crew is aboard, the U.S. Marshal should notify the court so that appropriate orders may be obtained regarding the services to be provided by the crew.

7.　In some instances it may be necessary to take photographs, and/or a photographic inventory of the contents.

8. Whenever possible, an inventory should be made as to valuable portable equipment, property, or other items which may be subject to pilferage.

9. No property should be removed from the vessel without appropriate authority. Many vessels contain radios, tape decks, and television sets that belong to the vessel owner and are not crew's property.

10. Information should be obtained as to the location and contents of sealed areas and rooms, and keys to these areas, if appropriate, should be obtained. The locations and availability of emergency equipment and services, including shoreside equipment and services, should be determined. The location and availability of communications equipment for contact with the U.S. Marshal's office and local emergency services should be immediately determined.

11. The U.S. Marshal should immediately alert the court and the parties to any problems which may relate to, or result in, oil pollution or hazardous cargo.

M. Special Situations: If the vessel or property that is subject to seizure appears at the time of arrest to be in a dangerous condition (e.g., a sinking or sunk vessel, a cargo or vessel on fire, a vessel leaking oil, hazardous cargo aboard), the U.S. Marshal should refuse to arrest the vessel, absent knowledge of and instruction from the court as stated in the court's orders or supporting documents. The U.S. Marshal should immediately notify the Office of General Counsel for further instructions, including instructions from the court.

N. Visitors to Vessel: Unless an order of the court has previously been issued making provisions for visitors to board the vessel, no visitors should be allowed aboard the vessel. The order should contain an appropriate indemnity provision, and all visitors should be required to sign an appropri-

244　資料

ate waiver form relating to liability for injuries or damage to the property or other persons.

O.　Release of Vessel or Property :

　　1.　Policy : A vessel, cargo or other property may be released by order of the court. Usually this release is based upon the defendant providing a special bond or a general bond. Dependent upon the type of bond, the parties may also stipulate to the amount and nature of the security. Additionally, except as to possessory, petitory, and partition actions, under Supplemental Rule E(5)(c), the U.S. Marshal may release property under arrest, attachment, or garnishment upon the U.S. Marshal's acceptance and approval of a stipulation, bond, or other security signed by the party on whose behalf the property is detained or his or her attorney. Such documents must expressly authorize such release. Additionally, all costs and charges of the court and its officers, including the U.S. Marshal's, must be paid before the property may be released. Under Supplemental Rule E(5)(c) it is not necessary that the defendant also sign the document. Further, under Supplemental Rule E(5)(c), only the U.S. Marshal has the authority to release the property in this manner, even if the property is in the custody of another person or organization having the warrant. Unless otherwise provided in a court order, the submission of a USM-285 instructing the Marshal to release the seized vessel or property and signed by the party seizing the vessel or property, is acceptable for these purposes.

　　2.　Procedures :

　　　　a.　Upon release of the detained property, the party receiving custody from the USMS should sign a receipt for the vessel and the items of property shown on the inventory, Form USM-102, Seized Property and Evidence Control. The party receiving possession should, in the company of the keeper, re

-inventory the property or, at the least, be given an opportunity to do so. Any party who takes possession of the seized property without an inspection or inventory does so at his or her own risk.

b. Upon receipt of a stipulation by the parties to release the vessel, the U.S. Marshal should release the vessel promptly within a reasonable time. Interveners who have neither placed notice in a public place or notified the U.S. Marshal of their respective claims, nor physically arrested the vessel or property may not delay or prevent the release of a vessel, absent a court order, where the parties who have seized the vessel have stipulated to its release. The substitute custodian, absent a court order authorizing him or her to do so, does not have the authority to release a vessel or property.

P. Sales of Vessels and Property : Although Supplemental Rule E(9)(b) and (c) requires that only the U.S. Marshal arrest or attach a vessel and tangible property thereon, the court may order a person or entity other than the U.S. Marshal named in the warrant in rem or a writ to seize and sell other property. Further, a vessel or other tangible property on board the vessel may be sold by a person assigned by the court if the U.S. Marshal is a party in interest. Also see 28 U.S.C. § 1921(c)(1) regarding the use of a public auctioneer.

1. Policy : The U.S. Marshal will sell a vessel or other property seized in an admiralty action for the following types of sales : an interlocutory sale and a final sale.

a. Interlocutory Sale : This type of sale may be ordered because the property is perishable ; because the property or vessel may be subject to deterioration, decay or damage pending final disposition of the action ; because the expense of keeping the property or vessel is excessive or disproportionate to its value ; Prior to the final disposition of a case, the court may authorize the sale of a vessel or other property under arrest or attachment. This is usually designated as an "Interlocutory Order of Sale." This type of sale may be ordered because the property is perishable ; because the property or vessel may be subject to deterioration, decay or damage pending final disposition of the action ; because the expense of keeping the property or vessel is excessive or disproportionate to its value ; or because there is an unreasonable delay in securing the release of the property or vessel. Any party or the U.S. Marshal may move for an interlocutory sale under Supplemental Rule E(9)(b).

b. Final Judgment Sale : This sale is based upon the judgment that has been issued at the final disposition of the case.

2. Procedures : In some districts, there are extensive local rules pertaining to the performance of an admiralty sale. These rules should be followed whenever possible. If the U.S. Marshal is unclear regarding the application of these rules, or any of them, he or she should request instruction from the court.

a. Sales Orders : The order authorizing the sale of the vessel or other property will be issued by the court. Specific provisions contained therein must be followed by the U.S. Marshal. The U.S. Marshal may set reasonable conditions for implementing the sale if they are not specified in the order itself. Generally, the parties, or one of them, will contact the U.S. Marshal to determine a convenient date, time and place for the sale, and the conditions or requirements which the U.S. Marshal would like to see included in the order. The U.S. Marshal should review the proposed order or orders to determine : (1) whether a minimum bid amount has been set ; (2) whether there are required minimum increments in the bidding, e.g.,

$100 or more, whether credit bids are allowed ; (3) whether a certain amount of deposit or down payment is required ; whether the number of days for the balance to be paid is designated ; (4), whether there are any limitations regarding who may bid, e.g., an alien restricted from bidding on the purchase of an American flag vessel ; (5) whether any special methods of payment are designated, e.g., cashier's or certified checks ; (6) whether there are any provisions regarding the filing of objections with the court ; (7) whether, in the absence of objections, the court or local rules provide for automatic confirmation of the sale ; (8) whether the successful bidder is required to file an order for the clerk of the court's signature stating that no opposition of the sale has been filed to provide a written record for the court and documentation for submission by the new owner to the U.S. Coast Guard or other authorities where the new owner may wish to register the vessel.

b.　Notice of Sale : After the order of sale is issued by the court, a notice of the sale must be prepared. Usually this is prepared by the initiating party or his or her attorney. Alternatively, Form USM-62, Notice of United States Marshal's Sale in Admiralty, can be used. This notice should contain the date, location, time of sale, and all conditions connected with the sale as outlined in the order authorizing the sale. Usually the U.S. Marshal will publish the notice of sale in accordance with the local rules and procedures. Some orders may provide for publication in newspapers which are not listed in the local rules or may require publication for a number of days which exceeds those required by the local rules. The U.S. Marshal should remind the newspaper publishers of the need to provide him or her with an affidavit of publication immediately subsequent to the required publication. These affidavits must be available for purposes of confirmation of the sale.

248   資料

c.   The Sale :

1)   Prior to the sale, the names and addresses of the pro-
spective bidders and the companies they represent, if
applicable, should be obtained by the U.S. Marshal.
This listing should be retained in the U.S. Marshal's
file as part of the record of the sale to verify the pres-
ence of the persons at the sale and to list the bids re-
ceived from each such prospective buyer.

2)   Also prior to the sale, the U.S. Marshal conducting the
auction will read aloud the requirements specified in
the order of sale, including the Notice of Sale. After
the reading of those documents and any other docu-
ments required by the court to be read at the sale, the
U.S. Marshal will announce that the auction is now
open for bids. If there is no specific requirement, and
the persons present at the auction agree, the reading
of documents other than the Notice of Sale may be
waived.

3)   The sale should be conducted in the same manner as
any public auction. The auction will be opened at the
place, date, and time of sale as specified in the court
order and Notice of Sale. There should be no change
in the direction stated in the court's order without
authority of the court.

4)   If a minimum bid amount has been set by the court,
the U.S. Marshal must state the amount and that all
bids must commence from that level.

5)   Each bid should be written down by the U.S. Marshal
or an assistant when received and placed alongside

the name of that bidder.

6) The U.S. Marshal selling the property should repeat the highest bid three times and, if no further bids are made, announce that the property is sold to the highest bidder unless there is reason to not finalize the sale.

7) If the highest bidder does not meet the requirements for the deposit or, subsequently, for payment of the balance, all of the names of the bidders should be presented to the court at the hearing that will follow. Under these circumstances, the sale does not automatically revert to the second highest bidder. It is generally in the discretion of the court whether the sale should be confirmed to anyone other than the original highest bidder or whether a new sale will have to take place.

8) In most districts, an order of sale will usually provide that any person bidding with the intent to delay or hinder the sale may be subject to sanctions by the court. Even in those situations where there is no specific order or rule pertaining to this problem, the court should be informed of the name of the party involved in the event the court chooses to exercise its jurisdiction regarding interference with a court order.

Q. Confirmation of Sale :

1. Procedures :

a. Most districts have local admiralty rules that provide for automatic confirmation of the sale of a vessel. Some do not provide for the issuance of a formal order. The U.S. Marshal should confirm that no objections have been filed before releasing the vessel. Since the automatic confirmation takes effect generally, if no objections are filed, within a certain time period (e.g., three court days), a bill of sale should not be issued by the U.S. Marshal until after the close of the court's business on the specified day. Since the U.S. Marshal's office will also probably be closed at that time, the bill of sale should be issued immediately on the following day.

b. The bill of sale [Department of Transportation form CG 1356 (Rev. 9-92)] should be completed in original form with at least three copies. The original and one certified copy should be given to the purchaser ; one copy should be given to the clerk of the court ; and the third copy should be kept for USMS files. The bill of sale conveys the property "as is, where is" with no warranties.

R. Bidder's Failure to Pay, Objections of Sale, or Non-Confirmation :

1. Procedures :

a. If the successful bidder does not pay the balance required in accordance with the court order or otherwise defaults, the U. S. Marshal should immediately notify the court for instructions. The court may require a hearing pertaining to a possible second sale or confirmation of the sale of another bidder. Generally, the deposit money received from the successful bidder will be used to pay the added costs of maintenance and upkeep, and any other expenses incurred as a direct result of the default, until the vessel is either subsequently sold or otherwise disposed of in accordance with a court order.

b. In instances where objections to the confirmation of the sale

資料4   251

are filed, normally the local rules provide that the person making the objection shall deposit a sufficient sum with the U.S. Marshal to cover the cost of maintenance and upkeep during the time required for the determination of the validity of the objection. Also, generally, local rules provide for further payments if the objection is upheld or denied. If there are no applicable local rules, the U.S. Marshal should request instructions from the court regarding the payment of expenses during the interim period.

S.   Proceeds of Sale : In accordance with 28 U.S.C. § 1921, the U.S. Marshal is entitled to is entitled to have his or her fees, commission and expenses deducted from the proceeds of the sale. The balance is then, usually, paid into the registry of the court.

1.   In some circumstances, the court order may provide for other payments from the proceeds or, may direct the U.S. Marshal to deduct his or her fees, commission and expenses from the proceeds, and to remit the net proceeds to the court. Generally, the U.S. Marshal should follow the directions in the court order regarding the disposition of proceeds. However, if he or she has questions concerning the language of the order concerning payments, or any other matter addressed in the order, he or she should immediately notify the Office of General Counsel, USMS.

2.   In private actions, for admiralty sales, the U.S. Marshal is entitled under 28 U.S.C. § 1921, to his or her fees, commission, and expenses when the purchaser is a credit bidder. The purchaser should be notified of the necessity of paying these amounts.

3.   When the proceeds of the sale are remitted to the clerk of the court, they must be accompanied by a U.S. Marshal's bill showing his or her fees and expenses, including his or her commission. The proceeds of the sale and the U.S. Marshal's bill should be submitted

to the court as soon as possible. Accordingly, the U.S. Marshal should pay all bills promptly as due, or resolve all issues concerning bills promptly during detention, and submit complete records, or copies thereof, to the court, as required.

4. Absent local rules providing otherwise, or objections filed regarding the U.S. Marshal's bill, no motion is necessary to confirm the payments to the U.S. Marshal. If any objections or problems arise regarding these payments, the Office of General Counsel should be immediately notified.

5. Under 28 U.S.C. § 1921 (c)(1) and (2), the amount of the commission will be determined by the range that is in effect at the time and is set by the attorney general. Currently, this range is found in 28 C.F.R. § 0.114.

6. Substitute custodians should file their own claims for expenses with the court.

T. Local Rules : The U.S. Marshal must comply with the specific provisions of the local rules for his or her district. If there are any problems or questions related to the implementation of those rules, the U.S. Marshal should contact the court for instructions.

U. Assistance : Problems or questions may arise in relation to the performance of the U.S. Marshal's duties and responsibilities. At the first indication of a potential problem, the U.S. Marshal should contact the Office of General Counsel, USMS, 202-307-9054. If Office of General Counsel, USMS, cannot be reached, the U.S. Marshal may also contact the following Department of Justice personnel :

1. Department of Justice, Torts Branch, Assistant Director (Admiralty), Washington, D.C., 202-616-4126

資料4   253

2.   Attorney in charge, West Coast office, Torts Branch, Department of
Justice, San Francisco, CA, 415-436-6630

主要文献目録

日本語文献
書籍等
1. ウィリアム・M・リッチマン＝ウィリアム・M・レイノルズ著（松岡博ほか訳）『アメリカ抵触法（下巻）―法選択・外国判決編―』（雄松堂、2011）
2. 植田淳『エクイティの法格言と基本原理』（晃洋書房、1996）
3. 木棚照一編著『国際私法』（成文堂、2016）
4. 田中英夫『アメリカ法の歴史（上）』（東京大学出版会、1968）
5. 望月礼二郎『英米法（新版)』（青林書院、1997）

論文等
1. 小島孝「英国法における海上財産上の Liens について」海法会誌復刊6号21頁（1958）
2. 小島孝「ドイツ法及びフランス法における船舶先取特権制度について」法学論叢63巻5号45頁（1958）
3. 齋藤彰「海事事件の国際裁判管轄」国際私法年報11号2頁（2009）
4. 戸田修三「イギリス海法の形成と『海事裁判所』（Admiralty Court）の変遷」法学新報59巻20号232頁（1952）
5. 箱井崇史「1681年フランス海事王令試訳（1)」早稲田法学81巻4号411頁（2006）
6. 森田博志「アメリカ抵触法におけるマリタイム・リーエンの準拠法の現状とわが国の国際私法における船舶先取特権の準拠法についての解釈論」海事法研究会誌123号1頁（1994）

英語文献
書籍等
1. Edward Stanley Roscoe, ADMIRALTY JURISDICTION & PRACTICE OF THE HIGH COURT OF JUSTICE (4th ed. 1920)
2. Grant Gilmore & Charles L. Black, THE LAW OF ADMIRALTY (2d ed. 1975)
3. Henry L. McClintock, HANDBOOK OF THE PRINCIPLES OF EQUITY (1948)
4. Joseph. H. Beale, A TREATISE ON THE CONFLICT OF LAWS, vol. 2

5．Kenneth C. Mcgulffie, KENNEDY'S CIVIL SALVAGE（4th ed. 1958）

6．Thomas A. Russell, 2 BENEDICT ON ADMIRALTY

7．Thomas J. Schoenbaum, ADMIRALTY AND MARITIME LAW（6th ed. 2018）

8．William Tetley, MARITIME LIEN AND CLAIMS（2 d ed. 1998）

論文等

マリタイム・リーエン概説

1．Edward F. Ryan, Admiralty Jurisdiction and the Maritime Lien : An Historical Perspective, 7 Western Ontario Law Review 173（1968）

2．Norman B. Richards, Maritime Liens in Tort, General Average, and Salvage, 47 Tul. L. Rev. 569（1972-1973）

3．Paul Macarius Hebert, Origin and Nature of Maritime Liens, 4 Tul. L. Rev. 381（1929-1930）

連邦マリタイム・リーエン法関連

1．Brian Mattis, Maritime Liens for Necessaries ; A Tale of Statutory Misinterpretation - Part I, 21 J. Mar. L. & Com. 213（1990）

2．Brian Mattis, Maritime Liens for Necessaries ; A Tale of Statutory Misinterpretation - Part II, 21 J. Mar. L. & Com. 331（1990）

3．Fitz-Henry Jr. Smith, New Federal Statute Relating to Liens on Vessels, 24 Harv. L. Rev. 182（1910-1911）

4．Lucian Y. Ray, Maritime Contract Liens, 47 Tul. L. Rev. 587（1972-1973）

船舶抵当権法関連

1．J. Bond Jr. Smith, Ship Mortgages, 47 Tul. L. Rev. 608（1972-1973）

2．James M. Maloney, A Breach in Tort's Clothing : Pleading Cargo Claims to Gain Lien Priority, 27 J. Mar. L. & Com. 609（1996）

対物訴訟・船舶擬人化理論関連

1．Alex T. Jr. Howard, Personification of the Vessel : Fact or Fiction, 21 J. Mar. L. & Com. 319（1990）

2．Diana G. Culp, Charting a New Course : Proposed Amendments to the Supplemental Rules for Admiralty Arrest and Attachment, 15 J. Mar. L. & Com. 353（1984）

3．George Rutherglen, The Contemporary Justification for Maritime Arrest and Attachment, 30 William And Mary Law Review 541（1989）

4. Martin Davies, In Defense of Unpopular Virtues : Personification and Ratifi-
cation, 75 Tul. L. Rev. 337 (2000)

リーエンの消滅関連

1. Frank G. Harmon, Discharge and Waiver of Maritime Liens, 47 Tul. L. Rev.
786 (1972-1973)

2. Note, Displacement of the Doctrine of Laches by Statutes of Limitations,
Crystallization of the Equitable Rule, 79 University Of Pennsylvania Law Re-
view 341 (1930-1931)

3. Usidean R. Vass & Xia Chen, The Admiralty Doctrine of Laches, 53 LA. L.
Rev. 495, 512 (1992)

リーエンの順位関連

1. Edward L. Willard, Priorities Among Maritime Liens, 16 Cornell Law Quar-
terly 522 (1930-1931)

2. George L. Varian, Rank and Priority of Maritime Liens, 47 Tul. L. Rev. 751
(1972-1973)

3. John K. Beach, Relative Priority of Maritime Liens, 33 Yale Law Journal 841
(1923-1924)

4. Note, Displacement of the Doctrine of Laches by Statutes of Limitations,
Crystallization of the Equitable Rule, 79 University Of Pennsylvania Law Re-
view 341 (1930-1931)

5. Roger G. Connor, Maritime Lien Priorities : Cross-Currents of Theory, 54
Michigan Law Review 777 (1955-1956)

6. Wentworth J. Jr. Marshall, Maritime Lien Priority, 9 Cleveland-Marshall Law
Review 577 (1960)

リーエンの準拠法関連

1. Charles S. Donovan, Picking the Shipowner's Poison - Choice-of-Law Clauses
and Maritime Liens, 14 U. S. F. Mar. L.J. 185 (2001)

2. Chelsea C. Crews, The Liening Tower of Precedent : The Fifth Circuit Fur-
ther Fractures Consensus on Choice-of-Law Clauses Governing Maritime
Liens in World Fuel Services Singapore Pte, Ltd. v. Bulk Juliana M/V, 41
Tul. Mar. L.J. 585 (2017).

3. David F. Cavers, A Critique of the Choice-of-Law Problem, 27 Harv. L. Rev.
173 (1933)

4. David W. Robertson & Michael F. Sturley, Recent Development in Admi-

ralty and Maritime Law at the National Level and in the Fifth and Eleventh Circuits, 41 Tul. Mar. L.J. 437 (2017)

5. Mark S. Davis & Jonathan T. Tan, To Port or Starboard - Why the Supreme Court Might Provide Direction to Those Navigating Choice-of-Law Questions in Maritime-Lien Cases : The 2015 Nicholas J. Healy Lecture, 46 J. Mar. L. & Com. 395 (2015)

6. Martin Davies, Choice of Law and U.S. Maritime Liens, 83 Tul. L. Rev. 1435 (2009)

7. Martin Davies, Maritime Liens and Choice of Law, 42 Tul. Mar. L.J. 269 (2018).

8. Michael Raudebaugh, Keep'em Separated : The Fourth Circuit Extends the Coverage of Choice Law Provisions to Determine the Existence of Maritime Liens in Triton Marine Fuels Ltd., S.A. v. M/V Pacific Chukotka, 34 Tul. Mar. L.J. 647 (2010)

9. Willis L. Reese, Choice of Law : Rules or Approach, 57 Cornell Law Review 315 (1971-1972)

事項索引

あ

アタッチメント（attachment）⋯⋯⋯⋯**51**

アレスト（arrest）

⋯⋯⋯⋯⋯⋯15, 19, 26, **49**, 92, 93, 97

一般海事法（general maritime law）

⋯⋯⋯⋯⋯⋯⋯⋯⋯⋯⋯⋯⋯⋯**4**, 167

曳船料⋯⋯⋯⋯⋯⋯⋯⋯⋯⋯⋯⋯⋯⋯31-

オレロン海法⋯⋯⋯⋯⋯⋯⋯⋯⋯⋯⋯⋯1

か

海事王令⋯⋯⋯⋯⋯⋯⋯⋯⋯⋯⋯⋯⋯⋯2

海事裁判管轄⋯⋯⋯⋯⋯⋯⋯⋯⋯⋯⋯2, 3

海事裁判所

⋯⋯⋯⋯⋯⋯-2-, **47**-, 84-, 94-, 106-, 147

――の競売⋯⋯⋯⋯⋯⋯⋯⋯⋯⋯⋯-94

海事不法行為

⋯⋯⋯⋯⋯⋯⋯⋯2, **24**, 60, 66, 126,

海難救助⋯⋯⋯⋯⋯⋯⋯2, **23**, 32, 112

擬制通知⋯⋯⋯⋯⋯⋯⋯⋯⋯⋯⋯**76**, **98**-

既得権理論⋯⋯⋯⋯⋯⋯⋯⋯⋯⋯⋯144

逆順優先ルール（inverse order rule）

⋯⋯⋯⋯⋯⋯⋯⋯⋯⋯⋯⋯⋯⋯⋯**122**-

――の修正⋯⋯⋯⋯⋯⋯⋯⋯⋯⋯130-

共同海損⋯⋯⋯⋯⋯⋯⋯⋯⋯⋯⋯23, 114

契約リーエン⋯⋯⋯⋯⋯**25**, **115**-, 129,

コモン・ロー裁判所⋯⋯⋯⋯⋯⋯⋯2, 48

コンソラート・デル・マーレ⋯⋯⋯⋯⋯1

さ

財政的不堪航⋯⋯⋯⋯⋯⋯⋯⋯⋯⋯119

裁判所保管下の費用⋯⋯⋯⋯⋯⋯⋯⋯26

主権免責⋯⋯⋯⋯⋯⋯⋯⋯⋯⋯⋯19, 65-

出訴懈怠の法理➞ laches

準所有者理論（proprietary interest theory）⋯⋯⋯⋯⋯⋯⋯⋯⋯⋯**124**-, 140-

贖罪理論⋯⋯⋯⋯⋯⋯⋯⋯⋯⋯**63**, 72

所有権留保⋯⋯⋯⋯⋯⋯⋯⋯⋯⋯⋯18

推定的代理権⋯⋯⋯⋯⋯**38**, 161, 173, 177

――の調査義務⋯⋯⋯⋯⋯⋯⋯⋯39

ストウリ（Joseph Story）

⋯⋯⋯⋯12, 13, 14, 57, 58, 84, 85, 143, 144

請求遮断効（res judicata）⋯⋯⋯⋯⋯67

制定法上のリーエン⋯⋯⋯⋯⋯⋯⋯121

船員給料⋯⋯⋯⋯⋯⋯⋯1, 2, 12, **22**-, 112-

船舶⋯⋯⋯⋯⋯⋯⋯⋯⋯⋯⋯⋯⋯⋯17

船舶擬人化理論（personification theory）

⋯⋯⋯⋯⋯⋯⋯⋯6, 24, **55**-, 98, 128

――強制水先人の過失⋯⋯⋯⋯⋯59-

――公用船⋯⋯⋯⋯⋯⋯⋯⋯⋯65-

――裸傭船者の過失⋯⋯⋯⋯⋯⋯61

船舶抵当権法（Ship Mortgage Act）

⋯⋯⋯⋯⋯⋯⋯⋯⋯⋯⋯⋯⋯⋯5, 29

――の合憲性⋯⋯⋯⋯⋯⋯⋯⋯43-

た

対人責任（in personam liability）

　　　　　　 ……………41, 47, 60, 78, 158, 161, 177
対物責任（in rem liability）………47, 60, 61,
　　　　 63, 65, 68, 74, 78, 80, 81, 96, 158, 177
対物訴訟（action in rem）
　　　　　　 ………………………3, 6, 43, **47**, 103
――の移送 ………………………………70
追及性（indelibility）
　　　 ……………9, **11**-, 20, 83-, 103, 124-, 179
提供………………………………………35-
　　――下請人による ……………………40-
抵触法第1リステイトメント……144-, 151
抵触法第2リステイトメント
　　 ……146, 151, 155, 165, 169, 175, 176, 178
デッド・シップ ……………………………17
倒産裁判所（Bankruptcy Court）……105-
　　――オートマティック・ステイ ……107

は

非海事リーエン ……………………………41-
非公示性（secret lien）……………………9-
非占有担保………………3, 15, 16, 123, 124
必要品（necessaries）
　　 ………1, 2, 4, 5, 7, 14, 19, 23, 25, 26, **31**-,
　　　　　 45, 101, 102, 121, 123, 130,
　　　　　 151, 152, 156-, 178-
フォーラム・ノン・コンビニエンスの法理
　　（Forum non conveniens）…………170-
不法行為リーエン ………………**24**-, 124-
扶養・治療費 ………………………………22
便益理論（benefit theory）……………122
冒険貸借………1, 22, 42, 115, 123, 124, 139
ホームズ（Oliver Wendell Holmes）…63-
保険料 ………………34-, 61, 118, 162-
母港理論（home port doctrine）……30, 32

補足規則（Supplemental Rules for Certain
　　Admiralty and Maritime Claims）
　　　　　　 …………………………………48-
――の合憲性……………………………52-

ま

マーシャル（John Marshall）
　　　　　　 ………………………55-, 76, 95, 98
未履行契約理論（executory contract doc-
　　trine）………………………………25, 36

や

優先的船舶抵当権（preferred ship mort-
　　gage）………………………41-, **117**-, 136-
――外国籍船に対する…………………45
――市民要件 ……………………………45
――の周知 ………………………………45
――対象船舶 ……………………………44
――抵当権者 ……………………………45
優先的マリタイム・リーエン（preferred
　　maritime lien）………18, 117-, 134, 136-

ら

リーエン禁止条項（no lien clause）
　　　　　　 …………………………34, 39, 152
リーエンの順位…………………………111-
――種類による…………………………112-
――発生時期による……………………121-
リーエンの準拠法 ………………………143-
――既得権理論（vested rights theory）
　　　　　　 …………………………………144
――合意による準拠法選択…………161-

事項索引　261

――最重要関係地アプローチ………145-
――抵触法革命…………………………146
リーエンの消滅……………………………83-
――外国裁判所……………………………101-
――根拠……………………………………95-
――倒産裁判所……………………………105-
――リーエン・ホルダーに対する手続
　保障………………………………………96-
リーエンの対象物…………………………16-
――運賃に対するリーエン……………21
――貨物に対するリーエン……………20
劣後的マリタイム・リーエン
　………………………………117-, 136-, 179
連邦マリタイム・リーエン法（Federal
　Maritime Lien Act)……5, **29**-, 152, 165

ABC

action in rem → 対物訴訟
arrest → アレスト
attachment → アタッチメント
Bankruptcy Court → 倒産裁判所
benefit theory → 便益理論
Commercial Instruments and Maritime
　Liens Act（CIMLA)……5, 29, 35, 45, 46
custodia legis → 裁判所保管下の費用
executory contract doctrine
　→ 未履行契約理論
Federal Maritime Lien Act（FMLA)
　→連邦マリタイム・リーエン法
Foreign Sovereign Immunities Act
　（FSIA)…………………………………19
Forum non conveniens

→ フォーラム・ノン・コンビニエンス
　の法理
general maritime law → 一般海事法
home port doctrine → 母港理論
in personam liability → 対人責任
in rem liability → 対物責任
indelibility → 追及性
inverse order rule → 逆順優先ルール
John Marshall → マーシャル
Joseph Story → ストウリ
laches ………………**83**-, 134, 135, 137-, 179
necessaries → 必要品
no lien clause → リーエン禁止条項
Oliver Wendell Holmes → ホームズ
personification theory → 船舶擬人化理論
preferred maritime lien
　→ 優先的マリタイム・リーエン
preferred ship mortgage
　→ 優先的船舶抵当権
proprietary interest theory
　→ 準所有者理論
Public Vessel Act（PVA)…………………19
res judicata → 請求遮断効
secret lien → 非公示性
Ship Mortgage Act（SMA)
　…………………………5, 29, **43**-, 116-, 136
statutory rights in rem
　→ 制定法上のリーエン
stricti juris ………………………………178-
Suit in Admiralty Act（SAA)…………19
Supplemental Rules for Certain Admi-
　ralty and Maritime Claims → 補足規則
vested rights theory → 既得権理論

著者紹介

伊 藤 洋 平（いとう ようへい）

　　弁護士・博士（法学）

略　歴

2000年　上智大学法学部卒業

2006年　弁護士登録（東京弁護士会）

　　　　戸田総合法律事務所入所（現在に至る）

2018年　修士（法学）（早稲田大学）

2022年　小町谷奨励賞受賞（日本海法学会）

2023年　博士（法学）（早稲田大学）

米国マリタイム・リーエンの研究

2025年2月26日　初版第1刷発行

著　　　者	伊	藤	洋	平
発 行 者	阿	部	成	一

〒169-0051　東京都新宿区西早稲田1-9-38

発 行 所　　株式会社　**成 文 堂**

電話03（3203）9201㈹　FAX 03（3203）9206

https://www.seibundoh.co.jp

製版・印刷　藤原印刷　　製本　弘伸製本　　　　　**検印省略**

© 2025　Y. Ito　Printed in Japan

ISBN978-4-7923-2814-6 C3032

定価（本体5500円＋税）